JN323107

スピリチュアリティの心理学

心の時代の学問を求めて

日本トランスパーソナル心理学/精神医学会
安藤 治・湯浅泰雄 編

せせらぎ出版

はじめに

　近年になってわが国でも、「スピリチュアリティ」ないし「霊性」についての議論が、一般社会のみならず、さまざまな学問分野において、にわかに活発になっていることをご存知の方は多いだろう。
　この数年の間に、すでに宗教学や社会学の立場などから先駆的な論考を収めた書物が複数公刊され、医学の分野でも特に「スピリチュアルケア」をめぐって、きわめて重要な議論が活発になされている。
　だが、「スピリチュアリティ」や「霊性」は、本来、心理学と呼ばれる領域においてこそ、もっと精力的に議論や実践に基づく探究が行われるべき主題と考える。西洋諸国における議論の状況を見れば明らかなのだが、日本での心理学およびその周辺領域では、この問題に対する反応があまりにも鈍いように思える。
　もちろん数々の理由があるにちがいない。が、「スピリチュアリティ」という言葉がいま注目されるのは、第1に、現代において先進諸国と呼ばれる国々が共通して抱える重大な問題が凝縮されているからであろう。そうであるなら、今後はその時代認識に立って、心理学という学問領域での研究が最も活発になることが強く期待されているとわれわれは考えている。
　本書はそのような深い思いを抱いて出発し、ともに歩んできた「日本トランスパーソナル心理学／精神医学会」における議論や研究成果の一端が収められたものである。
　日本トランスパーソナル心理学／精神医学会は、1998年に学術研究推進を目的に組織された団体であり、「スピリチュアリティ」ないし「霊性」については、創設当初から重要な研究課題であることが明記され、活動が続けられてきた。学会はいまだ些細な組織にすぎないが、わが国の現状では、こうした問題を中心に据えて活動を行ってきた学術団体は極めて少なく、地道な

研究努力には社会的意義が十分にあると確信している。

　本書では「スピリチュアリティ」＝「霊性」についての現代的議論が、非常に幅広い領域からなされていることを目にしていただけると思う。そのあまりの幅広さに困惑される方もおられるかもしれないが、今後のわが国での議論にとっては、広大な裾野を持ったこれからの議論の出発点となるべく、自負をもって編纂されたものである。

　各論文は、学会の機関誌である学会誌「トランスパーソナル心理学／精神医学」に掲載された研究論文が中心になっている。今回は1冊の書物として公刊される性質上、一般の方々にも決して難解にならぬよう、内容に配慮し若干の変更が加えられているものもあることをお断りしておきたい。

　また学会誌には、「スピリチュアリティ」に関する論文でありながら今回本書には収録できなかったものも数多くある。関心をもたれた方には、ぜひ学会誌の諸論文にも当たっていただければ幸いである。

　本書の副題に掲げた「心の時代の学問を求めて」というタイトルは、学会設立時のテーマとして掲げられたものでもある。「心の時代」という言葉は、叫ばれて久しく、いまやいささか陳腐な響きが含まれることも自覚している。だが、現代社会の行く末を日頃真摯に考え、その「心の問題」の重大さを深刻に受け止めておられる方々には、学会設立時の「初心」である本書の問題意識は、時代を経てもなお確実に共有されていると信じている。

　まことにささやかな努力という他ないが、ともすれば浮き足だってしまいかねない「この分野」に、強靭な思考をもって取り組み、学問的な議論を積み重ねてゆくことの重要さは言うまでもない。

　この領域の「学問」は、従来の学問とは異なるものになるやもしれない。「スピリチュアリティ」ないし「霊性」の探究は、理論構築や文献学ではなく、何よりもまず、この現代を生きる人間の生身の体験に基礎を置くものであり、その感覚と自覚からの出発が求められるからである。

　この自覚（自己覚知）に立った時、心理学という学問の現代的価値は極めて大きなものになるであろう。本書のテーマに即して言えば、現代においては、あらゆる人々そしてあらゆる学問が「スピリチュアリティ」を求めていると言ってもよいのではないだろうか。

実際に心理学や心理療法などに携わる方々のみならず、今後のわれわれの社会、そして人間の行方を考えようとする読者に、少しでもヒントや役に立つ指針が提供できることを心から願う次第である。

　　　　　　　　　　　　　　　　　　　　　　　　　安藤　治

スピリチュアリティの心理学◎目次

はじめに ……………………………………………………………………… 1

第1部　スピリチュアリティとは何か

第1章　現代のスピリチュアリティ
その定義をめぐって ……………………………………………………… 11

安藤　治（花園大学）

1　はじめに／2　スピリチュアリティとは何か／3　心理療法とスピリチュアリティ／4　日本の霊性／5　現代性とスピリチュアリティ／6　再びスピリチュアリティとは／7　おわりに

第2章　日本のスピリチュアリティ言説の状況 …………………………… 35

堀江　宗正（聖心女子大学）

1　スピリチュアリティと宗教の複雑な関係／2　オウム事件、反カルト的雰囲気、意識変容への懸念／3　ポテンシャルからトラウマへ／4　癒しの時代／5　ブームとしての癒し／6　片仮名のスピリチュアリティ／7　「霊」の排除／8　マス・メディアにおける「スピリチュアル」／9　根強い「霊」への関心／10　日本人の無宗教の宗教性／11　スピリチュアリティのゆくえ

第3章　スピリチュアリティと医療と宗教 …………………………………… 55

棚次　正和（京都府立医科大学）

1　はじめに／2　WHO憲章「健康」定義改正案をめぐる審議経過／3　「健康」定義改正案に関する視座と論点／4　おわりに

第4章　スピリチュアリティ再考
ルビとしての「スピリチュアリティ」…………………………………… 71

西平　直（東京大学）

1　スピリチュアリティというカタカナ／2　スピリチュアリティの4つの位相／3　スピリチュアリティの多義性／4　訳語の工夫

第2部　現代心理学および関連諸領域のなかで

第1章　スピリチュアリティの心理学的研究の意義 …………… 93
中村　雅彦（愛媛大学）

1　宗教意識としてのスピリチュアリティ／2　スピリチュアリティ研究の3つの流れ／3　スピリチュアリティを査定する道具／4　主観的幸福感の説明変数としてのスピリチュアリティ／5　結語

第2章　スピリチュアリティにおける「問い」と「答え」
「問い」の位相から見えてくるもの………… 109
林　貴啓（立命館大学）

1　はじめに／2　「スピリチュアリティ」理解の戦略／3　「問いのスピリチュアリティ」からの展望／4　おわりに

第3章　平和の心理学が問いかけるもの ………………… 123
松本　孚（相模女子大学）

1　はじめに／2　平和の学問と「スピリチュアリティ」／3　まとめ

第4章　「教育におけるスピリチュアリティ」について
トランスパーソナル心理学との関連で ………… 139
中川　吉晴（立命館大学）

1　ホリスティック教育とスピリチュアリティ／2　スピリチュアリティの教育と宗教教育とのちがい／3　スピリチュアリティと宗教の区別／4　スピリチュアリティの教育における3つの形態／5　「教育におけるスピリチュアリティ」の諸問題

第3部　心理療法とスピリチュアリティ

第1章　心理療法実践とスピリチュアリティ
アクチュアリティへの接近 …………………………………………… 167

石川　勇一（相模女子大学）

1　はじめに／2　非個人的なものとしてのスピリチュアリティ／3　非個人的な動きへの言及／4　現実の二義性——アクチュアリティとリアリティ／5　アクチュアリティと心理学／6　アクチュアリティが鍵となる心理療法／7　他者理解の構造／8　アクチュアリティとリアリティの不一致／9　第1.5次通路としての身体的通路／10　心理療法とスピリチュアリティ

第2章　心理療法の「内省」とスピリチュアリティ ……………… 187

青木　聡（大正大学）

1　はじめに／2　「エセ心理療法」と「エセ宗教」／3　「世界」の立ち現れを見つめる眼差し／4　おわりに

第3章　神秘体験と病い
スピリチュアル・エマージェンシーの1例と変性意識状態誘発性精神病概念の提唱 ……………………………………………………… 201

吉村　哲明（花園大学）

1　はじめに／2　症例／3　考察

第4章　現代の心理療法と瞑想研究
認知行動療法における新たな展開 …………………………………… 213

伊藤　義徳（琉球大学）・安藤　治（花園大学）

1　はじめに／2　認知行動療法における瞑想ブーム／3　認知行動療法とは／4　マインドフルネスに基づく認知行動療法／5　科学的心理療法における瞑想／6　スピリチュアリティの問題／7　おわりに

第4部　日本の伝統とスピリチュアリティ

第1章　仏教と現代のスピリチュアリティ ……………………………… 229
合田　秀行（日本大学）

1　仏教の新しい潮流——古くて新しいもの／2　仏教学の新たな試みに向けて／3　チベット仏教とスピリチュアリティ／4　精神医学・心理療法と仏教／5　おわりに

第2章　仏教と心理学 ……………………………………………………… 243
村本　詔司（神戸市外国語大学）

1　心理学と仏教の類縁性／2　仏教心理学の文献／3　わが国における仏教心理学の歴史／4　悟りにいたるまでのブッダ——イエスとの比較／5　縁起の法／6　自我と無我／7　心理学と倫理学の相即／8　自己性と他者性

第3章　鈴木大拙の「霊性」考 …………………………………………… 255
桐田　清秀（花園大学）

1　鈴木大拙「霊性」の用語例／2　大拙の「日本的霊性」とは何か／3「霊性」の現代的意味

第4章　日本人のスピリチュアリティ …………………………………… 269
湯浅　泰雄（桜美林大学）

1　何が問われているのか／2　日本神話の信仰の伝統と習俗／3　神話の心理学と神道の未開的寛容性／4　自然崇拝の心理と人格神のイメージ／5　スピリチュアリティの諸相／6　現代の生命倫理とスピリチュアリズム／7　宗教とスピリチュアリティ

執筆者略歴 …………………………………………………………………… 281
日本トランスパーソナル心理学／精神医学会・設立趣旨 ……………… 283
日本トランスパーソナル心理学／精神医学会・入会案内 ……………… 287
日本トランスパーソナル心理学／精神医学会・役員一覧 ……………… 289

おわりに ……………………………………………………………………… 292

第1部
スピリチュアリティとは何か

第1章

安藤　治
Osamu ANDO

現代のスピリチュアリティ
その定義をめぐって

1　はじめに

　近年の欧米諸国で"spirituality"という用語が盛んに使用されていることは、周知であろう。わが国でも当然、この言葉の訳語が必要になり、「霊性」ないし「スピリチュアリティ」という言葉は、社会の各所に浸透しつつある。その導入や使用に際しては、議論も多く、いまだ日本語として定着した状況は確立していないようである。
　文化の違いと片づけてしまえばそれまでである。実際、これまでは適切な訳語がないことが壁となり、この言葉はつねに大きな抵抗をもって迎えられてきた。しかし、現在の世界での使用状況を客観的に見ると、わが国でもすでに従来の態度を大きく修正せざるを得ない状況がやってきていると思われる。
　この言葉は決して一般社会での使用に留まるものではなく、心理学や医学の分野においては特に、学術用語としてますます重要な意義が担わされるようになっているからだ。近年では、WHO（世界保健機関）において、健康の概念にこの"spiritual"という要素を盛り込むことが提案され検討されたことをご存知の方は多いであろうが、これは水面下で進行中の大きな時代のうねりが波頭の一つになって現れたものである〔このことについては、本書の棚次氏の論文で詳しく議論されているので参照願いたい〕。

第1部　スピリチュアリティとは何か

　医学のなかでは、とくに終末期医療の分野で「スピリチュアルケア」という概念が欠かせないテーマになってきており、わが国でもその必要性が認識されはじめようとしている[11,15]。この概念の広がりとともに、欧米では、末期癌やHIVを代表とする医療現場からの要請があり、とくに看護の分野においてその重要性をめぐる議論が活発な状況が目立っている[5,6,10,18]。

　また終末期医療とは異なるものだが、精神医学の分野では、診断マニュアルのDSM-Ⅳ[1]に「臨床的関与の対象となることのある状態」として"religious or spiritual problem"[注1]という項目が設けられたことは、小さな活動に見えるとしてもその意義は大きいであろう。

　また、臨床に役立てるため、スピリチュアリティの評価尺度を工夫する研究なども盛んになされつつあり[9,14,27]、最近では、医学教育に霊性についてのカリキュラムを組もうという動きまでも見受けられるようになっている[20]。

　一方心理学の分野では、とくに心理療法との関連で、従来現代社会において見過ごされてきた要素として、スピリチュアリティという概念が注目されるようになり、それを大きく評価しようという動きは、確実に広がりつつある[3,4,8,13,16,23]〔この点については、本書の中村氏の論文で、具体的なデータが紹介され論考が深められている〕。

　誤解のないよう冒頭に記しておくが、筆者ないし本書のスタンスは、決して「欧米は進んでいて日本は遅れている」といったような視点に立って申し述べているわけではない。この"spirituality"という用語の現代における重要性を、ここで一度改めてよく認識し、わが国でも、より充実した世界的議論のできる状況を整えてゆく必要があることを強く訴えたいのである。

　適切な訳語を探し出す努力が今後も継続されるであろう。が、もはやその時間的余裕もないほど、この言葉の日本語表記での使用の必要性は増している〔日本における現状については、本書の堀江氏の論文において詳しく検討されている〕。

　本稿では、以上のような現状を踏まえて、この「霊性」あるいは「スピリチュアリティ」という言葉を正面から取り上げ、将来を見据えた視点から、医学や心理学・心理療法、そのほか関連諸学問における意義にも範囲を広げられるよう尽力したい。

2 スピリチュアリティとは何か

"spirituality"という用語の使用法は、英語圏においても時代とともに変化してきているようであり、近年になって新しい定義を求めようとする議論も各所でなされている。ここではまず、それらの議論を参照し、スピリチュアリティの定義やその意義について考えることにしたい。

spiritualityという英語の起源は、ラテン語の名詞spiritusあるいは形容詞spiritalisに由来するspiritualitasに求められ、そもそも「息」ないし「風」を意味していたものとされている[19]。これは英語圏やフランス語圏に中世になってから登場した言葉だが、当時はまったく宗教者だけの使用に限られたものであった。

英語圏で注目されるべき動きとしては、19世紀後半から20世紀の前半、いわゆる西洋の「唯物主義」批判として起こったヒンドゥー教の優位を説く運動(スワミ・ヴィヴェカナンダやアニー・ベザントらによるもの)のなかで、このspiritualityが頻用されたことが挙げられる。しかしこれは一般社会にも広がるような動きになったわけではないと考えるのが妥当であろう。

近年の英語圏での使用を振り返ったある論文[19]によると、現在の英語のspiritualityには、フランス語のspiritualitéの訳語が新しく復活した用語として使用されはじめた経緯が見られると述べられており、1960年代までは英語の辞書にも現在のspiritualityを示すような説明は見られないとも言われている。とすると、やはり60年代以降の対抗文化の影響が大きいのではないかと考えられる。

ただspiritualityは、英語圏でも決して一般社会で古くから使われていた言葉ではなかったという点には注意しておきたい。わが国への導入に当たっては、しばしば「この言葉はキリスト教を基盤とするものであるから日本人には馴染まない」といった議論がなされるが、欧米社会でも一般に馴染みのなかったものと考えられるならば、起源はそこにあるとはいえ、このような見解は妥当ではないと思える。この言葉は、伝統的に使用されてこなかったことで明確な意味規定が薄かった。が、かえってそれゆえに使用されるよう

13

になったと推測される。つまり、現代社会からの求めに応じた新たな復活の重要な意義を担わされた用語と考えられるのである。

(1) 現代のスピリチュアリティ

では、いったい現代の「スピリチュアリティ」とは何を意味する言葉であろうか。

近年の定義をいくつか吟味したなかで比較的わかりやすいものとしては、トランスパーソナル心理学にも造詣の深いアメリカの哲学者ドナルド・ロスバーグの定義がある。議論の入り口として参照してみたい。

ロスバーグは、「自己や共同体が『聖なるもの』に十分に加担し表現する方向に向かって、生きた変容が促されるのを助ける教義や実践に関わるもの」としてスピリチュアリティを定義づけている。そして「宗教は『聖なる』とみなされるものと関連する教義・儀式・神話・体験・倫理・社会構造などの組織化された形を意味する」と述べて、これら両者の用語に明確な区別を行おうとしている[22]。

一言でいうと、スピリチュアリティとは、従来から使われてきた「宗教」という言葉から、その組織や制度としての側面を排したものであり、現代の欧米社会では、この使い方がもっとも一般的であると考えられる。ロスバーグは、この定義によってスピリチュアリティを規定するならば、現代の西洋社会には「宗教的でない霊的アプローチ」というものが存在しており、一方、「スピリチュアリティのほとんど、あるいはまったくない宗教的アプローチ」というものも存在すると述べている。

こうした状況は現在のわが国でもおそらく同じように当てはまるにちがいない。スピリチュアリティという用語は、現代社会に新たに生まれてきた状況の1つを言い表す便利な言葉として、選ばれ使われるようになったものと考えられる。

(2) 心理学におけるスピリチュアリティの定義

このような一般的使用法を見た上で、現代心理学における定義に進んでみることにしよう。医学や心理学における最近の頻用状況を見れば、一度そこ

でなされている定義を振り返って見ておくことは意義あることであろう。実際、そのような必要性が認識されたところから、新しい定義の確立を目指そうとする心理学的研究がいくつか存在している。

なかでも、過去の主要な心理学者たちの著作に当たりながら、人間性心理学の立場に立ってスピリチュアリティの定義を求めた近年の研究[8]を、ここでは代表として取り上げてみたい。

この研究では、スピリチュアリティという概念の構成要素として次の9つの点が抽出され、新しい定義が模索されている。

9つの要素とは、①超越的次元の存在 ②生の意味と目的の追求 ③生における使命感 ④生の神聖さの自覚 ⑤物質的価値に満足を置かないこと ⑥愛他主義 ⑦理想主義 ⑧悲しみの自覚 ⑨スピリチュアリティの完成、である。ここで項目だけを挙げてもわかりにくいのであるが、ここでは、これらのうちでもっとも重要と思われる①と②についてだけ簡単に補足しておく。

最初に掲げられる「超越的次元」の「超越」とは、スピリチュアリティの定義を行った他の研究を見てもたいてい述べられる重要な概念なのだが、難解さは否めないところである。この研究の場合では、「意識的自己が拡張されて体験される無意識的ないしより大きな自己の領域」という言葉で「超越的次元」が説明されており、スピリチュアルと言われる人間は、そうした体験に基礎を持つ信念や人生観を持つと述べられている。②の「生の意味と目的の追求」は、その営みが、人生というものに深い意味をもち、個人の存在には目的があるという信頼に基づいてなされることなどを説明している。

これら9つの構成要素を抽出した上で、この研究ではスピリチュアリティは次のように定義される。「スピリチュアリティとは、超越的次元の自覚を通して生じてくる体験様式や存在の仕方であり、それらは自己、他者、自然、生、その他究極的と考えられるものに関する特定の価値観によって特徴づけられるものである」。

抽象的で難解という印象は避けられないが、心理学における「学問的定義づけ」は、これと類似したものが多いようである。やはり従来の「宗教」という言葉が持つ組織や制度という側面とは切り離したところで、個人の体験

として存在するある種の「宗教的意識」に重点が置かれているということである。

次には近年になってますます増えてきた現代医学におけるスピリチュアリティの使用についても、検討しておきたい。

(3) 医学におけるスピリチュアリティ

医学の分野でスピリチュアリティという言葉が必要になってきたのは、医療の具体的現場で問題となる、死に直面する人々への心理的援助という問題意識からの要請によるところが大きい。従って、スピリチュアリティの使用もより具体的で実践的になるように思われる。すなわち、そこでの心理的苦痛が、しばしば「spiritual pain（霊的苦痛）」という言葉で表現され、それに対して求められる個人のQOL（生活の質）を大切にした医療的援助として「スピリチュアルケア」が使われるのである。

WHOの報告書では「スピリチュアルケア」とは、「人生の意味や目的に関わる援助であり、かつ人間関係における許し、和解、人生の価値の発見に関することである」とされ、緩和ケアの実践においては、身体的、精神的、社会的苦痛に加え、霊的苦痛（スピリチュアルペイン）に対する配慮が必要であると述べられている[29]。

スピリチュアルペインとは、死に直面した人々の心に生じてくる霊的欲求spiritual needに由来するものであり、その代表的見解によれば、①人生の意味の探求　②納得のいく死　③死を越える希望を求めること、として考えられている[7]。そしてスピリチュアリティについては、「たとえ既存の宗教に属さず、理性的な人間で『いまここにある現実』のみしか信じない人でも、死に直面すると苦痛の意味を探求し、物理的限界（死）を越えようとする。このような特性を霊性と呼ぶ」という意見が述べられている[12]。

これらを見ると、医学における霊性ないしスピリチュアリティは、先に挙げた心理学的定義を例にとって比べてみると、「超越的次元の自覚」として取り上げられた第1の要素よりも、「生（死）の意味と目的の追求」という側面に、より比重が置かれて使用されていると考えられる。

死に直面した人の心理的苦痛にスピリチュアルという言葉が当てられるの

は、その内容が深く「宗教」に関わるものでありながら、それを宗教的組織や制度や信仰とは無関係に扱う必要が、実際の医療現場において要請され、それを呼び慣わす言葉が必要になってきたからである。この点は先の心理学的定義の場合にも共通している。しかしこのような医学での使用には、先の心理学的になされた厳密な定義とは異なる、より幅の広い使用がなされていると言う事ができるだろう。そこではもはや「超越的次元の自覚」という個人の体験には根本は置かれていない。「超越的次元への強い関心」は存在するであろうが、体験的自覚に基づくものだけを霊性という言葉で呼んでいるわけではないのである。

　注目したいのは、「スピリチュアルペイン」は「スピリチュアルニード」があることによって生じるとされることである。このような概念や存在は、従来の医学にはなかったとはいえ、実際の臨床現場から生じてきたものである限り、事実として受け止められねばならない。このスピリチュアルペインは、人間である限り誰にとっても決して無関係のものではない。人はだれも死を回避することはできないからである。つまり、人はみなスピリチュアルな欲求を持つと言うことができ、その存在は、生前に意識されるかされないかによると考えられることになる。

　このような医学での使用を考えると、現代のスピリチュアリティという言葉の使用は、生（死）の意味や目的に関する問題すべてについてかなり幅広く含み入れる役割を担わされ、時代とともに変化しながら、現代社会からの要請に応じて、ますます重要性を増す言葉になってきていると考えられる。

3　心理療法とスピリチュアリティ

　スピリチュアリティの定義を眺めてくれば、それが心理療法ととりわけ深く関連する問題であるということは、もはや改めて述べるようなことではないかもしれない。霊性は、とりわけ現代の心理療法においては、重要な意味をもたされた概念であると言うべきであろう。

　西洋でスピリチュアリティという概念が一般に広がりはじめたのは、おそらく1960年代以降と考えられることは前に述べたが、新フロイト派の心理学

者エーリッヒ・フロムが1960年に記した次の言葉には、現代の心理療法とスピリチュアリティとの深い関わりが明確に述べられているため、引用してみたいと思う。

> 西洋の文化の根源はギリシャもヘブライも人生の目的を人間の完成に置いたが、現代人は物の完成と、いかにしてそれを造るかの知識に第一の関心を寄せている。西洋人は感情経験に対し精神分裂病的無能力の状態にある。それで彼は不安であり、憂鬱であり、絶望的である。彼は幸福とか、個人主義とか、主導性(イニシアティブ)とか、立派な口先だけの目標は掲げるけれども、本当は目標がないのである。何のために生きているのか、彼のあらゆる努力の目的が何であるかと尋ねられると、――彼は当惑するに違いない。ある人は家族のために生きているとか、またある者は「楽しむために」とか、またある者は金を儲けるためとかいうだろうが、実際のところ何人(なんぴと)も何のために生きているのか知らないのである。彼は不安と孤独を逃れようとする要求以外には目標をもたない[25]。
>
> エーリッヒ・フロム

　スピリチュアリティに関心を寄せる心理療法家がいま増えているとすれば、それは自分たちが行っている仕事と密接な関わりがある事を実際に感じているからであろう。
　フロムが示した状況は、約半世紀を経た今でもほとんど変わることなく、現代人の精神のあり様を示しているように思われる。またそれが現代のわが国においてもそのまま当てはまることに異論はないだろう。
　フロムは、こうした時代のなかで心理療法を求める人々の種類がかなり変化していることを指摘して、次のような内容を詳しく述べている。
　前世紀はじめのフロイトの時代、精神科医のもとを訪れるのは、強迫行為などを代表とする諸「症候」に悩む人々がほとんどであった。それゆえ、こうした人々にとって心理療法（精神分析）は、彼らの症状を取り除き、社会的に働けるようにすることを目指す治療法だった。しかし、そうした人々は今日では少数派である。現代ではそれに代わって新しい患者、つまり時代状

況と関連した不安や内面的な生命感の喪失といったものに悩む人々が増えている。

この新しい患者たちというのは、気が沈むとか、不眠、結婚生活がうまくいかないとか、仕事がおもしろくないなどを悩みに訪れ、そうした悩みが取り除かれるならば、良くなると信じている人々である。彼らは自分たちの問題が、本当はそのような悩みの問題ではないことをわかっていない。そして自分たちが本当に何を悩んでいるのかを知らずに心理療法家のもとを訪れているのである。

フロムによれば、こうした種々の悩みというものは、自分自身からの疎外、自分の仲間からの疎外、自然からの疎外を意識的な形で表現したものである。彼らは、ありあまるものの最中で生活しながらも、本当に生きていないこと、本当の喜びがないということを表現しているのだと。

このような意見は、それがどのような形であっても、現代の心理療法に携わっている人であれば、十分に納得のゆくものであろう。筆者の精神科医としての臨床経験の中でも、近年ではとくに、そのような人々が増えてきているという実感を強く持つ。

（1）世紀の病とスピリチュアリティ

フロムは、それを「世紀の病」と呼んだが、現代という時代と関連して現れてきたこのような状況に悩む人々に対しては、心理療法の意義は昔とはかなり違うものに変化してきているにちがいない。つまり、心理療法が提供する助けは、症候を取り除くという「治療」とは違うものであり、また違ったものでなければならないのである。疎外に悩む人々にとって、治癒とは病気がないということではなく、最良の状態（well-being）を達成するということなのである[25]。

このような観点に立てば、現代の心理療法には、明らかにしばらく前の心理療法とは治療目的を異にした理解（心理学）や技法が要請されていることになる。フロムが精神分析的立場から禅に接近したのも、この理由からであろう。彼は実際、鈴木大拙との交流を通して禅についての深い理解を示し、精神分析と禅、すなわち西洋の科学的アプローチと東洋の宗教的アプローチ

との統合を目指して、極めて優れた心理社会学的議論の数々を後世に残している。

　心理療法に携わった高名な精神科医や心理学者でこのような意見を述べているのは、決してフロムに限ったことではない。ユング、ジェームズ、フランクル、マズロー、ボスなどのすぐれた先人の著書を紐解けば、類似の言葉が至るところに見出せるはずである。

　ただ、ここに挙げた人々の著作に「スピリチュアリティ」という言葉そのものの使用は明確に見出されないことを考えると、この用語の新しさが改めて感じられる。ここで取り上げたのでフロムの言葉から引き出すとすれば、「自分自身からの疎外、自分の仲間からの疎外、自然からの疎外の意識的な形の表現」「ありあまるものの最中で生活しながらも、本当に生きていないこと、本当の喜びがないということの表現」、これらはスピリチュアリティという概念と深く関わる表現であることは、先に検討してきたいくつかの定義を振り返れば明らかであろう。

　スピリチュアリティは現代という時代がそれを言い表す必要性をもったところから浮上してきた言葉であり、心理療法の観点から見れば、現代人の心に密かに増殖しつつせり上がってきた無意識的な欲求を言い表すものと言うこともできるようである。その欲求を上手く表現できない時、あるいはそれが抑圧されるところに、さまざまに「症状」が顔を現してくるのである。フロムが言うように、こうした欲求や苦悩は、意識的・無意識的に現代の心理療法を根底で成り立たせているものであろう。その意味で、現代の心理療法のかなり多くの部分が、スピリチュアリティを扱う営みであるとさえ言えるように思える。

　こうした苦悩や欲求は、人生上で出会う様々な挫折や困難、とりわけ深刻な病気、災害、離婚、近親者の死、そして自分の死との直面などによって、個人の意識に大きく浮上してくる人間の心理的体験である。これらが宗教への関心と密接につながるものであること、あるいは、これまでは宗教と呼ばれる枠組みのなかに入れられてきたということは、言うまでもない。しかし現代では、「宗教」という言葉と切り離してそれを表現できる言葉が必要になってきたのである。

4　日本の霊性

　スピリチュアリティ（霊性）という言葉を考える上で見逃すことのできない著作がわが国にある。かの鈴木大拙が著した『日本的霊性』[24]である。この著作の初版は第二次大戦中の1944年に出版されていたが、書中で提唱された「霊性」という概念は、出版後近年に至るまでほとんど注目を集めることはなかったようである。英訳は70年代後半まで出版されていないから、現在の西洋社会での普及状況への影響はなかったものと考えられるが、いま振り返ってみると、この著作の意義は世界でも先駆的なものとして位置づけられるものであり、いまここで改めて顧みる意義を十分にもった著作になっている。

　大拙はその著書のなかで「霊性」という用語の使用法について、「精神」「心」「たましい」などの類似の言葉と対比しつつ、かなり詳しく論じている。その考察を見ると、「精神」や「心」という言葉の使用に関する記述には、決して古臭さが感じられることもなく、現在でも十分に納得のいく論述になっている。詳しくは原著に当たっていただくほかないが、ここではその議論の内容をごく簡単にまとめておく〔大拙の「霊性」についての議論は、本書の桐田氏の論文で、専門的な論考がなされている〕。

（1）鈴木大拙の「霊性」

　大拙はまず、「霊性」という言葉はあまり使われない言葉であることを明記した上で、「精神」とは区別して使われるべき必要性について説く。精神という言葉は「意志」であり「注意力」であり、心・魂（たましい）・物の中核として使われる言葉であることを一通り考察した後で、精神という言葉は、つねに必ず物質と対抗するものとして2元的思想の上で使われることに注意が喚起される。「だがそうなると、精神を物質に入れ、物質を精神に入れることができない」。この2つのものを包んで1つ、そして1つであって2つであるという、2つの世界の裏に開ける世界がある。それを言い表すための言葉が必要である、というのが、大拙が霊性という言葉を主張する理由である。

第1部　スピリチュアリティとは何か

　大拙によれば、霊性は宗教的意識と言うこともできる。だが宗教と言うと、日本人にはたいてい宗教に対して深い理解がないため、迷信とか信仰という要素に絡む誤解が生じやすい。宗教意識と言わず霊性という言葉を引き出すのはこのためである。

　大拙によれば、宗教は霊性に目覚めることによってはじめてわかるものであり、「宗教意識は霊性の経験である」。「一般に解している宗教は、制度化したもので、個人的宗教経験を土台にして、その上に集団意識的工作を加えたものである」。霊性はそこにも見出されるとはいえ、多くの場合単なる形式に堕落してしまう。霊性と呼ぶべきはたらきが出てこなければ「本当の宗教」ではないのである。

　霊性と言っても、特別なはたらきをする何かがあるわけではない。が、それは普通に精神と言っているはたらきとはちがうと大拙は言う。「霊性は精神の奥に潜在しているはたらきで、これが目覚めると精神の二元性は解消して、精神はその本体の上において感覚し思惟し意志し行為し能うものと言っておくのがよいかも知れん」。

　大拙の主張によれば、この霊性はどの民族に限られるということなく普遍性を持つものであるが、その目覚めが精神活動の諸事象に現れる形式には各民族に違いがある。そこで、「日本的霊性」というものが語られるのである。

　大拙によれば、霊性がわが国で目覚めたのは、鎌倉時代に入ってからであり、法然－親鸞の浄土系思想にその情性的側面が、そして禅にその知性的側面が現れ、はじめて本当の意味での宗教が日本に成立したとされる。そして、この目覚めが個人に現れる現象を人称的に捉えたものが、「超個」の自覚である。人は、その時、「超個の個」として生を営むのである[注2]。

（2）現代の「スピリチュアリティ」と大拙の「霊性」

　以上が鈴木大拙の「霊性」議論についての概要である。「本当の宗教」を巡ってなされる大拙の論述は、現代のトランスパーソナル心理学をリードするケン・ウィルバーの「宗教の本格性（authentic）」の議論[30]と酷似していて非常に興味深いのだが、この議論は本稿ないし筆者が扱える範囲を超えている。だが、大拙の「宗教」と「霊性」の区別に、先に述べてきた現代にお

ける西洋の「霊性」と同様の扱い方が見られることには注目しておきたい。

　大拙は、日本人の場合には「宗教」という言葉が容易に誤解されやすいため「霊性」が必要になると主張していたのだが、それは必ずしも日本人に限ったことではなく、現代人一般に当てはまることであろう。この点で大拙の「霊性」は現代の西洋社会での霊性とまったく同じ使用法と考えられるもので、世界に先駆けたスピリチュアリティ（霊性）の使用法がすでにわが国から提出されていたと考えられるのである。

　ただ、大拙の「霊性」は現在の西欧社会での使用法と比べると、「宗教意識の目覚め」という点に重点が置かれすぎているようにも思われる。禅の学僧として深い宗教的体験に基づく立場から発言された内容は、いかにもその神髄をついたものであろうが、現代社会における霊性は、ごく普通の一般の人々も気軽に使用する言葉である。その使用法は必ずしも「精神の二元性を解消させる経験」を明確に指し示すものではないだろう。

　スピリチュアリティの定義を検討してきたところで述べた人間性心理学の立場に立った定義はこれに近いものと言えるが、その後に見てきたように、現代の医学における定義を視野に入れるとなると、これは現代の使用法とは完全に一致するものではないと考えられる。

　現代のスピリチュアリティもまた、「精神の奥に潜在しているはたらき」という点では、それを言い表すものと言えるにちがいない。必ずしも明確に意識に自覚されてはいないかもしれないが、その予感のようなものを感じとる感性、あるいはそれを感じとり、積極的に求めようとする欲求が現代人には増大しており、それを言い表す言葉としてスピリチュアリティが使用されていると考えられるのではないだろうか。

　大拙の霊性の議論を噛みしめると、霊性には「深さ」があると考えてはどうかと思う。大拙の霊性はそのもっとも深いレベルでの本格的自覚を表現したものであろう。だがその表面のきわめて浅いレベルでも、霊性は人々に感じとられているのではないだろうか。また、その確固たる目覚めの経験はないとしても、現代人に欠けたものとしてそれを意識し、それに関心をもち、それを追求しようという欲求が、この時代に生きる敏感な感性には強くせり上がってきているのではないかと思うのである。

5　現代性とスピリチュアリティ

　スピリチュアリティと呼ばれるものを考えるには、これまで述べてきたように、現代という時代についての考察なしに踏み込んでいくことはできない。ここでは、改めて現代社会の状況を見つめ直し、まず現代とは、何ごとにも「合理的」に関われるようになった時代であるという点に注目することから議論を進めてみたい。

　マックス・ウェーバーによって示されたように、伝統社会から現代社会への移行は、科学、技術、経済、学問の発達を伴った「合理化」による進歩をもたらし、人々を魔術や神秘的なものへの恐怖から自由にする「呪術からの解放」の過程をもたらした、という見解はおそらく現在誰もが認めるものであろう。現代は「合理的」にものごとを考えることによって、もはや「わけのわからないもの」や「迷信的なもの」に対して不必要な恐怖を持たなくて済むようになった。

　だが、それは確かに「進歩」だったとしても、人間の可能性を拡大する方向へ導いてくれたものではなかったと言わざるを得ない。現代の社会学的分析によれば、そのプロセスは、「意味や自由の喪失としての合理化」を押し進めるものとなり、後期資本主義の「鉄の檻」へとまっしぐらに繋がっていくものとなった。われわれの社会生活には、この「合理化」に基づいた資本の論理や政治機構が作る巨大な「システムによる生活世界の植民地化」が起こっている[21]。その過程は、いまや社会や環境だけにとどまらず、個々人のコミュニーケーションの次元にさえも密かに滑りこんできており、そこでは、個人の主観的領域が、意味や価値のないものとして冷たくつきとばされてしまうという特徴が見られる。個人の内面的生活や人間性というものが、公的な意味や価値のない「主観性」という領域のなかに追いやられていると言ってもいいだろう。自然や環境に対する「合理化」の過程は、当の人間自身にも向かい、密かに滑り込んでくるからである。フロムが述べた「自分自身からの疎外、自分の仲間からの疎外、自然からの疎外」は、現代人の特徴として、これを具体的に表現した言葉にほかならない。

(1) 見失われた「宗教」と「聖なるもの」

人間の内面生活を支えてきた伝統的な体系である「宗教」も、「呪術からの解放」や「合理化」によって、徐々に「世俗化」し「形骸化」していったわけだが、そこでは「宗教」のなかに含まれていた「大切なもの」までがすべて意味を失っていく結果ももたらされることになったと考えられる。

この「大切なもの」とは、突き詰めてみると、人間が自分たちの内面で大きな意味を与えてきた「聖なるもの」と呼べる「こころの領域」である。ルドルフ・オットー[17]が追求していったように、「聖なるもの」とは、「ヌミノーゼ」、つまり「言いがたきもの」「敬虔」「戦慄」「畏れ」「力」「魅するもの」「崇高」といった特質で言い表される、われわれ人間の「精神内の事実」としての感情体験に本質を持つものである。それらは、いかに科学や現代文明が進歩したとしても、人間である限り、自分たち自身の内面に確かに存在する自然で本能的とも呼べるような心理的体験であろう。

現代社会の生活では気づく機会が非常に少なくなっていると考えられるが、たとえば大地震など自然が引き起こす深刻な災害に直面した時、われわれは「言いがたきもの」「戦慄」「畏れ」といった感情に出会う。大災害のような場合には「聖なるもの」などと言っている余裕はないかもしれないが、人間を超えたものの「存在」や「力」に出会う時、人はしばしば「敬虔」な気持ちを持つ。そしてそこからは、もはや個人の利害などに囚われない（個人を超えて）、他者を慈しみ、敬い、助けあうという「崇高」な精神に接することが見られる。それは、いま述べてきたように、合理的な時代進展のなかで日常生活においては、個人の心の隅の意識されない領域の中に追いやられてきたのである。

(2) スピリチュアリティは現代特有の言葉

確かに「宗教」という一つの社会的な組織形態や制度は「形骸化」し、合理的精神を身につけた現代人にはもはや重要な意味はなくなってきている。が、われわれの心のなかには、そうした組織や制度は必要としないとしても、依然として内から沸き上がってくる、だれもが本能的に大切と感じる心がある。「スピリチュアリティ」という言葉は、それを表現するための用語

であり、それが盛んに使われるようになってきたのは、人間の内面にいまだ失われずに存在している大切な心を引き上げる必要性が強く意識されるようになってきたからであろう。スピリチュアリティは、現代社会ゆえに重要な意味を持つ現代特有の言葉なのである。

「宗教」という言葉は、現代においては無用とも見え、むしろ本来の概念を表現しきっていないとも思われる。そこで、「宗教」という用語に代えて、隅に押しやられてきた大切なものを新たに評価して用いる必要性が強く出てきたのである。

こうした「現代性」のなかでは、過去のあらゆる宗教的表現は、本質的にドグマティックで迷信的なものと見なされる（呪術からの解放）。それらは、科学者にとっては非合理で経験的基礎を欠いたもの、社会学者にとっては社会逃避であり圧制的政府の共謀（マルクス）、心理学者にとっては心理学的未熟性（フロイト）、哲学者にとっては実存的不具者（ニーチェ）にしかすぎなくなっていく。そこでは人間の「霊性」はどこにも場所を持つことを許されないまま、ひたすら「主観的」「個人的」「私的」領域のなかに追放され、価値をおとしめられてきたのである。

こうした過程の中で、現代の多くの人々が伝統的宗教生活にとって代わるものを探し求めているとするならば、「宗教」と呼ばれてきたものの中で今、何が価値があり、何が価値がないかと考えることは有用なはずである。「スピリチュアリティ」に価値を見いだすことは、その意味でごく自然な動きであろう。

（3）現代社会に見られるスピリチュアリティ

現代社会を見渡せば、「私探し」、「本当の自分」、「自己の探求」といったテーマが至るところに見出される。それらは、「主観的」「個人的」世界の探求、そして霊性の探求やその回復の必要性が、社会のさまざまなところで顔をのぞかせてきている現象と考えられる。そしてそれらの探求は、従来の「宗教」という形態の中でではなく、個人レベルで行われるようになってきているという点に、現代の特徴を見ることができるのではないだろうか。

ただ、個人的な探求が社会から隔絶された孤独な作業としてなされるなら

ば、そこには大きな危険がはらまれてくることには注意をしておきたい。西洋において近代への移行が強力に押し進められた時代の一部の芸術家や思想家たちの孤独な探求（たとえば、ランボー、ヘルダーリン、ニーチェなど）には、その代表的な姿が見出せるかもしれない。がそれは、これまで見てきた「現代性」の圧迫による犠牲としてであったように思われる。そうした一部の鋭敏な感性をもった人々の探求は、大きな力を得て進む巨大な「システム」の動きに逆行するがゆえに、きわめて孤独な作業としてなされるしかなかったにちがいない。

深刻な地球環境の危機や人口増加のゆく末などが科学的データとして客観的に示されるポストモダンの今日において、スピリチュアリティの探求は、決して単なる主観的な私的なものではなく、多くの人々が共有する動きになってきていると考えられる。

それは決して過去の時代に見られたような、社会や人々とのつながりを失った孤独なものにはならないはずである。現代の地球環境の危機、また、目前にあるほとんどの問題すべては、根本的にわれわれ人間一人ひとりが作りあげたものであるとすれば、それらはみなわれわれ一人ひとりが集合的に生み出している「諸症状」だという見方も成り立つ[28]。

とすれば、そこに見出されるものは、すべてわれわれ一人ひとりの心の姿であると捉えることもできるだろう。ならば、その痛みは一人ひとり、だれもが共通して分かちもっているはずなのである。スピリチュアリティの探求や回復、そしてそれを表明することは、今日ではむしろ、個人の探求心を根拠に人と人とのつながりを深めるものにさえなってきていると考えられるのである。

6　再びスピリチュアリティとは

最後に本稿の議論のまとめを兼ねて、改めて「スピリチュアリティ」という用語を考え、そのより簡潔な定義を求める努力をしてみたいと思う。

まず先に眺めてきたスピリチュアリティについての心理学的定義と医学的定義に遡り、そこに微妙な違いが見られたことを振り返ってみたい。本稿で

取り上げた心理学的定義では「超越的次元の自覚」が中核的要素として挙げられ、医学的定義では「死との直面」に基づく「スピリチュアルペイン」から生じる「スピリチュアルニード」と言われるものに重点が置かれていた。「超越」という言葉が難解ではあるのだが、本稿ではそれについては踏み込まず（この概念については改めてより深い議論が必要であろう）、ひとまず、鈴木大拙の「霊性」の議論のところで取り上げた「宗教意識」という言葉で言い表わされるものとして考えておきたいと思う。

だが、これまで折々に触れてきたように、現代の「スピリチュアリティ」は、必ずしも「宗教意識」ないし「超越的次元」の自覚や目覚めの体験に基づくものに限定されてはいないと考えられる。医学での使用法はその代表例の1つと思えるが、現代の「スピリチュアリティ」は、さらにより幅広い意味が担わされており、生の意味や目的を求める欲求やその自覚的意識を言い表すものとして広く捉えて差し支えないように思われる。

ただし、「宗教意識」や「超越的次元の自覚」は、やはりあくまでもそのバックボーンとなる重要なものとして捉える必要があることは押さえておかねばならない。スピリチュアリティの定義にそれらの要素を含めないならば、その本質が損なわれたものになりかねないからである。したがって、本稿では次のように考えて、それらを定義にも反映させておきたい。

（1）心理学的欲求としてのスピリチュアリティ

「宗教意識」や「超越的次元の自覚」という意識は、通常の日常生活にとっては特殊な意識や自覚とされるかもしれない。だがそれらは、いわゆる「宗教的実践」によって開かれてくる意識であるだけでなく、人生上の深刻な「苦境」、「死」との出会い、大災害との遭遇などを通して、どんな人間にも目覚めさせられる可能性を強く持つものでもある。であるとすれば、それは、たとえ通常の生活では意識に上らないとしても、人間に可能性として潜在的に備わっている「無意識的欲求」として考えることができるはずである。

「スピリチュアルニード」は、人間に本来備わった本能的欲求であろう。「精神の奥に潜在しているはたらき」は、誰もが持つ普遍的なものにちがい

ない。

　われわれ現代人にとって、「宗教」は「形骸化」した。いかにそれを知性的に「合理化」し、形だけにしてその意味や価値をはぎ取ったとしても、それを「生み出したもの」は決してなくならない。なぜなら、それは、人間に本来備わった心理的欲求が生み出したものだからである。人間には、それをいかに知性で片づけようとしても片づけることのできない無意識の深層に潜む本能的欲求があるからである。

　「たましいは本来宗教的である」とは、ユングの有名な言葉であるが、人間には宗教を生み出す本来的な心理的傾向がある。この心理的傾向ないし宗教的欲求については、「歴史心理学」の立場に立って現代人の「宗教」について言及した湯浅のすぐれた論考[31]を参照させていただくと、「生きることの不安を解消し、そこにおいて安心できるような絶対的献身の対象を求める心理的傾向」として言い表されるものである。

　スピリチュアリティとは、この心理的傾向や宗教的欲求を指す言葉であると考えてもよいであろう。ただ、現代人の心には、そのような心理的傾向を深層基盤としながらも、その表面では微妙に意味を違えた内容がより強く意識に上ってきているように思う。

　物質的豊かさを獲得し、合理的知性を身につけた立場からは、何事に対しても、非合理な信念や「魔術的思考」は退けられる。それは自らの内面に生じる欲求にも当てはめられながら、「疎外された個」にとっては、一人ひとりが積極的に「生の意味や目的を求める」という形で意識に捉えられるようになっているように思われる。現代のスピリチュアリティという言葉は、この意味では意識の表層に現れる内容を掬い取った言葉なのかもしれないが、いかにも現代的な用語として、より多くの人々からその価値を与えられているように思えるのである。

（２）スピリチュアリティの定義
　本稿では、以上のように考えることによって、「(現代の) スピリチュアリティ」を簡潔に次のように定義したいと思う。すなわち、「スピリチュアリティとは、人間に本来的に備わった生の意味や目的を求める無意識的欲求や

その自覚を言い表す言葉である」。

言うまでもなく、この「生」はそのまま「死」と言い換えることが可能である。「自覚」という言葉は、態度、行動、洞察、価値観などを一言で表現したものであり、本稿で述べてきた「宗教意識」や「死を越える希望」も含め、個人性を超えた（トランスパーソナルな）特徴を持つ「意識」である。

スピリチュアリティは人間の無意識に眠っている。だが、人生のさまざまな機会を通して生の意味や目的を真剣に問う時、そこに強く意識に上ってくるものである。スピリチュアリティは、「現代性」を背景に、より多くの人々の心に浮上してくるようになった心理学的欲求や自覚、それらと関わる価値観などを広く言い表す用語であると考えられる。

この欲求は、わが国の文化において「求道心」あるいは「菩提心」と呼ばれてきたものに近いが、これらの言葉もまた、人間に本来的に備わった心理的欲求として、「宗教」という枠組みを脱して捉えられる新たな目が、時代から求められているのではないだろうか。この点は、今後のわが国のトランスパーソナル心理学／精神医学研究が追求していくべき大きな課題であり続けるだろう。

スピリチュアリティという言葉は、従来それらが扱われてきた「宗教」と切り離された現代人にとって、ますます重要な用語になってきている。「トランスパーソナル心理学／精神医学」は、この意味で、現代において非常に重要な、スピリチュアリティを中心に探求する学問的営みなのである。

7 おわりに

本稿は、2001年刊行の学会誌論文「心理療法と霊性——その定義をめぐって」（日本トランスパーソナル心理学／精神医学会・学会誌Vol.2 (1), 1-9, 2001）を短縮し、加筆したものである。そのため、この5年間になされた（膨大な）新しい研究については、参考文献に挙げられていない、検討されていない事をお断りしておかねばならない。しかし、わが国におけるスピリチュアリティをめぐる議論への導入に際しては、いまでも十分に有意義な内容を残しているものと信じ、取り上げた次第である。本書のほかの論文を参照し

第1章　現代のスピリチュアリティ

ていただければ、各分野での最新の研究や議論に当たることができるであろう。

　本書の堀江氏の論文でも詳しく触れられているように、この5年ほどの間でも、日本においてスピリチュアリティの名を冠した書物は急速に増えている。カタカナ言葉が増えることには批判的な立場もあるであろう。だが、この言葉は使用していると（日本語でも）非常に便利な用語であり、会話においても違和感なく意味を伝えあい、理解しあえるものになってくる。

　「アイデンティティ」という多義的な言葉がすっかり定着したが、将来はおそらく、同様の用語として社会のさまざまな場所で使用される言葉になると考えている。本稿の原版を執筆した当時は、用語を「霊性」で統一していたが、本稿ではカタカナの「スピリチュアリティ」を大幅に採用し執筆してみることにしたのは、そのような考えもあってのことである。

　現代の「宗教」という言葉の持つ概念の狭さに何かしらの強い抵抗を感じながら、しかしその大切な（心理的）要素を引き上げる必要性を強く意識し始めた現代人にとって、「スピリチュアリティ」は、掛け替えのない意味をもっているのではないだろうか。その多義性（あいまいさ）への批判や分かりにくさを指摘する意見も当然あろう。それゆえに有用とも考えられるこの言葉が、ますます社会の中で使用頻度を増すことは、将来への可能性を見出させるものと筆者は考える。ささやかながら小論にてその一助ともなることを祈る次第である。

注

注1　この項目はわが国では「宗教または神の問題」として翻訳されているが、spiritualを神と訳すのは誤訳に近いであろう。ちなみに、この問題意識は実際、米国でトランスパーソナル心理学／精神医学の普及・推進に努める精神科医たちのグループによって提出され、採用されたものである[26]。

注2　「超個」とは文字通り「トランスパーソナル」である。西洋心理学にその後誕生した「トランスパーソナル」という言葉も、まったくその同じ意味内容をもって、すでに戦時中に鈴木大拙によって日本で提唱されていた概念であった。

文献

1) American Psychiatric Association, *Diagnostic and Statistical Manual of Mental*

Disorders, 4th Edition (DSM-Ⅳ). APA, Washington, 1994.（『DSM-Ⅳ 精神疾患の分類と診断の手引』高橋三郎ほか訳, 医学書院, 1995）
2) 安藤治『瞑想の精神医学——トランスパーソナル精神医学序説』春秋社, 1993
3) Banner, D.G., *Toward a psychology of spirituality: Implications for personality and psychotherapy*. J. Psych. Christianity, Vol.8, pp.19-30, 1989.
4) Boorstein, S., *Transpersonal psychotherapy*. Am. J. Psychother, Summer; 54 (3): p.408-23, 2000.
5) Cairns, A.B., *Spirituality and religiosity in palliative care*. Home Healthc Nurse. Vol.17 (7): p.450-5. 1999.
6) Carson, V(ed.), *Spiritual Dimentions of Nursing Practice*. Philadelphia, PA, FA Davis, 1971.
7) Doka, K.J., *The spiritual needs of the dying*. Doka, K.J., Morgan, J.D.(ed.), *Death and Spirituality*. Baywood Publishing Company, New York, pp.143-150. 1993.
8) Elkins, D.N., Hedstrom, L.J., Leaf, J.A., Saunders, C., *Toward A Humanistic Phenomenological Spirituality: Definition, Description, and Measurement*. J Humanistic Psychology, Vol.28 (4), pp.5-18, 1988.
9) Ellison, C.W., *Spiritual well-being: Conceptualization and measurement*. J Psychol Theol 11, pp.330-340, 1983.
10) Halstead, M.T., Mickley, J.R., *Attempting to Fathom the Unfathomable: Descriptive Views of Spirituality*. Seminars in Oncology Nursing, Vol.13 (4), pp.225-230, 1997.
11) 平林直次, 飯森眞喜雄「ターミナルケアにおけるスピリチュアルケアの必要性」総合病院精神医学vol.10 (1), 55-59頁, 1998.
12) Iron, P.E., *Spiritual issues in death and dying for those who do not have convetional religious belief*. Doka, K.J., Morgan, J.D.(ed.), *Death and Spirituality*. Baywood Publishing Company, New York, pp.93-112, 1993.
13) Karasu, T.B., *Spiritual psychotherapy*. Am. J. Psychother, Spring; 53 (2): p.143-62, 1999.
14) Kass, J., Friedman, R., Lesserman, J., et al., *Health outcomes and a new Index of Spiritual Experience*. J. Scientific study Religion. Vol.30, pp.203-211, 1991.
15) 窪寺俊之「末期患者の霊性アセスメント」キリスト教主義教育 24, 127-151頁, 1996.
16) Lukoff, D., *The importance of spirituality in mental health*. Altern Ther Health Med, Nov; 6 (6): p.81-7, 2000.
17) Otto, R., *Das, Heilige*. 1936.（『聖なるもの』山谷省悟訳, 岩波文庫, 1968）
18) Post-White, J., Ceronsky, C., Kreizer, M., et al., *Hope, spiritualy, sense of coherence, and quality of life in patients with cancer*. Oncol. Nurs, Forum 23, pp.1571-1579, 1996.
19) Principe, W., *Toward defining spirituality: Sciences Religious Studies in Religion*.

pp.127-141, 1983.
20) Puchalski, C.M., Larson, D.B., *Developing Curricula In Spirituality and Medicine*. Achademic Medicine, vol.73 (9), pp.970-974, Sep, 1998.
21) Pusey, M., Jurgen Habermas, Ellis Horwood, Chichester Sussex, 1987.(『ユルゲン・ハバーマス』山本啓訳, 岩波書店, 1993)
22) Rothberg, D., *The Crisis of Modernity and the Emergence of Socially engaged Spirituality*. Revision, Vol.15, pp.105-114, 1993.
23) Shafranske, E.P., Gorsuch, R.L., *Factors associated with the Perception of Spirituality in Psychotherapy*. Journal of Transpersonal Psychology, Vol.16 (2), 1984.
24) 鈴木大拙『日本的霊性』岩波文庫, 1972.
25) Suzuki, D.T., From, E., Martino, R.D., *Zen Buddhism and Psychoanalysis*. Harper & Brothers, 1960.(『禅と精神分析』小堀・佐藤ほか訳, 東京創元社, 1960)
26) Turner, R.P., Lukoff, D., Barnhouse, R.T., et al., *Religious or spiritual problem: Aculturally sensitive diagnostic category in the DSM-Ⅳ*. J. Nerv. Ment. Dis.183: pp.435-444, 1995.
27) Vella-Brodrick D.A., Allen F.C.L., *Development and psychometric validation of the Mental, Physical, and Spiritual Well-being Scale*. Psychol Rep 77, pp.659-674, 1995.
28) Walsh, R., *Staying Alive: The Psychology of Human Survival*. Boston and London, Shambhala, 1984.
29) WHO, *Cancer pain relief and palliative care*. WHO technical report series No.804, 1990.(『がんの痛みからの解放とパリアティブ・ケア』武田文和訳, 金原出版, 1993)
30) Wilber, K., *A Sociable God: A Brief Introduction to a transcendental Sociology*. Boston and London, Shambhala, 1983.(『構造としての神——超越的社会学入門』井上章子訳, 青土社, 1984)
31) 湯浅泰雄『日本人の宗教意識——習俗と信仰の底を流れるもの』名著刊行会, 1981

第2章
堀江　宗正
Norichika HORIE

日本のスピリチュアリティ言説の状況

　この論考では、現代日本におけるスピリチュアリティに関わる言説の状況を見てゆきたい。

　「スピリチュアリティ」なるものは、その現れ方においては永遠普遍のものではない。この言葉の現在の用法自体、非常に新しいものである。また昨今の「スピリチュアリティ」は、「宗教」の固定的な教義とは異なり、もっと柔軟で感性的なものを指しており、個人個人で探求され、人によって意味合いが変わるようなものである。そのようなスピリチュアリティは、歴史や地域によって異なる形態をとるはずである。

　さらに、筆者はスピリチュアリティに関わるさまざまな主張を「言説」としてとらえる。言説とは、社会的に構成され、社会的に影響を与えるような、真理命題のことをいう。つまり、それ自体は事実に基づく言明なのだが、ある社会構造のなかで特に支持され、それによって社会を特定の方向に導いてゆくようなものである。それは意識されざる動機によって構成され、意図せざる結果をもたらすものである。スピリチュアリティに関する言説が、どのように構成され、どのような影響（権力効果）をもたらそうとするのか、現代日本において「スピリチュアリティ」が論じられるときに加味される、「いま」という時代、「日本」という地域の特殊性とは何なのか、それを明らかにするのがこの論考の課題である。

第1部　スピリチュアリティとは何か

1　スピリチュアリティと宗教の複雑な関係

　本格的な議論に入る前に、「スピリチュアリティ」という言葉が今日どのような意味で使われるようになってきているのかを押さえておこう。
　スピリチュアリティ概念の精密な検討は本稿の課題ではないが、筆者はこれまでの研究のなかから、近年、心理療法や代替医療やスピリチュアル・ケアや宗教的実践に関わる人々の間で「スピリチュアリティ」と呼ばれるようになっている概念は次のような意味合いを持つものだと考えている[注1]。①気づかれていなかったことへの気づきとそれによる成長や成熟のプロセスと関わる、②個別の宗教的崇拝対象にこだわらず、見えないつながりを心身の全体で感じ取ることに価値を置く、③宗教の核心部分にあたるが、組織宗教では形骸化したり、表現が抑制されたりする、④「神」や「聖なるもの」などの概念と異なり、個々人の内的生活や世俗生活のなかでも発見され、探求される。以上のような性質を持つ生き方や考え方全般のことが、人間性心理学やトランスパーソナル心理学などでは、スピリチュアリティとして考えられていると思われる。
　スピリチュアリティの定義は、しばしば宗教の機能的定義と大差ないものが多いし、この言葉自体は、キリスト教という宗教を背景とするものである。それに対して、スピリチュアリティは宗教とは異なり、あくまで個人的なものであるという見方も出てきている。アメリカでは、「私はスピリチュアルだが宗教的ではない」という言明も出てきている。このような混乱は、上の (3) を念頭に置くことでクリアになる。つまり、スピリチュアリティは、宗教の「本質」だが、宗教が形骸化すると忘れられやすいものだということである。
　しかし、何が本質で何が形骸化なのかは一義的ではありえず、曖昧さが残る。それゆえ、スピリチュアリティと宗教の間の境界線は流動的であり続ける。また、スピリチュアリティを探求する者は、宗教に対してアンビヴァレントな関係を持ち続ける。つまり、宗教の「本質」をさまざまな伝統から積極的に吸収する一方で、組織としての宗教の権威主義や排他主義には強い嫌

悪感を抱くのである。
　以上のことから、スピリチュアリティは、宗教との関係しだいでそのあり方が決定されるものだということがわかる。アメリカと日本とで大きく異なるのは、アメリカ人の多くがキリスト教を信仰しているのに対し、日本では、宗教を自覚的に信仰する人は少ないということである。したがって、アメリカでは個人的スピリチュアリティがキリスト教信仰を逸脱することには潜在的な警戒心があるが、日本にはそれがない。逆に宗教に対する警戒心のほうが強い。このような違いは、スピリチュアリティ言説の展開にどのような影響を与えるだろうか。

2　オウム事件、反カルト的雰囲気、意識変容への懸念

　現代日本における宗教を考える上で避けられないのは、1995年のオウム真理教による地下鉄サリン事件である。この事件をきっかけに、宗教に対する警戒心は強まり、新新宗教と呼ばれていた新しい宗教運動は、パブリックな場面から大きく後退する。特に1995年から2000年までは反カルト的雰囲気が日本社会に充満していた時期だった。警察によるオウム真理教への一連の捜査と追及と、マスコミによる連日の報道とバッシングは激しいものだった。このような姿勢は、「第2のオウム」への警戒心につながる。それが頂点に達した象徴的な年は1999年である。この年の11月にライフスペースのミイラ事件（信奉者の遺体を治療中と称してホテル内で放置）が明るみに出て、メディアでもその逸脱性が大きく取り上げられる。12月1日には、足裏診断などの詐欺容疑に関して法の華三法行への一斉捜索がおこなわれる。そして、12月27日に「無差別大量殺人をおこなった団体の規制に関する法律」が施行される。オウム事件以後の5年間を通して高まってきていた反カルト的な雰囲気が、ここで頂点に達しているかのようである。
　このような雰囲気のもとでは、スピリチュアルなことに関心がある人々は、自分たちがオウム真理教やそのほかのいわゆる「カルト」と異なることを示さなくてはならない。
　しかし、オウム真理教と、心理学にベースを置くスピリチュアルな思想や

実践は、非関与を証明しなければならないほど近いものなのだろうか。

まず、オウム真理教が、もともと鍼灸院やヨガ道場という個人消費・個人参加のためのスペースから出発しているという経緯に注意したい。彼らの関心は、当初は個人のスピリチュアリティの開発にあった。宗教団体として確立した後も、その延長で、修行を通じて意識変容体験を引き起こし、それによって悟りのステージがアップするという考えを持っていた。

実はオウム事件以前の日本のトランスパーソナル心理学においても意識変容は強調されていた。80年代以来のトランスパーソナル心理学の輸入は、翻訳家によるところが大きかったが、その代表的人物である吉福伸逸と岡野守也は、『テーマは「意識の変容」』という対談本を1991年に出版している。

そもそもトランスパーソナルとは、意識的自我を有するパーソンのレベルを超えた領域を示唆する用語である。したがって、日本に輸入される前から、トランスパーソナル心理学では変性意識状態を引き起こすためのさまざまな技法が探求されていたのである。

このような方向づけの発端は、トランスパーソナルという用語を提唱したマズローなど人間性心理学における潜在的可能性(ポテンシャル)の強調にある。マズローは、フロイトを批判し、幼児期に起こった出来事がすべてを決定すると考える病的な人間像を退け、積極的に自己を実現させる心理的に健康な人間像を提示した[11]。また、ウィルバーはフロイトの宗教論を批判し、宗教はプレパーソナルな幼児心理への退行とは限らないとした[18]。つまり、トランスパーソナル心理学は、フロイトの基本思想と宗教論をともに批判し、人間は個を超えた高次な意識の実現へと向かう潜在的可能性を有しているとしたのである。

このようなアイディアは、神秘体験を重視するような宗教性に通じる。実際にはマズローもウィルバーも人為的な体験の追求には反対していた。しかし、グロフらのホロトロピック・セラピーなどは、過呼吸によって意識変容を引き起こし、意識の成長と進化をうながそうとするものである[6]。人間の内的な潜在的可能性と意識変容を強調する点だけに注目するならば、トランスパーソナル心理学とオウム真理教には相通じるものがあったのである。

3　ポテンシャルからトラウマへ

　オウム事件以後は、意識変容をすすめることと社会からの遊離や反社会的な閉鎖的集団への埋没とがどこかで結びついているのではないか、という疑念が生じやすくなる。意識変容は個人の自律性や自主性を失わせるものではないか、という問いである。トランスパーソナル心理学の文脈で言えば、意識変容がプレパーソナルでないという保証はあるのか、という問いになる。
　それと並行して、心理学的な人間像に劇的な転換が起こった。それは、ポテンシャル指向の心理学からトラウマ指向の心理学への転換と言えるようなものである。
　1995年にはオウム事件より前の1月に阪神淡路大震災が起こっている。地下鉄サリン事件はその3月に起こった。この2つの出来事をきっかけに、PTSD（心的外傷後ストレス障害）が注目される。つまり、災害や犯罪被害などのショッキングな出来事がトラウマ（心的外傷）となり、身体的不調や、不眠、抑鬱、興奮などを長期にわたって引き起こすという障害である。3月27日付けの『朝日新聞』1面の天声人語では、「阪神大震災で精神科医は何をしたか」という題で、PTSDが紹介されている。また、同年の9月4日の『アエラ』では「身体よりも心に残る深い傷——サリン後遺症」と題して、地下鉄サリン事件の被害者のPTSDが紹介されている。以後、さまざまな事件が起こるたびに、PTSDの存在が指摘され、「心のケア」の必要性が訴えられるようになるのである。
　また95年には、ナチスによるユダヤ人虐殺の生き残りの証言で構成されたドキュメンタリー映画『ショアー』がいわゆる現代思想の分野で注目されるようになる。ここでもトラウマとそれを語ることの困難と意義とが強調される。
　こうして、1995年にはさまざまな分野で、トラウマとなるような災厄を直視し、語り／語らせ、ケアするという行為に関心が集まった。その後、97年前後には「アダルト・チルドレン」が注目される。アダルト・チルドレン（チャイルド）とは、もともとはアルコール依存症者の子どもで大人になった

人という意味で、後に意味が拡張され、機能不全家族で育った人全般を指すようにもなる。自分がアダルト・チルドレンだと認めることで、生きづらさの原因がトラウマにあることが分かり、それまでよりも楽な生き方ができるようになるとされる。

　トラウマに関する心理学的知識の多くは、アメリカにおける幼児虐待の認知の増加と関わっている。それが日本に輸入される時期が、偶然にもオウム事件以後と重なっていた。つまり、意識変容をうながす心理学的実践への懸念が生じていたのと同時期に、アメリカにおける「トラウマ心理学への回帰」の波が日本にも押し寄せてきた。その結果、より劇的なかたちで、「潜在的可能性から心的外傷へ」という転換が生じることになるのである。

　私たちの心のなかにあって、明らかにする必要のある隠されたものは、ポテンシャルではなくトラウマとなった。1995年までの日本のポップ心理学（一般向けの心理学）は、フロイトを否定した人間性心理学やトランスパーソナル心理学の影響を受け、隠された潜在的可能性を信頼し、意識変容によってそれを開花させようとするポテンシャル指向の心理学であった。ところが、1995年以後は、フロイト以来のトラウマ概念を復活させ、隠されたトラウマを自覚することでそれから自由になろうとするトラウマ指向の心理学が支持を集めるようになるのである。

　このような動きは、オウム真理教の教祖麻原彰晃の理解に即しても例証される。麻原自身の神秘体験や意識変容は、教団の文脈では修行の成果であり、解脱の証拠である。しかし、事件後、マスコミは麻原の生い立ちを調べ、麻原が視覚障害をもち、幼い頃から親元を離れ寮生活をし、盲学校に通い、東大受験に失敗したという経歴をたどり、劣等感と権力志向的性格を育むに至った過程を描き出した（たとえば『アエラ』1995年4月10日号）。読者は、麻原の神秘体験や意識変容は、世俗的成功を断念せざるをえなかった麻原が、人よりも優れたい、全能感を得たいという願望を、宗教の方向に求めた結果だと解釈するかもしれない。つまり、麻原の神秘体験や意識変容は、内的ポテンシャルの実現ではなく、内的トラウマの病的な埋め合わせとして解釈されうる。この種の解釈は、人々の心理学的人間観が、ポテンシャル指向からトラウマ指向へと転換することによって、一層説得力を増したであろう。

4　癒しの時代

　こうした動きはスピリチュアルな実践に興味がある人々にも、方向修正をもたらしたかもしれない。意識変容を通して発見される私とは、傷ついた内的な子どもであるかもしれない。そのようなトラウマが発見されたとしたら、まずその傷ついた私を癒さなくてはならない、ということになるだろう。

　1997年には、癒し関連の書籍が急増している。東京都立図書館のデータベース[注2]で「癒し」をタイトルに含む本を検索し（主題にも副題にも含まれないものは排除）、刊行年別にみていくと、1994年は7件しかなかったのが、95年に21件、96年は29件と増え、さらに97年には48件と倍増する。これがピークで、以後98年は25件、99年は24件、2000年は30件と続き、その後、21世紀に入ってからは19件、22件、20件、8件と後退する。以上のことから、1997年に出版業界で「癒し」ブームが起きたということが分かる。実際、1997年には14の出版社が共同で癒しのブックフェアを開催している（朝日新聞1997年2月16日15面）。「癒し」はスピリチュアリティの領域でも非常に重要なタームであり、この前後にそれに匹敵するスローガンが見当たらないことから、1995年から2000年を「癒しの時代」として特徴づけることが可能だろう。

　トラウマ指向の心理学への転換が起こったこの時期に、「癒し」が注目されたのは、単なる偶然とは言えない。癒すべきものとして連想される言葉は「傷」であり、心理学的に言えば「トラウマ」だからである。

　癒し関連書籍の核をなしているのは、心理療法と代替医療（ホリスティック医学）である。この分野では、すでに1995年以前から、その実践を特徴づける理念として「癒し」という言葉が頻繁に用いられてきた。たとえば、Weil[17]によれば、「癒し」とは、心身全体の自発的自己治癒力の活性化であり、生き方や人生観の劇的な変化を伴うことがあるようなものである。同様の定義は、日本ホリスティック医学協会でも、ホリスティック医学の定義として採用されている（HPを参照）。このような定義は、部分的な身体的疾患

の除去を目指す医学的治療や、自己否定をともなう宗教的救済との違いを明確に示すものである。すなわち、癒しは、スピリチュアリティ的な思想や実践を、通常の医学や宗教から差別化するのに効果的な理念であり、意識変容や潜在的可能性（ポテンシャル）のかわりにスローガンとして機能する可能性を有していた。

　前節までの話を踏まえるならば、潜在的可能性や意識変容の強調はオウムを連想させるという懸念と、トラウマ指向の心理学への急激な転換とを背景として、それでもなおスピリチュアルな実践を指し示すのに有効な唯一のタームとして「癒し」が急浮上したのである。

5　ブームとしての癒し

　他方、見落としてはならないのは、「癒し」という言葉が、心理や医療の専門家を超えた一般大衆にも広がり、商品のキャッチフレーズのように用いられていたということである。たとえば『現代用語の基礎知識2003』（自由国民社）は、「癒し系市場」について、「人間の精神的安定に役立つことを切り口としてまとめられた市場」とし、「書籍、音楽、絵画、映像、マッサージ、飲料、食物、衣類など日常生活の多くの分野において人々の心を和ませることを目的に開発された商品の発売が進んでいる」（352頁）と書いている。また、「癒し系」という言葉については、「たとえば優しくふっくらしてお母さん風の女性」が癒し系と呼ばれるとも書いている（1178頁）。

　心理・医療分野での「癒し」とブームとしての「癒し」の間には、その含意において大きな差異があった。前者の"知識人にとっての癒し"とは内的治癒力の活性化であり、後者の"大衆にとっての癒し"とは外的手段によって心を安定させ和ませることと、対比させられる。後者は、情動の「不安定／安定」への感受性にもとづき、それを外的消費行動によってコントロールするという態度によって特徴づけられる。日々のあわただしさや「ストレス」やイライラを、自発的能動的な行為ではなく、「商品」ないし商品化されたサービスの受動的な享受によって軽減しようとするのである。

　もともとの癒しの理念には、内側からの自己超越という契機があった。つ

まり、自分が潜在的に持っているはずの癒しの力を解放することで、現在の病める自分のあり方を超越していくということである。このように理解される癒しは、ポテンシャル指向の心理学とも接続可能である。しかし、それが大衆レベルでは欠落してしまう。自己は環境に影響されやすく、常に不安定で、傷つきやすい存在である。同時に、それは外的消費行動によって容易に癒されてしまうのである。

このような癒しは、宗教学的には現世利益的と言われるようなものかもしれない。キリスト教に見られるように、罪を自己に内在するものととらえ、それからの解放を来世に求めるのではなく、穢れや不浄を現世の生活のなかで付着するものととらえ、それを払い、浄めようとする態度としてとらえることが可能である。オウム真理教などの新新宗教は他界志向ととらえられることが多いが[15]、大衆レベルでの癒しブームはそれとは明らかに異なり、現世志向だということになる。

とはいえ、社寺での祈願行動に見られるような現世志向との差異も無視できない。第1に、癒しのための行動は、物的利害関心にもとづく祈願行動と異なり、心的現実への敏感さに基づくものである。また、癒しの実践は、集合的な儀礼行動と異なり、著しく私事化しており、個人的な日々の生活の文脈の内部で完結しうるものである。

6 片仮名のスピリチュアリティ

1995年から2000年までは「癒し」が、日本におけるスピリチュアリティ言説の中心的位置を占めてきた。それに対して、2000年以降は、片仮名の「スピリチュアリティ」がキーワードとなる。

先ほどの「癒し」と同様、東京都立図書館のデータベースで、「霊性」「スピリチュアル」「スピリチュアリティ」、比較のために「トランスパーソナル」をタイトル（主題か副題）に持つ書籍の件数を調べたところ、図1のような結果となった（後述の江原啓之の著作は多すぎるので除外した）。「トランスパーソナル」のピークが80年代後半にあるのに対して、「霊性」「スピリチュアル」「スピリチュアリティ」は徐々にのび始め、近年まで増加してい

ることが分かる。なかでも、片仮名の「スピリチュアリティ」が、2000年以後、急増しているのが目立つ。

　80年代後半までは、これらの言葉はほとんどタイトルに出てこない。「霊性」に関しては、鈴木大拙の『日本的霊性』が有名であり、驚くほど先駆的な内容だが、鈴木以後は「霊性」という言葉はほとんど現れていない。今日のスピリチュアリティ言説は鈴木の霊性とは一応切れており、80年代後半に形成されたと言えるだろう（もちろん源流はそれ以前からある）。

　そして、このスピリチュアリティ言説は、終始、輸入と翻訳の営みであった。80年代後半に「霊性」をタイトルに含む本は2種類に分かれる。1つは、キリスト教におけるspiritualityを翻訳したものであり、これはSpiritを「霊」「聖霊」と訳す伝統にのっとったものである。もう1つは、トランスパーソナル心理学周辺の翻訳家による紹介である。いずれにせよspiritualityを日本語に置き換えるならば漢字の「霊性」がふさわしいと考えられていたのである。

　それに対して、1995年以後は「スピリチュアル」、2000年以後は「スピリチュアリティ」と、片仮名のスピリチュアル／スピリチュアリティが多く用いられるようになっている。これは、どう理解すべきか。

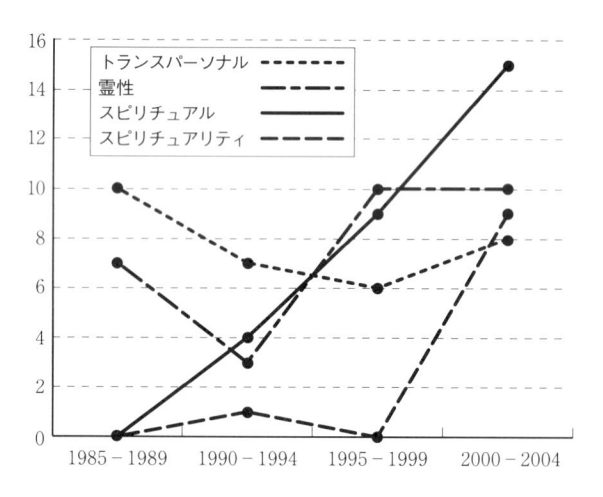

図1　書籍のタイトルに現れるスピリチュアリティ関連用語の数の推移

7　「霊」の排除

　1999年7月の東西宗教交流学会では、spiritualityを「霊性」と訳す立場と、「スピリチュアリティ」と訳す立場との間で論争が繰り広げられた。そのなかで、漢字の「霊性」について、村本詔司は「幽霊とか霊感商法といった否定的なこと」を連想させるとし、奥村一郎は「霊性」を支持しつつも、自分たちの発行する『霊性センターニュース』が心霊術の発行物と誤解されてしまうというエピソードを紹介している（朝日新聞1999年8月17日付）。
　日本トランスパーソナル心理学／精神医学会でも、2002年の学会シンポジウムにおいて、西平直が「スピリチュアリティ再考──ルビとしての『スピリチュアリティ』」という発題を行っている（論文は西平[13]）。そこでは、漢字の「霊性」では「霊」という文字から「よけいな誤解」が生じるということが懸念され、あえて片仮名のスピリチュアリティをルビで引き受け、その多義性を生かしていこうという提案がなされる。
　また、伊藤・樫尾・弓山編の『スピリチュアリティの社会学』の序文では、「『霊性』という言葉が日常語として一般にあまり使用されておらず、かつ『霊性』の『霊』という言葉が『幽霊』や『お化け』などを連想させ無意味な誤解を招く恐れがあるという判断から、主として『スピリチュアリティ』の語を使用している」とある[7]。
　このように、スピリチュアリティに関わりのある各分野の識者は、漢字の霊性の「霊」が否定的なニュアンスを持っていると認識しており、「誤解」を避けるために、片仮名のスピリチュアリティのほうが望ましいと考えている。こうした傾向が、書名に片仮名のスピリチュアリティが増えたことと連動していると見てよいだろう。
　そこで、片仮名のスピリチュアリティと漢字の霊性の違いを改めて考えてみると、スピリチュアリティには「霊」という言葉がないということに気づかされる。英語のspiritualityはspiritを落とすことができないのに、片仮名のスピリチュアリティは「霊」を落とすことができる。上の識者らは総じてこの欠落によって、超自然的実体としての霊魂への信仰を想起させないとい

第1部　スピリチュアリティとは何か

う効果が生じると期待している。日本の宗教の多くが霊信仰と何らかの関わりを持つ以上、「霊」を想起させないということは、「宗教」を想起させないということにもつながる。片仮名のスピリチュアリティは「宗教」との差別化のためのスローガンなのである。それによって、超自然的なものに拒否感があるが、生や死の問題を解決するための実践的枠組を必要とする読者をひきつけることが可能となった。加えて、片仮名翻訳によって、外国の先進の知識の導入というイメージを植えつけるという利点もあるだろう[注3]。

　日本におけるスピリチュアリティ言説の担い手は書籍を見る限り3つの分野に分かれる。

　1つはトランスパーソナル心理学である。オウム事件以後は、意識変容による人類の意識の進化というモチーフがほとんどなくなる。その担い手は翻訳家ではなく、心理療法や精神医学を専門とする大学人に変わり、複数の学会が組織されている。アカデミックな方向転換がもっとも目立つのは日本トランスパーソナル心理学／精神医学会であり、霊性＝スピリチュアリティに関する理論的研究が広くおこなわれている。仏教の瞑想との接合の試みなど、学説輸入の枠を越える活動も見られる（cf. 安藤[2]）。全般的に、意識変容よりも、気づきやマインドフルネスなどが強調され、ほかの心理学や心理療法の領域に開かれつつある。他方、一般的には諸富[12]が目立っている。トランスパーソナルを広く「つながり」ととらえ、生きる意味の探求を目標とするなど、超越性を和らげて、一般読者の日常的な関心に応えようとしている。

　2つ目は、スピリチュアル・ケアである。スピリチュアル・ケアとは、社会的な存在としての自己の意味を感じられなくなってしまった末期患者に、自分自身で納得できる死のイメージを獲得させ、生の意味を確認させるようなケアである。そこでは、特定の信仰から自由であることが強調されている[9]。

　3つ目は宗教社会学である。オウム以後、目立った新しい宗教運動がなく、新しい研究対象に恵まれない若手の新宗教研究者らが、スピリチュアリティを、インターネット、スポーツ、マンガ、映画、セルフヘルプ・グループなどの現実生活のあらゆる分野に現れる「見えないつながり・絆」としてとらえて対象化している[8]。

以上の分野で「スピリチュアリティ」と言われているのは、まとめるならば、超越的なものとの直接的な関わりを持たないまま生活のなかに潜んでいる、見えないつながり（超越的なもの、他者、自然、世界とのつながり）への気づきに関わるものである。いずれの分野でも共通するのは、扱う対象や発するメッセージが特定の宗教色を持たない点である。そしてそれを表現するのにふさわしいのは「霊性」ではなく、霊信仰を暗黙のうちに排除し、片仮名語の知的で先進的なイメージをまとっている「スピリチュアリティ」という言葉となっている。

8　マス・メディアにおける「スピリチュアル」

しかし、このような意味でのスピリチュアル／スピリチュアリティは、一般化しているとは言えない。一般メディアで「スピリチュアル」という言葉が使われるときには、ほとんどの場合が、江原啓之という個人との関わりである。江原は30冊以上の著書を書いているが、そのほとんどは2001年以後に出版されており、「スピリチュアル」という言葉をタイトルに含んでいる。

江原の実践は、実質的には伝統的な霊媒・霊能力者のそれと変わらない。実際、1995年の著作では「霊学」という神道由来の言葉をタイトルに使用している。ところが2001年以後は「スピリチュアル」という言葉を前面に押し出し、自らは「霊能者」ではなく、「スピリチュアル・カウンセラー」だと称するようになる。江原によれば、霊能者は、低い霊現象を扱い、風変わりな行動をとり、何らかの宗教的背景を持ち、現世利益を提供する。それに対して、スピリチュアル・カウンセラーは、高次のスピリットのメッセージを伝達し、成熟した人格を養うことを重視し、宗教的外観をとらず、クライエントに「人生の地図」を提供するだけである。実際には、幼い頃から霊体験を持ち、神道との関わりを持ってきた経歴があるのだが、江原は、イギリスのスピリチュアリストにトレーニングを受けたことを強調する。つまり、スピリチュアリズムという外来思想と片仮名のスピリチュアルを採用することで、漢字の「霊」を表から廃し、伝統的な霊信仰にまつわる負のイメージを払拭しようとしているのである。

次に江原のカウンセリングの特徴として、トラウマ指向の心理学の語彙を使用するという点があげられる。そのカウンセリングのパターンは、次のようなものである。①シッティング、事前の手がかりなしにずばり依頼者に関わる事柄を言い当てる、②クライエントの家族関係とトラウマの指摘、③守護霊の言葉を伝え、クライエントが孤独ではなく常に霊とともにあることを教える。①と③はたしかに、霊的なことに関わるのだが、その目的は霊的なことの指摘それ自体というよりも、カウンセラーとのラポール（共感と信頼の関係）の形成と、クライエントのエンパワーメント（自力による問題解決能力の強化）にあると言える。そのように考えると、全体としては、トラウマへの気づきを軸とする世俗的なカウンセリングと同様の構造を有しているということが言えるだろう（以上は江原[3]を参照）。

とはいえ、先に見た知識人たちのスピリチュアリティと、江原のスピリチュアルは一線を画している。前者において霊信仰それ自体はほとんど問題とされていないのに対して、江原は片仮名のスピリチュアルを使用しつつも実質的には霊信仰を前提とし、それにカウンセリングという新しい方向性を加えようとしているのである。

最後に特筆すべきは、彼が個人カウンセリングをおこなわなくなり、そのかわりに著述やテレビ出演などメディアを活動の中心としていることと、その作品が生活のさまざまな場面と結びついていることである。聖地の旅行ガイド、音楽（彼自身の声楽も）、ダイアリー、育児書、「お祓いブック」などもある。それぞれに「スピリチュアル」がキャッチフレーズとしてつけられている。メディアの活用、消費主義、日常生活における効用の強調など、「癒し」と類似した特徴である。

まとめると、江原のユニークさとは、片仮名語の使用による「ファッショナブル」な印象、トラウマ心理学の援用、伝統的な霊信仰への根づきと刷新、メディアを介した消費主義との結びつきとしてまとめられる。知識人の片仮名スピリチュアルの使用は、伝統的な霊信仰からの決別を含意していたが、江原は大衆レベルで根深い霊への関心を引きつけつつ、トラウマ心理学的な語彙を用いて、伝統的外観から離脱し、「癒し」と同等の成功を個人で成し遂げようとしているのである。

9　根強い「霊」への関心

　知識人の「スピリチュアリティ」よりも江原の「スピリチュアル」のほうが大衆的な成功を収めた理由は、前者が霊信仰を抹消しようとしたのに対し、後者は霊信仰を批判的に継承しようとしたという点にあるのではないだろうか。筆者はその背後には、大衆レベルで持続している霊への関心があると考える。

　江原以前に注目された霊能者としては宜保愛子がいる。インターネットのフリー百科事典Wikipediaの記述では、オウム事件をきっかけにテレビで非科学的な内容を放映することへの批判が高まり、出演が減少したが、2001年に再出演するようになったとある。

　他方、1998年から放送されている「奇跡体験！　アンビリーバボー」は2002年の夏までは心霊関係のエピソードを積極的に紹介している。そのほか、超常現象全般を扱う「不思議どっとテレビ。これマジ」は2001年から02年まで、「USO!?　ジャパン」は2001年から03年まで放送されている。いずれもいわゆるゴールデン・タイムでの放送である。このことから、2001年から02年にかけてテレビなどのメディアにおいて、霊への関心が1つの高まりを見せていたということが確認される。

　興味深いのは、番組のタイトルである。信じられない、本当だろうか、うそではないかといった言葉が採用されている。オウム以後の非科学的な心霊番組への批判のあとに登場したこれらの番組は、いずれも真偽をぼかして、霊をめぐる出来事に関して、あくまで物語として享受しようとするという態度をとっている。また、こうした心霊番組は、ティーン・エイジャーを意識した作りが多い（特にジャニーズの男性タレントを起用した3番目）。

　つまり、オウム事件と反カルト的な雰囲気の頂点である1999年を過ぎて、やっとオウムを知らない若い世代の霊への関心に、メディアが応えられるようになったということが言える。

　物語としての霊的出来事への関心は、実はオウム事件とは別に根強く存在していた。それを示す例としては、1990年代を通して、低年齢層に起こった

「学校の怪談」ブームがある。民俗学者である常光徹によって収集された学校をめぐる怪談の、ティーン・エイジャー向けノベルのシリーズは1990年から97年まで刊行されており、1995年から99年に映画化、2000年から01年にアニメ化され、相当の支持を集めたことが確認される。

まとめると次のようになる。確固たる霊信仰ではないとしても、霊への関心は、大衆レベルで、特に低年齢層を中心に根強く続いている。それは信仰というよりは、現代民話や都市伝説など物語の形をとって伝達されている。他方、オウム事件以後、知識人とマスメディアは、霊的なものを宗教的なものとして遠ざけてきた。知識人は、「霊」という言葉を取り除いた片仮名の「スピリチュアリティ」を好み、日本人の「無宗教の宗教性」に訴えてきた。しかし、それでは大衆の霊への関心には十分に応えられない。その間隙を埋めたのが、江原啓之の「スピリチュアル」であった。江原は大衆の霊への関心に応えつつ、トラウマ指向の心理学の知見を積極的に取り入れ、霊信仰を片仮名語の「スピリチュアル」でイメージ・アップし、マスメディアにも載りやすいものに作り替えた。

ポスト・オウムの時代における霊への関心は、しかし伝統的な霊信仰そのものの復興ではない。確固たる信仰というよりは学校や個人的な生活場面における小さな物語の伝達と享受にとどまり、大きな物語の形成には発展しない。それは決して、宗教集団を作らないし、それ自体ではネットワークにすら発展しない。特徴的なメディア・イベントをめぐって散発的に浮上するのみである。有名寺社への初詣や占いなどと同様、現代日本人の感覚では、「宗教」の枠には入らず、「無宗教」の枠にとどまり続けるのである。

10　日本人の無宗教の宗教性

スピリチュアリティは、その性質上「宗教」との緊張関係のなかで輪郭が決定される。国民の多数派がキリスト教徒であるアメリカの場合、個人的スピリチュアリティは教条主義や権威主義に挑戦するものとなる傾向がある。しかし日本の場合、多数派は「無宗教」である。日本人の多くが無宗教となったのは、自然なことではなく、江戸幕府、明治政府以来の宗教政策によ

るところが大きい。そこでは、「宗教」は、政府によって管理・統制されるべきものとして構成されてきた。そのため、「宗教」と距離をとろうとするスピリチュアリティは、「宗教」を警戒し牽制し続けてきた「無宗教の宗教性」の側と接近する。つまり、アメリカのスピリチュアリティよりも保守的になる可能性があると考えられる。

　阿満利麿の1996年刊の『日本人はなぜ無宗教か』は、日本人の7割が無宗教であると答えるのにその4分の3は広い意味での「宗教心」は大切と答えているという調査を取り上げ、日本人の無宗教の宗教心の形成過程を明らかにした。それは一言で言えば、享楽的な世俗主義と葬式仏教と狭量な「宗教」概念（宗教は公的秩序を脅かす恐れがあるが、私的信仰である限り存在は許される）との合成物である。このような傾向はもちろん新しいものではない。しかし、オウム事件直後の反カルト的雰囲気が充満するなか、日本人の宗教性が「無宗教」の「宗教心」として確認されたことの意味は大きい（阿満自身はそれに批判的だとしても）。実際、事件の後、宗教団体の活動は目立たなくなり、無宗教の宗教心の側に立つ「癒し」と「スピリチュアル／スピリチュアリティ」が台頭しているからである。

　これまで見てきたように、それらのスピリチュアリティ言説は、アメリカの心理学的思想の輸入というスタイルをとりながら、受容されるなかで、実質的には伝統回帰と日常生活の保守的な肯定とに変容していった。「癒し」はもともとの自発的治癒力の活性化という意味を離れて、現世利益的な消費行動をうながすキャッチフレーズとなった。「スピリチュアリティ」は「霊」信仰との決別を目指していたが、霊への草の根的な関心とは逆行したため、マスメディアでは、逆に霊信仰の再定式化としての江原的「スピリチュアル」に押されていく。いずれにせよ、現世利益や霊への関心など、伝統的な民俗宗教の特質がむしろ浮き上がってくる結果となっている。しかしながら、実践の個人化や私事化が著しく、「伝統」的なもののそのままの復興とはいいがたい。だが、これも保守主義と消費主義の合成物としての無宗教の宗教性の延長線上にあるものと理解できる。

11　スピリチュアリティのゆくえ

　外来思想の輸入が逆説的に民俗宗教性を現代的な形で演出するということは、別の視点から見れば、民俗宗教性が外来思想の助けを借りて浮上するということでもある。西洋の心理療法ももとをたどれば原始的療法にたどり着くと考えるEllenberger[5]や、ニューエイジをキリスト教に対抗するネオ・ペイガニズムと関連づけるYork[19]のような考え方もある。世界宗教の正統とは異なる流れをルーツとする新しいスピリチュアリティは、グローバル化すると同時に、輸入された地域の民俗的宗教性を再活性化するというマクロな見方も可能であろう。こうした動向を包括的に理解する試みとしてはすでに島薗[15]の「新霊性運動」論がある。

　日本の場合、伝統回帰の方向性が今後、より明確化する動きが見えている。たとえば、昨今では、巡礼や山岳修行や参禅など、伝統的な神道や仏教の修行に注目が集まっている（cf.「仏教に浸る・空前のブームが日本を覆う・きもちいい仏教に魅せられる人たち」、『アエラ』2003年10月27日号）。修行を主催する社寺と、家族や地域を介したつながりがまったくない個人とが、義務や慣行ではなく自発的な参加によって結びつくというケースが目立っている。氏子や檀家の結束が薄れ、地域社会や家族にまつわる儀礼が崩壊すると同時に、有名社寺がますます人を集め、財力を蓄え、不特定の個人向けの行事を拡大する可能性がある。伝統的で既成化した宗教行事は、新しい宗教運動に警戒を抱く人々にも受け入れられやすい。特定の信仰を強制しない修行への自由な参加という形態は、スピリチュアリティに関心を持つ人々をも広く引きつけるだろう。高齢化の進展もこの傾向を助長する要因となりうる。

　また、政治の右傾化や保守化が指摘される昨今においては、文化ナショナリズム的な要素を持つスピリチュアリティも、今後ますます優勢となるであろう。グローバルな普遍性とナショナルな特殊性のなかでスピリチュアリティがどのように理解され、受容されるのかが、今後の日本の精神的状況を占う鍵となる。

注

注1 古典的なものとしてはMaslow[10]のspiritual valuesの議論、最近のものとしてはElkins[4]が参考になる。彼らの議論を下敷きとした上で、データベースPsycInfo上で「spirituality near definition」という検索式によって心理学の学術論文でスピリチュアリティの定義を論文要旨のなかで触れているものすべてに目を通して確認した。

注2 国会図書館のデータベースを用いなかったのは、入手しにくい本も多数含まれてしまうこと、一覧で副題まで確認できないことなどが理由である。なお、東京都立図書館のデータベースでは、日本で出版され流通した書籍のほとんどが検索できる。

注3 なお、ここで紹介した論者らの非実体的なスピリチュアリティの探求そのものの批判を、筆者は意図していない。その言説のもたらす効果について論じているだけである。筆者自身は、トランスパーソナルとポストモダンと仏教の批判的でラディカルな部分を突き詰めたいと考えている。そのような批判的実践の一環として本稿も書かれている。

文献

1）阿満利麿『日本人はなぜ無宗教か』筑摩書房, 1996
2）安藤治『心理療法としての仏教——禅・瞑想・仏教への心理学的アプローチ』法蔵館, 2003
3）江原啓之『スピリチュアルな人生に目覚めるために——心に「人生の地図」を持つ』新潮社, 2003
4）Elkins, 1998.（デーヴィッド. N. エルキンス『スピリチュアル・レボリューション——ポストモダンの八聖道』大野純一訳, コスモス・ライブラリー, 2000）
5）Ellenberger, 1970.（アンリ・エレンベルガー『無意識の発見——力動精神医学発達史』木村敏・中井久夫監訳, 弘文堂, 1980）
6）Grof, 1988.（スタニスラフ・グロフ『ホロトロピック・セラピー——自己発見の冒険』吉福伸逸・菅靖彦訳, 春秋社, 1988）
7）伊藤雅之・樫尾直樹・弓山達也編『スピリチュアリティの社会学』世界思想社, 2004
8）樫尾直樹『スピリチュアリティを生きる——新しい絆を求めて』せりか書房, 2002
9）窪寺俊之『スピリチュアルケア入門』三輪書店, 2000
10）Maslow, 1964.（A. H. マスロー『創造的人間——宗教・価値・至高・経験』佐藤三郎・佐藤全弘訳, 誠信書房, 1972）
11）Maslow, 1968.（『完全なる人間——魂のめざすもの（第2版）』上田吉一訳, 誠信書房, 1998）
12）諸富祥彦『トランスパーソナル心理学入門——人生のメッセージを聴く』講談社, 1999

第1部　スピリチュアリティとは何か

13) 西平直「スピリチュアリティ再考──ルビとしての『スピリチュアリティ』」(『トランスパーソナル心理学/精神医学』Vol. 4, No. 1, 2003)
14) 島薗進『新新宗教と宗教ブーム』岩波書店, 1992
15) 島薗進『精神世界のゆくえ──現代世界と新霊性運動』東京堂出版, 1996
16) 常光徹『学校の怪談1〜9』講談社, 1990-7
17) Weil, 1995. (アンドルー・ワイル『癒す心、治る力──自発的治癒とはなにか』上野圭一訳, 角川書店, 1995)
18) Wilber, 1977. (K. ウィルバー『意識のスペクトル1・2』吉福伸逸・菅靖彦訳, 春秋社, 1985)
19) York, Michael, 1995. *The Emerging Network: A Sociology of the New Age and Neo-Pagan Movements.* Rowman & Littlefield, 1995.
20) 吉福伸逸・岡野守也『テーマは意識の変容──吉福伸逸＋岡野守也徹底討論』春秋社, 1991

第 3 章

棚次　正和
Masakazu TANATSUGU

スピリチュアリティと医療と宗教

1　はじめに

　「スピリチュアル」や「スピリチュアリティ」というカタカナ書きの言葉が、最近頓に使われ始めたという印象がある。"spiritual"や"spirituality"には「霊的」や「霊性」あるいは「精神性」の訳語が当てられることが多いが、どうも落ち着きが悪く、止むなくカタカナ書きにしているということかもしれない。「スピリチュアル」や「スピリチュアリティ」の語法に関しては、たとえば心理学分野では「自己超越や自己実現」に関わる意味で使われ、医療や福祉の方面では「人生の意義や目的」に関わる意味で使われているという指摘がある。また、社会現象を解読するための一種の記号と見なす向きもある。いずれにせよ、「スピリチュアル」や「スピリチュアリティ」という言葉は、日常的自我の変容や日常生活の根底に関わるような事柄との関連の中で使用されるのであるから、本来は「宗教」と深く結びついていることが推察されるが、「医療」の世界でもスピリチュアルペイン、スピリチュアルケアという表現の使用頻度が高まってきている。ここでは、「医療」と「宗教」の双方に関係を持つ「スピリチュアリティ」の問題を考察するための手掛かりを、WHO憲章の「健康」定義改正問題に求め、「スピリチュアル」が有する意味地平の一端を探ってみたい[注1]。

2　WHO憲章「健康」定義改正案をめぐる審議経過

　取り急ぎ、この問題の経緯を確認しておきたい。以下、厚生省大臣官房国際課ならびに同厚生科学課提供の平成11（西暦1999）年3月19日付け資料を引用する[注2]。

● 従来、WHO（世界保健機関）はその憲章前文のなかで、「健康」を「完全な肉体的、精神的及び社会的福祉の状態であり、単に疾病又は病弱の存在しないことではない。」
"Health is a state of complete physical, mental and social well-being and not merely the absence of disease or infirmity."
と定義してきた。（昭和26年官報掲載の訳）

● 平成10年のWHO執行理事会（総会の下部機関）において、WHO憲章全体の見直し作業の中で、「健康」の定義を「完全な肉体的（physical）、精神的（mental）、Spiritual及び社会的（social）福祉のDynamicな状態であり、単に疾病又は病弱の存在しないことではない。」〔大文字S, Dは原文のまま、引用者注〕
"Health is a dynamic state of complete physical, mental, spiritual and social well-being and not merely the absence of disease or infirmity."
と改める（下線部追加）ことが議論された。最終的に投票となり、その結果、賛成22、反対0、棄権8で総会の議題とすることが採択された。

● 本件は平成11年5月のWHO総会で議論される予定。総会では参加国の2／3以上の賛成があれば採択される。ただし、改正の発効には全加盟国の2／3以上における批准手続きが必要であるが、通常は2／3の批准を得るために数年以上の期間を要している。

　「健康」定義改正案のその後の経緯については、同課提供の平成11年10月26日付け資料で[注3]、平成11年5月17日から5月25日までジュネーブで開催された第52回WHO総会で審議され、総会のB委員会（総務、財政、法的事項

を担当）で「現行の憲章は適切に機能しており本件のみ早急に審議する必要性が他の案件に比べ低いなどの理由」から、健康定義改正案は見送られ、事務局長が見直しを続けていくことになった旨が報告されている[注4]。

（１）健康定義改正案をめぐる審議経過とその背景

この問題については、臼田寛ほかの共著論文「WHO憲章の健康定義が改正に至らなかった経過」が、関係委員の発言を要約する形で綿密な分析を施している[注5]。1998年1月開催の第101回執行理事会の審議では、従来の健康定義にspiritualとdynamicの２語を新たに加えるべきとの提案に対しては賛否両論あった。以下、正確を期すためにWHOの議事録に従って[注6]、審議内容の概要をほぼ忠実に紹介しておきたい。まず賛成意見としては、「健康のspiritualな側面とほかの側面の間に強い繋がりがあることは周知の事実である」(Badran, エジプト)。「健康のspiritualな側面は、人間の尊厳の擁護や倫理的配慮との関連で非常に重要だ」(Pico, アルゼンチン)。「spiritualな良好は、特定の医療システムでは十分に証明された価値を持つもので、健康定義の拡大をもたらす」(De Silva, スリランカ)。「spiritualな良好は、完全な健康状態を構成する不可欠の要素としてあらゆる個人や共同体の責任で実現すべきもので、とくに伝統医療には必要だ。spiritualな治療は、伝統医療の本質的な部分であり、健康の中枢をなす。この観念が1948年の健康定義の原案から削除されたのは、マルクス主義者の集団から反論が出たためであったことは想起されてよい」(Stamps, ジンバブエ)。「spiritualな次元は、社会の道徳的感情の社会的な基盤、したがって健康には極めて重要な関係を持つ」(Williams, クック諸島)。「個人の生活に干渉しない限り、spiritualな次元を追加することは重要である」(Hurley, アイルランド)。「健康定義の改正に賛成だが、"spiritual"の語がアラビア語に適切に翻訳されないのではないかと懸念している。"spiritual"は、多くの国で行なわれているさまざまな種類の伝統医療をも包み込む全包括的な用語である」(Sulaiman, オマーン)。「"spiritual"の語には幅広い全包括的な意味があり、論議を続ける必要はない」(Ngedup, ブータン)。「人間存在のspiritualな側面は、健康定義で問われるべきだ。伝統医療の療法家が、健康促進に大事な役割をはたしている地域

もある」(Mulwa, ボツワナ)。「改正案を元々要求したのが東地中海地域事務局長であることを思えば、健康定義にspiritualな良好を追加することに賛成である」(Fikri, アラブ首長国連邦)。

ただし、改正には賛成だが、審議を希望する声もあった。「1999年1月開催予定の第103回執行理事会までにはさらに熟考する余地がある。定義改正がWHOや保健政策や学界や産業界に与える影響を考慮に入れねばならない」(Shin, 韓国)。「決定までにはさらなる論議が必要だ。spiritualな良好は、自分が属する下部地域の健康増進憲章にはすでに含まれてはいるが」(Ferdinand, バルバドス)。「定義改正には賛成だが、"spiritual"の用法には同意できないものもある。部族医療やホメオパシーなどは、"spiritual"ということで自分が理解しているものではない」(Calman, イギリス)。「"spiritual"の語がWHOの組織全体で同じ意味を持つことを確保するには、さらに論議が必要だ」(Sanou Ira, ブルキナファソ)。「"spiritual"は、ホメオパシーや薬草医療や伝統医療のような実践よりもspiritualな良好に関わるものだから、その定義は明確にしておくべきだ」(Al-Mousawi, バーレーン)などの意見が出た。

"spiritual"と宗教との結合を危ぶむ声に対しては、「spiritualityと宗教の間にはいかなる混同もありえない。内面的なspiritualな態度は、特定宗教の信仰に依存するものではない。spiritualityは、病気の時でも観察されうるような人間の志向性と結びついている。定義中の"social"の語が表現している社会ではたされる役割とは対照的に、"spiritual"は人間性の個人的な側面を強調するために含まれる。また、"dynamic"の語を入れることで、健康や病気が両方の状態とも存在するような1つの連続体の部分であるという事実を示している」(Lopez Benitez, ホンジュラス)との意見が出た。また少数ながら、「そうした根本的変化への改正は、もっと時間をかけて検討することが必要だ」(仲村英一, 日本)、「健康定義への"spiritual"の導入は、WHOの機能に関する後続の条文に反映されていない以上、もっと時間をかけて検討すべきである」(Leowski, ポーランド)、「spiritualという健康目標達成のために行う施策と評価方法が明確でない」(Van Etten, オランダ)など、慎重な態度を示す委員もいた。活発な審議の後に投票となり、その結果、総会への提案に対して賛成22、反対0、棄権8で第52回総会の議題とすることが決まったの

である。
　ところが、1999年5月開催の第52回世界保健総会（World Health Assembly）では、健康定義改正案は議題には上ったが、実質的な審議に入ることなく、事務局長が見直しを続けることに決まった。1998年1月の第101回執行理事会と1999年5月の第52回総会との間に、どのような意見調整が行われたのか定かではないが、総会で審議に入らないことが事前に了解されていたかのごとくである。その時の発言内容の概要は、次のとおりである注7。まず冒頭で欧州連合代表のVoigtlander［ドイツ］が新たな指導体制とWHOの最優先計画を支えることに努力が傾注されるべき時に共通の合意を得ることは困難との見方から改正に反対し、事務局長預かりとすることを提案した。Pico［アルゼンチン］はWHOの構造改革が終わるまでその条項の論議を延期すべきとの見解を述べた。Zhao［中国］も現行の憲章は明解で包括的であり、改正案は事実上ほとんど意義がないと述べた。仲村英一［日本］は改正案が重要な論点を含むことは認めるが、今回の総会で見直すべきではないとし、Whitworth［オーストラリア］も改正の緊急性がなく、審議続行の利点がないことを主張した。Monissov［ロシア］もWHOの改革が進行中に改正案を審議するのは適切でないとした。これらの反対意見に、Al-Mousawi［バーレーン］は本案は執行理事会指名の特別部会が何度も検討を重ね、特に1984年に健康のspiritual dimensionが総会で唱えられて以来、序文改正に関わってきた事実に言及して審議継続を主張した。Abudajaja［リビア］はspiritual dimensionは極めて重要であるから改正案に賛成だが、今回の総会では議決を行うべきではないと述べた。最後に、Jeganathan［スリランカ］はspiritual dimensionは人間を全体的に捉える時に非常に重要であって、宗教と混同されてはならず、健康定義改正の検討はいずれ行われるはずだと主張した。

（2）伝統医学への回帰の流れと日本の対応
　ところで、健康定義改正案の原案を作成したのは、実はWHO東地中海地域事務局である。東地中海地域注8、つまり中近東およびアフリカ大陸地中海沿岸地域の国々では、イスラームが人々の精神生活の指導原理であ

第1部　スピリチュアリティとは何か

り、「ユーナニ医学」という伝統医学が今でも実践されている。ユーナニ（Yunani）とは、「イオニア」を指すペルシア語「ユーナ」の形容詞で、その名前の中に自らの起源がギリシアにあることが示されているが、ユーナニ医学は、「ヒポクラテス、ガレノス、ディオスコリデスなどのギリシア語原典のアラビア語訳によって伝わった医学を核にペルシアはもとより中近東、中央アジア、インド〔可能性として中国〕の伝承医学や当時の民間医療などの知識も加わって体系化された医学」[注9]である。アヴィセンナ（Avicenna, Ibun Sinā, 980-1037）がユーナニ医学を体系化したとされ、『医学規典』（その要約が詩篇形式の『医学の歌』）や『治癒の書』などの著作を残している。ユーナニ医学では、7つの自然要素——①水・火・土・風の四元素、②体質、③体液（血液・粘液・黄胆汁・黒胆汁）、④器官、⑤気息、⑥力、⑦行為——と、6つの必須要因——①空気、②食物と飲物、③睡眠と覚醒、④運動と休息、⑤排出と閉塞、⑥感情——を考慮に入れた上で、ヒポクラテス以来の「4体液説」と「熱・寒・乾・湿」の組合せからさまざまな病理現象を説明している。治療の原理は「病気に対してはその反対物によって戦え」とするもので、たとえば熱が原因の病気は寒によって治療されると考えるのである。この医学が唯一者アッラーの御名において実践されていることは、言うまでもない。

　前述の臼田などの論文でも、健康定義改正案が生まれた背景にある「世界的な伝統医学への回帰の流れ」に注目している。ユーナニ医学を始めとする代替医療が地域に根づいた宗教や精神運動の影響を色濃く受けながら「疾病に対して心理的、社会的側面からアプローチを行」ない、「病に対して心の問題も含めて全人的なアプローチを行なってきた」のに対して、近代西洋医学がデカルト的二元論や人間機械論に基づいて「精神と肉体の分離や人間の身体の細分化」を進める過程で次第に心理的社会的アプローチが欠落していき、それが成熟と成長限界を迎えた結果、伝統療法の「癒し」の効果への関心が集まってきたという分析である。

　この問題に対する日本のマスコミの反応はといえば、やや先走りして定義改正を既定路線のごとく報道したようである。また、日本政府（厚生省）の対応を示す一例として、1999年3月開催の第6回厚生科学審議会総会議

事録を参照すれば[注10]、spiritualityの理解やその訳語をめぐって意見交換があったことが知られる。たとえば、曽野綾子委員の「一番気になるのはcompleteというところですね。 こういうものはあり得ませんから」という発言や、木村利人委員から「文化の中での病や癒し」に直面せざるを得ない今日の状況、およびspiritualityと信仰との違いを指摘する発言があった。spiritualの訳語としては、「霊的」、「信仰上」、カタカナ書きの「スピリチュアル」などが提案され、岸本忠三委員からは「mentalというのは精神科医の関わる分野で、spiritualというのは志とか士気とか」を指すなどの発言があった。同年４月開催の第14回厚生科学審議会研究企画部会議事録によれば[注11]、議論は混迷の度を深める。その原因は、mentalとspiritualの相違について共通理解がないまま各委員が自説を述べたことにあろう。「spiritualを入れることは健康概念によけいな主観的な要素を入れる危険が強い」と主張した加藤尚武氏や「spiritualがない人は健康でないということになるのか」と尋ねた大石道夫氏と、人間存在である限りspiritがあるのが一般的な考え方だと断った上で、「健康についての多様な価値観（代替医療や伝統医療も含め）を新しい時代の中でどう展望すべきかが日本人に問われている」と受け止めた木村利人氏との間には、大きな見解の隔たりがあった。spiritualの訳語に関しては、木村利人氏が貝原益軒の言葉「養生の術はまず心気を養うべし」の心気がspiritのことだと指摘しつつ、spiritualを「精神的」、mentalを「心的、心理的」と訳すことを提案したのに対し、柳澤信夫氏は逆にmentalを「精神的」、spiritualを「心的」と訳すべきだと主張した[注12]。

3　「健康」定義改正案に関する視座と論点

　さて、以上のような健康定義改正案をめぐる審議を通して顕在化してきた論点は、少なくとも３点はあろう。"spiritual"と宗教の関係、"spiritual"と伝統医療の関係、spiritualな健康の評価法である。

（１）"spiritual"と宗教の関係
　まず第１に、"spiritual"が特定宗教と短絡的に結びつくことへの懸念

が広がっていた中で、その空気を一掃するかのごとく、Lopez Benitezが内面的なspiritualな態度は特定宗教の信仰に依存しないことを説いた。spiritualityは、特定宗教に関与しなくても誰の内面にも見出されるものである。換言すれば、それは人間の本質規定に直結するような特性である。宗教学では特定「宗教」に関与すると否とを問わず、究極的なものを根源的に志向する人間存在の固有性を指して「宗教性」と言い、そうした本性を有する人間をhomo religiosus（宗教的人間）と総称している[注13]。Lopez Benitezの説明は、この両者を区別する宗教学の基本認識と合致している。宗教に無関心な人や宗教を否定する人も、究極的なもの（神仏）を喘ぎ喘ぎ求めている裏返しになった宗教的人間にほかならない。究極的なものの否定は、別の究極的なものによってのみ可能だからである。spiritualityは、宗教との結びつきの有無に関わらず、人間の本性としての「宗教性」を指す言葉と解される。したがって、spiritualityの訳語としての「霊性」は、「宗教性」とほぼ同義である。

　また、spiritualityと宗教の関係を考察する時、定義改正案がアラブ諸国の委員から提案されたという事実は軽視できない。宗教世界と日常世界を厳密に区別する聖俗（政教）分離の原則に立つ社会と、宗教的理念を日常生活の中に実現すべく聖俗一致の原則を墨守する社会——たとえばイスラーム社会では、日常生活の規範であるイスラーム法（シャリーア）は宗教的世界観と不可分である——とでは、おのずと宗教に対する日常生活の関係は異なってくる。ここで考慮すべきは、キリスト教文化とイスラーム文化との対立や文化衝突である。いわゆる異文化理解の問題である。周知の通り、キリスト教とイスラームは、ユダヤ教とともに同じ源泉に出自を持つ兄弟宗教であるから、両者の対立は、いわば近親憎悪にも似た屈折した感情の鬱積と爆発に起因するものと推察される。異文化理解や他者理解とは、さしあたり自文化からは疎遠な異文化や自己とは異質な他者をいかに捉えるかという問題である。眼差しは異文化や他者に向けられるが、その眼差しは自己の立脚点や視座と1つであるから、最終的に問われるのは、眼差しの主体たるこの自分とは誰かということである。もちろん、自己は他者にとっての他者として規定されうるから、他者との出会いや対立に直面する中での自己理解となる。そ

のように他者との出会いや対立を経由した自己理解の問題こそが、人生において最終的に探究されねばならない課題である。自己超越や自己実現への志向性が現実に纏う多様な形態も、この根本問題の探究が帯びた別相といえよう。ヒンドゥー教の聖者シャンカラは、新参者に「君は誰なのか」と問い、家系や身分など常識的な返答をした場合、その自己理解が錯誤であることを鋭く指摘することで、真実の自己（ātman）の探究へと誘ったという[注14]。

（2）"spiritual"と伝統医療の関係

第2に、伝統医療との関連の中で"spiritual"の語を使用することに対しては、"spiritual"と伝統医療が深く関わってきた歴史的事実の認識を踏まえた意見（De Silva［スリランカ］、Stamps［ジンバブエ］、Sulaiman［オマーン］、Mulwa［ボツワナ］）がある一方で、伝統医療とは無関係なものとしてを考える意見（Calman［イギリス］、Al-Mousawi［バーレーン］）も出た。"spiritual"と医療との関わりを考える際に警戒せねばならない点は、近代西洋医学の成立とその受容を指標にして、医療の発展と医学の進歩を等号で結ぶという危険性が潜んでいることである。"spiritual"が伝統医療と密接な関係を持つことは既成の事実である。伝統医療とは、直接には中国伝統医療（薬膳・漢方薬・鍼灸など）、インド伝統医療（アーユルヴェーダ・ヨーガ）、イスラーム伝統医療（ユーナニ医療）などを指すものと見られるが、ホメオパシー・オステオパシー・カイロプラクティック・シュタイナー医学など「近代医学に対抗的な治療体系」や「民間療法」（食事療法・水療法・ハーブ療法など）や「心身相関療法」（手技療法・アロマテラピー・呼吸法など）も含めてよいかもしれない[注15]。伝統医療との密接な関係は、人間の"spiritual"の次元を見据えた上で病気治療を実践してきたということを意味する。こうした伝統医療が特殊な社会の特殊な世界観に依拠したものであることは明らかだが、実は近代西洋医学も、近代西洋という特殊な時代の特殊な社会の中で成立した知と技術の体系に依拠している点では同断であり、伝統医療と異なる点は、それが特定の地域医療を超えて地球全域に流布したことである。世界各地の医療の現状は、近代西洋医学と伝統医療との併存であり、その事態は2つの異質な世界観の接触と交渉の中で人々が取り得た、ある意味では絶妙なバランス感覚を物

語っているようにも思う。

　"spiritual"と医療の結びつきの問題は、人間の存在構造を捉える視点の問題に帰着するはずである。人間の存在構造を捉える思想には、一元論（唯心論や唯物論）、二元論（心身二元論や霊肉二元論）、三元論（人性三分説や神秘主義思想）などがある。人間存在を構成する次元は、心だけなのか、体だけなのか、それとも心と体の両方なのか、あるいは心身を根底で支えている何かが存在するのか。どの人間観を選択するにせよ、決定的に重要なことは、人間の病気を対象とする医療が人間存在のどの次元に焦点を合わせて治療を行なうかである[注16]。人間を対象に治療が施される範囲の問題は、人間の存在構造を捉える視野に関わる事柄である。"spiritual"の次元を見据えた伝統医療に対して、近代西洋医学は精神と物体の二元論や人間機械論に立って、心理的社会的なアプローチを欠落させるという代償を払いつつ、今や神の領域に抵触するレベルにまで先端医療技術を進歩させてきた。宇宙と人体との生命的連関を直観するマクロの伝統医療と、人体の構造と機能を生物医学的に分析するミクロの西洋医学。問われているのは、西洋医学か伝統医療かという二者択一ではなく、人間が自分自身を捉える際の射程の深さと広さである。

（3）spiritualな健康の評価法

　第3に、spiritualな健康に対する評価法の問題である。そもそもspiritualな健康を定量的に評価しうるのかという、根本的な問いを発することもできるだろう。現行のWHO憲章健康定義が含む"physical, mental and social"の3次元以外に、"spiritual"の次元を追加せねばならぬ必然性はどこにあるのか。また仮に"spiritual"の次元を追加する場合、"mental"との違いは何だろうか。spiritualな健康という表現で表象するものは個人差があろうし、spiritualな健康とmentalな健康を区別する指標も鮮明ではない。mentalな健康の場合、一般に「心身ともに健康」と言う際に人々が意味している比較的良好な健康状態を指すと思われるが、spiritualな健康では、その平均的な心身の健康状態以上のもの、たとえば人生の意義や存在根拠に関わるような次元のものとの結びつきが予想される。それは必ずしも言葉に分節できず、

それゆえ概念や論理で包囲することも困難だが、その存在を否定すれば、自分自身の存在も否定されるような一種の疑い得なさを有しているものである。spiritualな次元の認識や自覚に至らなくても、生きてはいける。だが、その生きること自体が本来はこの次元との関わりからしか開かれないような、そうした生の根源的地平に通ずるものとして、太古よりspiritualな次元は洞察されてきたのである。おそらく、spiritualな健康の評価法としては、客観的な指標やデータに依存する実証よりも、個々人の明瞭な自覚に基づく自証がふさわしいだろう。外部から実証されるのではなく、本人が内面的に実体験する事柄、つまり自覚の事柄である。spiritualityを「病気の時でも観察されうるような人間の志向性と結びついている」とするLopez Benitezの見解は、spiritualityが健康と病気のいずれの状態にも関与しており、それゆえ健康と病気いずれの状態をも貫きながらそれらとは別の次元に基盤があることを示唆するものと解される。

(4) "spiritual"固有の次元とは

さて、この議論を進める際に留意すべきは、"mental"や"spiritual"の訳語である。たとえば、mental disorder, mental test, mentality, mentalismに対応する訳語としては、それぞれ精神障害、知能検査、心性、心理主義が定着しているが、"mental"を「精神的」、「心（理）的」、「知能的」などと訳し分けるような不整合性が議論を混乱に導く元になっている。しかも厄介なことに、"spiritual"はしばしば「精神的」とも訳されるから、訳語の「精神的」だけを見れば、"mental"と"spiritual"のいずれを指すのか判然としない。この問題の錯綜に拍車をかけているのは、心身二元論者が"mental"と"spiritual"を混同していること、否むしろ両者を識別する認識基準を持たないことである。因みに、"mental"はラテン語mentālisに由来し、mens（心、知能）を語根とする。思考や感情や意志などさまざまな心の働きの中でも、最も重要なのは思考とされている。他方、"spiritual"を派生した"spirit"は、ラテン語spīritusに由来し、呼吸が原義である。ヘブライ語ruah、ギリシア語pneūma, psychē, サンスクリット語ātman、フランス語esprit, ドイツ語Geistなど、「霊魂」や「精神」を意味する言葉の多くは、「気息」や「呼

吸」や「風」を原義とする。因みに、漢字の「精」は五穀という食物の精微なもの、「神」は万物を引き出す天神の神威、「精神」は一切の精微に関わるものであるから、いずれも万象の根源にある微細な活力や生気を指す。また、「霊（靈）」は「霝」（雨乞いの儀礼）と「巫」（巫女）からなるが、雨乞いの儀礼のみならず、神霊の降下をも意味した。「魂」は「云」（雲気の象）と「鬼」よりなり、魂が陽気となって天に帰すとされたのに対して、「魄」（生気を失った頭骨の「白」を伴う）は陰を指し、地に帰すと考えられていた[注17]。日本語でspiritに相当するのは、「たま」や「ひ」である。「たま」の働きを「たましひ」と言う[注18]。人間の存在構造を「一霊四魂三元八力」と見る神道説（本田親徳ら）もある。

　以上の考察からも明らかなように、「精神」や「霊魂」の観念は、語源的には気息・呼吸・風・雲気など流動する気体や微細な身体と密接な繋がりを持つものが多い。それは肉体と同様に、霊魂自身が微細なレベルで呼吸する存在であると認識されていたためだろう。無自覚的であれ自覚的（祈りや瞑想）であれ、霊魂は根源的な生命要素を呼吸すると考えられているのである。それでは、なぜ人間の存在構造は二分法（dichotomy）ではなく、三分法（trichotomy）で捉える必要があるのだろうか[注19]。2つほど理由を挙げるならば、第1に心身の相関関係がそれとして成立するためには、それを成立せしめる場の存在が不可欠であること、第2に心をmentalな働きに限局することによって、自己超越や自己実現という人間精神に固有な働きを説明する原理が見失われてしまうことである。人間の思考や行為が持ちうる永遠性・不死性は、"mental"の次元からは導出できない。"mental"が発生と消滅を繰り返す有為転変の有限な現象に関わるのに対して、"spiritual"は何らかの仕方で永遠の価値や意味に与るものと認識されているのである[注20]。逆に言えば、永遠性は"spiritual"の次元との関わりにおいてしか開かれない。不死性の自覚とともに、"spiritual"の次元は顕在化する。"spiritual"の次元は、霊魂の呼吸として、この自己の生命の根源に通じている。こうしたspiritualな自覚は、自己認識の根本的変容を伴わずにはおかない。

第3章　スピリチュアリティと医療と宗教

4　おわりに

　以上、WHO憲章の健康定義改正案をめぐる審議の経緯と、そこから見えてくる人間観の変容について、とくに医療と宗教の双方に関わるspiritualityに考察の焦点を絞って私見を述べた。spiritualityをいかに理解するかということは、基本的には科学（サイエンス）の問題というよりも、文化の問題である。特定の科学が依拠する世界観が特定の文化的磁場の中で醸成されたものである以上、その科学の枠組み内で解決できる事柄ではなく、科学を産み出した文化的磁場それ自体の特質に関わる事柄である。"spiritual"の次元そのものは、おそらく直接には医療の対象とはならないだろう。それはいわば存在の中心や原点である。原点それ自体は絶対であって、文字通り相対を絶しているわけだが、医療がこの原点を見据えて実践されない限り、治癒の根拠を最終的には持ち得ないのではなかろうか。従来の医療が暗黙の前提としてきた自然治癒力とは何だろうか。"physical"と"mental"の次元の諸現象は、"spiritual"の次元との本質的な関わりの中に位置づけられてこそ、存在理由や意義が見出されるものではあるまいか。「神の蝕」という世俗化の時代の中で、神や霊魂（生命力）を括弧に入れて急速な進展を遂げてきた科学は、暫し置き去りにしてきたこの根本問題に再び直面することになるはずである。spiritualityや「霊性」という言葉が頻繁に使われているのは、単に特定領域で弁別的な現象が見出されるからではなく、人間観の抜本的な更新が始動しているからではないか。真に問われているのは、われわれが自分自身を捉える際の射程の深浅と広狭なのであり、したがって「全人」としての人間観を構築する（むしろ再発見する）その認識と行為の方向性なのである。「全人的医療」という場合の「全人」も、その核心には"spiritual"の次元を含んでいよう。本来は宗教が扱うはずのspiritualな事柄（覚醒や救済）に、それに対応する準備のない医療従事者が医療現場で直面するという事態が生じているのは、まことに皮肉なことだが、「スピリチュアリティ」という言葉の一般的な流布は、泡沫的な流行現象を超えて、「全人」としての人間観への更新を促すような現象であると思われる。そうだとすれば、これはけっ

67

して人ごとではない。われわれ自身の存在構造に直結する話なのである。

注
注1 本稿は、『京都府立医科大学雑誌』第112 第9号（2003年）に掲載の拙論「WHO憲章「健康」定義の問題から見えてくるもの」を縮約し、部分的に加筆したものである。
注2 http://www1.mhlw.go.jp/houdou/1103/h0319-1_6.html
注3 http://www1.mhlw.go.jp/houdou/1110/h1026-1_6.html
注4 WHO執行理事会（WHO Executive Board）は、総会の下部機関であり、年2回開催される。総会で選出された32ヵ国が推薦する執行理事（任期3年）から構成されている。世界保健総会（World Health Assembly）とは、WHOの最高意思決定機関であり、毎年5月にスイスのジュネーブで開催される。191ヵ国の全加盟国で構成され、2年ごとのプログラム予算承認や主要な政策に関わる事項の決議を行なう。
注5 臼井寛・玉城英彦・河野公一「WHO憲章の健康定義が改正に至らなかった経緯」（『日本公衆衛生誌』第47 第12号、1013-1017頁、2000年）。なお、小田晋・中嶋宏・荻生田千津子・本山博『健康と霊性』（宗教心理出版, 2001年）は、WHO事務局長（1987年-1998年）の中嶋宏を迎えてWHOの問題提起に応えたシンポジウム（国際宗教・超心理学会）の記録であり、医療従事者の「健康」観と宗教者の「健康」観との本格的な突き合わせに向けての試行が見られる。
注6 World Health Organization. Definition of health (Preamble). Executive Board, 101st Session. EB101/1998/REC/2. 1998.
注7 World Health Organization. Amendments to the Constitution: Item 16 of Agenda (Document A52/24). Fifty-Second World Health Assembly. A52/B/SR/3. 1999.
注8 アフガニスタン、バーレーン、キプロス、ジブチ、エジプト、イラン、ヨルダン、クウェート、レバノン、リビア、モロッコ、オマーン、パキスタン、カタール、シリア、サウジアラビア、ソマリア、スーダン、チュニジア、アラブ首長国連邦、イエメンの21ヵ国から構成されている。
注9 アヴィセンナ『医学の歌』志田信男訳、草風館、206-254頁、1998年。
注10 http://www1.mhlw.go.jp/shingi/s9903/txt/s0319-2_6.txt
注11 http://www1.mhlw.go.jp/shingi/s9904/txt/s0412-1_6.txt
注12 植村正久の著書『真理一斑』（1884年）には「人の霊性無窮なるを論ず」という章が収録されている。また、鈴木大拙は昭和19（1944）年に名著『日本的霊性』を出している。因みに、中国語ではmentalに「心霊」の語を当てているという。加藤尚武氏の説明では、患者のQOLにspiritualな要素が貢献するという主旨のRossの論文"The Spiritual Dimension"をWHOが参照したとのことである。「瀕死の患者

第3章　スピリチュアリティと医療と宗教

のそばで聖書を読んであげるとmentalな状態がよくなる」ことが指摘されている。

注13　たとえば、ヨアヒム・ヴァッハ『宗教の比較研究』渡辺学・保呂篤彦・奥山倫明訳、法藏館、1999年。ミルチア・エリアーデ『聖と俗』風間敏夫訳、法政大学出版局、1969年。

注14　シャンカラ『ウパデーシャ・サーハスリー』前田専学訳、岩波書店、1988年。

注15　上野圭一『補完代替療法』岩波書店、43-65頁、2003年。

注16　リチャード・ガーバー『バイブレーショナル・メディスン』上野圭一監訳・真鍋太史郎訳、日本教文社、2000年。

注17　白川静『字統』、平凡社、1984年。

注18　『折口信夫全集』第20巻　神道宗教篇、中央公論社、1976年。

注19　人性三分説は古今東西を問わず神秘主義思想に見られるが，次の著作にも明瞭な洞察がある。R.シュタイナー『神智学』髙橋巖訳, イザラ書房, 1977年。

注20　"spiritual"の用法については、原理的には次の3つに大別できる。第1に人間存在を構成する諸次元の中で「最内奥の次元」を指す意味、第2に"mental"や"physical"の次元に住み慣れた自我が内奥の次元へと「意識を転換する運動」に関わる意味、第3に逆にその内奥の次元から"mental"や"physical"の次元へと「顕現・展開する運動」に関わる意味である。前者の運動と後者の運動の相即関係は、宗教や哲学の伝統の中で「還帰－流出」「向上－向下」「往相－還相」「まつろひ－さきはえ」などと呼ばれてきた。なお、spiritual healing（心霊治療）は、超越的な存在からのspiritualな働きかけを前提とするがゆえに、上記の第3の用法に該当すると思われる。また、スピリチュアルケア、スピリチュアルペインなどの「スピリチュアル」の使い方は、上記の第2の用法に該当する。日本におけるスピリチュアルケアの代表的な研究書については、以下参照。ウァルデマール・キッペス『スピリチュアルケア』サンパウロ、1999年。窪寺俊之『スピリチュアルケア入門』三輪書店、2000年。同『スピリチュアルケア学序説』三輪書店、2004年。谷山洋三・伊藤高章・窪寺俊之『スピリチュアルケアを語る』関西学院大学出版会、2004年。大下大圓『癒し癒されるスピリチュアルケア』医学書院、2005年。なお、村田久行が提唱する理論（村田理論）については、『臨牀看護　スピリチュアルケア』第30巻　第7号、へるす出版、2004年6月、1023-1126頁、参照。

第 4 章
西平　直
Tadashi NISHIHIRA

スピリチュアリティ再考
ルビとしての「スピリチュアリティ」

1　スピリチュアリティというカタカナ

　スピリチュアリティというカタカナは、この20年来、悩みの種であった。忘れたいのに忘れられない。縁を切ったはずなのに、また出会ってしまう。
　薄っぺらなキャッチコピーとして週刊誌にその名を見る時、ほとんど絶望的な気持ちになる。便利で手頃な気分転換。インスタントな知のファッション。こうした振舞をする言葉とつき合うことはできない。もはやこれまで。
　そう心に決めるのだが、では英語のspiritualityをどう訳すか。すべて「霊性」とすればそれでよいのか。たとえば、「スピリチュアル・ケア」[注1]を「霊性的ケア」とすることが理解を助けるか。むしろ「霊」という文字へのよけいな誤解を招きはしないか。やはり「スピリチュアル」という表現は必要ではないか。
　確かに、こんなカタカナに頼らずとも、日本の伝統の中にもっと味わい深い言葉がある。それはそうなのだが、しかし、すでに流通しているこのカタカナをただ拒んで、「霊性」に統一するのがよいとは思えない。ならば、一度、このカタカナと正面から対決するべきではないか。スピリチュアリティという言葉によって何か別のことを説明するのではなく、スピリチュアリティという言葉それ自体を正面に据えて、その内側を点検する作業。
　そう決心させたひとつの転機が、WHOの議論であったことは確かである[注2]。

第1部　スピリチュアリティとは何か

正確には、WHOの健康定義をめぐる議論に取り組んでおられた真摯な方々に出会ってからである。

　WHOは、ある重要な問題領域をこのspiritualityという言葉に託した。今まで切り捨てられてきた領域、あるいは逆に、宗教の問題と決めつけられてきた領域。つまり「宗教」として語られることによって、宗教に関わりのある人のみの問題となり、宗教に縁のない人、あるいは、宗教を警戒する分野では、端から相手にされてこなかった領域である。

　現代英語はspiritualityという言葉を再発見したことによって、その微妙な問題領域を巧みに語り始めていた。その文脈は雑多である。当初「ニューエイジ」のものと思われていた言葉が、たとえば、心理療法の中で、ホリスティック医療の中で、あるいは、エコロジーの動きの中で使われ始める。当然、その意味内容は微妙に異なる。それぞれが自分の文脈に都合よく練り直し、新たな意味合いをつけ加えたのである[注3]。

　確かに、その伝統的な用語法（たとえば、カトリックの霊性神学の伝統）[注4]から見ると乱用であり逸脱であるのだろうが、しかしspiritualityという言葉は、そうした批判にはお構いなしである。あるいは、あらゆる乱用に対して無防備であって、雪だるま式にその用例を広げている。

　そうした傾向が世界的な規模で進行していることに関しては、すでに島薗進によるていねいな分析がある。「新霊性文化 New Spirituality Movements」あるいは「新霊性運動 New Spirituality Culture」と呼ばれる同時代的現象[注5]。

　それに対して本稿は、いわば、英語「spirituality」と日本語「霊性」[6]とのズレに注目する。両者の同質性（同時代性）ではなくて、むしろ、spiritualityを日本の言葉に移し入れる際の困難に立ち止まる。そして、訳し分けの困難を手がかりとして、スピリチュアリティ概念の多様性を整理する。いかに異なる理解がこの言葉の内に混在しているか。いかに矛盾した理解がこの同じ言葉の内に包まれているのか。

　面白いことに、スピリチュアリティ関連の邦訳文献を集めてみると、ほとんど例外なしに、この言葉の訳語をめぐる困惑が記されている。たとえば、ロバート・コールズ『子どもの神秘生活（The Spiritual Life of Children）』の訳者あとがきは、こう語る[注7]。

第4章　スピリチュアリティ再考

「原題 The Spiritual Life of Children の『スピリチュアリティ』にぴったり合う日本語はない。広くは精神的という意味があるが、ここでは『宗教的』に近い意味で使われている。これに、既成の宗教にとらわれない霊的な思考や、哲学的、心理的思考が加わる。スピリチュアル・ライフ、スピリチュアリティの訳としては『霊的世界』『霊的思考』などとしたが、文脈によっては、宗教観、精神生活、魂などと訳したところもある。」

しかも邦訳の題名は「神秘生活」である。「子どもたちが一瞬見せてくれる神秘的な世界」。それを「霊的生活」でもなく「宗教的生活」でもなく、「神秘生活」と訳してみせたのである。

ということは、スピリチュアリティの訳語の困難を手がかりとすれば、逆に、この言葉の内に潜む多義性（豊かさ・曖昧さ）が浮き彫りになってくる。あるいは逆に、スピリチュアリティというカタカナは、さまざまに工夫された訳語を（メタレベルで）包み込む役割を担うことになる。つまり、このカタカナは「発見に役立つ（heuristic な）言葉」になる。

実際、このカタカナを引き受ける決心をしたとたん、散り散りになっていた問題群が、磁石に砂鉄が吸い寄せられてゆくように、ひとつながりになった。このカタカナを使うことがなかったら相互の関連が見えなかったであろう雑多な問題群が、この言葉を介して隣り合わせになったのである。むろん、玉石混交、雑多な寄せ集めである。うさんくさいものも含まれる。しかし、ゆるやかなつながりを持ったこうした曖昧さは、豊かさでもある。その「豊かさ」を観察したいと考えたのである。

本稿は、その要点のみを報告する[注8]。まず暫定的な整理として、議論を4つの位相に腑分けする。次に、その相互関連を確認することを通して、スピリチュアリティの内に潜む論争点を浮き彫りにする。そして最後に、訳語の工夫に言及する。訳語の決定が目的ではないが、着地点を定めておかないと、この言葉の広がりに振り回されて、収拾がつかなくなることを恐れたためである。

2 スピリチュアリティの4つの位相

まず、用語法の暫定的な整理である。いかなる意味で使われているのか。どの側面を強調した用語法なのか。その違いを浮き彫りにする作業である[注9]。

(1)「霊性(宗教性)スピリチュアリティ」

第1の位相は、スピリチュアリティを「宗教性」と理解する。従来ならば「宗教」という言葉が担当してきた領域(図1)。

確かに「スピリチュアリティ」は「宗教」ではない。しかし逆説的だが、その区別が繰り返し強調されねばならないほど「スピリチュアリティは宗教と近い」ということである。あるいは、初めから「スピリチュアリティは宗教ではない」という点ばかりが強調されると、理解の手掛かりが閉ざされてしまうということである。

ある授業でスピリチュアリティの説明を試みた時、最後になって学生が語った言葉が忘れられない。「なんだ宗教のことですか、それなら最初からそう言っていってくれれば分かったのに」。「スピリチュアリティは宗教ではない」から始めた私の説明をさんざん聞いた挙げ句の感想である。それなら、まずは一度「宗教性」と大まかに捉えてもらう。そして、その上であらためて「宗教(既成の宗教教団)」との違いを確認してゆく。宗教に関わりを持たない人も、スピリチュアルな(宗教性の)次元には関わる。その順序の方が理解を助けると考えたのである。

WHOの議論は、健康に関して、従来の3つの視点「身体的physical」「心理的mental」「社会的social」には納まり切らない「第4の視点」を認めるべきかどうかを焦点としていた。

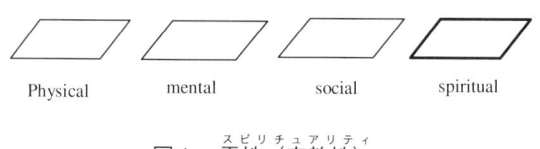

Physical　　mental　　social　　spiritual

図1　霊性(宗教性)スピリチュアリティ

第4章　スピリチュアリティ再考

　重要なのは、この場合の「第4の視点＝スピリチュアル」が、「身体的」「心理的」「社会的」から区別されているいう点、ほかの三領域には還元されない、ひとつの・独・立・し・た・領域という点である。「スピリチュアルな痛み」は身体的苦痛に還元されず、心理的困難にも還元されない。心理的ケアによってスピリチュアルな痛みを癒すことはできず、社会的ケアによってスピリチュアルなケアを補うことはできない。それは独自の領域であり、独自の配慮を必要とする[注10]。

　この点が以下の位相と決定的に異なっている。この「宗教性」は、「身体的」「心理的」「社会的」の三領域と同一地平にありつつ、しかし、独立したひとつの領域として配慮されることを求めているのである。

（2）「霊性（全人格性）スピリチュアリティ」

　それに対して、第2の位相におけるスピリチュアリティは、特別な一領域ではない。むしろ「ひとりの個人という全体性」にまるごと関わる。「身体的」「心理的」「社会的」と区別された、第4の領域ではなく、それらをすべて内に含んだ〈全人格性〉である。〈まとまりを持った一人の人間を丸ごと捉えた全体性〉である（図2）。

　この場合のスピリチュアリティは、〈個人の内面性の最も深い領域〉ではない。むしろ〈その人全体〉である。そうすると「スピリチュアル・ケア」は、内面性の最も深い核心部分へのケアではなく、その人を丸ごと包み込むような全人格的なケアということになる。「身体的ケア」「心理的ケア」「社会的ケア」は、すべてその内に含まれている。しかし、そうした視点の〈総和〉がスピリチュアル・ケアなのではない。そうではなくて、一人の人をひ

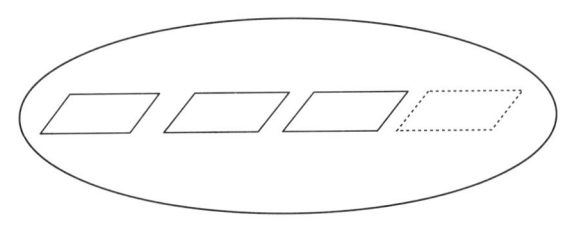

図2　霊性（全人格性）スピリチュアリティ

とつのまとまりとしてみた時に、〈身体的＋心理的＋社会的＋…〉の総和には納まり切らない、何かそれ以上の〈全体〉が生じる。その〈全体〉に対するケアをスピリチュアル・ケアと呼んでいる[注11]。

したがって、このスピリチュアリティは、身体・心理・社会から切り離れたひとつの領域ではない。むしろ、個々の領域がそれぞれスピリチュアルになる。身体に関わる中でスピリチュアル・ケアが成り立ち、心理に関わりながらスピリチュアル・ケアが成り立つ。そうした意味において「スピリチュアル・ケア」は、「全人格性（ひとまとまりの個人全体）」に対するケアである。

ということは、このように理解されたスピリチュアリティは、「身体的」「心理的」「社会的」とは次元が異なる。同一地平に並ぶわけではない。たとえば「世俗の関心から離れる」といった、何らか日常生活の地平から「離れる」と表現されてきたのは、そうした次元の違いのことである。あるいは、「人生の意味」といった問題が人生全体に関わり、日常生活の中では意識されない深みと感じられるのも、そうした次元の違いに関係していたことになる。

こうした意味において、この第2の位相におけるスピリチュアリティは、ひとまとまりの「全人格性」に関わる事柄である。独立したひとつの領域ではない。しかし、以下の位相で問題になるような「主体の側の転換（実存的転換・意識変容）」が強調されているわけではない。

（3）「霊性（実存性）」

第3の位相は、スピリチュアリティを「実存に関わる事柄」、あるいは、「実存」という言葉によって語られてきた思想的地平において理解する（図3）。

それは、WHOが、スピリチュアリティを「人生の意味」「生きる意志」

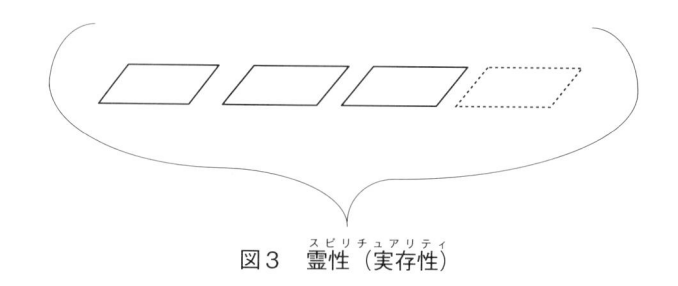

図3　霊性（実存性）

「信念・信仰」と説明してきた規定に相当する。自らの死に直面して、あらためて切実な問題として立ち現れてくる実存的問題。それは客観的な情報ではなく、各人がわが事として切実に感じ取る「主体的・主観的な自覚」に関わる事柄である。

それは、たとえば、死の問題の中では「一人称の死」として語られてきたことである[注12]。

「三人称の死」は、自分に直接影響を及ぼすことのない情報としての死である。客観的な知識としての死。それに対して「二人称の死」は、身近な人の死であり、その死は大きな悲しみをもたらし、忘れる事のできない喪失感を残す。「一人称の死」とは、まさに〈この自分〉の死であり、この自分が、と感じているその当の主体がもはや存在しなくなるという意味での死である。

同じ「死」であっても、三人称の死と、二人称の死と、一人称の死では、位相がまるで違う。問題の質が違う。死に対する関わり方の質が違う。スピリチュアリティという言葉が言い当てようとするのは、まさに、そうした意味で区別された「一人称」の自覚である。

したがって、三人称の立場に立ってスピリチュアリティの議論を聞いても、それが語られる実感に届かない。その意味では、この問題は「実証を求める科学」ではなく、むしろ「文学や芸術」に近い。芸術作品は、同じ作品であっても、受け取る側の状況によって、まるで異なった姿を見せる。たとえば、それまでまるで心に滲みてこなかった音楽が、失意の悲しみの中で、驚くほど深く心の中に響いてくる。逆に、まだ聞く用意ができていない時には、いくら熱心に聞いても、自分の内側に響いてこない。

つまり、この第3の位相においてスピリチュアリティは〈受け取る側の意識が何らかスピリチュアルな次元に開かれることによって初めて伝達されるような事柄〉である。言い換えれば、〈受け取る側の意識（主体）にこそ何らかの「転換」が必要〉になる。

それは「意識変容」ということもできれば、「実存変容」ということもできる。あるいは、「感動を伴って理解される」とか「魂に触れる」という表現も、そうした転換を語っている。いずれにせよ、主体の側の「転換・変容」なしには、スピリチュアリティは、その本来の意味を獲得しないという

ことである。

　当然、そうした視点から見れば、第1の位相や第2の位相の理解は、スピリチュアリティの本来の意味を捉え損ねていることになる。しかし本稿は、そこに優劣を見ない。4つの位相のすべての用語法が、それぞれ異なる文脈で、独自の意味合いを担って機能していると理解するのである。

（4）「霊性（大いなる受動性）」

　第4の位相は、スピリチュアリティを、絶対的な受動性（絶対他力）として理解する。何らか聖なるものに触れ「生かされている」と実感すること[注13]。

　それは、実存的な自覚の極点において、いわば方向が逆転してしまう体験である。「私が生きている」という主体的・能動的方向が反転して、「生かされている」という受動的・受容的・受け身的な実感になる（図4）。

　それは、たとえば、何らか「聖なるものと出会う」ことによって、あるいは「より大いなるものに触れ」「小さな自分の命を越えた〈大いなるいのち〉とつながる」ことによって生じる。〈わたし〉が頑張るのではない。何ものかが〈わたし〉を通して現れてくる。内側から沸き起こってくる。「いのちの流れ」が〈わたし〉を通して現れる。それこそが、スピリチュアリティという言葉の本来の意味であると、この位相は理解するのである。

　あるいは、そうした中で、世界との一体感が生じる。自分という個人の区切りがなくなり、自然との深いつながりの中に溶け込むように一体感が生じ

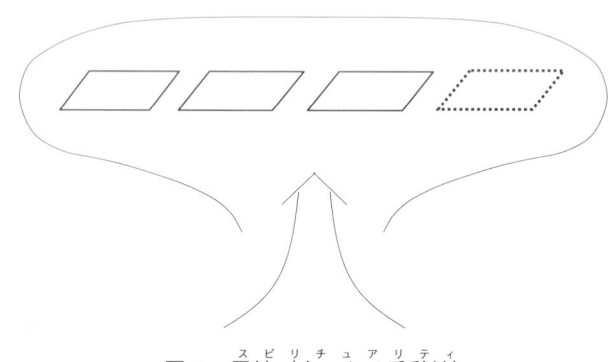

図4　霊性（大いなる受動性）

る。そうした体験を〈個人（personal）を越えた（transcendentな）出来事〉という意味で「トランス・パーソナル」と呼ぶならば、スピリチュアリティは、まさにトランスパーソナルな出来事ということになる。

　さて、そうしたスピリチュアリティの理解において重要なのは、スピリチュアリティが内面の出来事でありつつ、その内面が、外側とつながっているという点である。

　スピリチュアリティは内面性の出来事である。しかし、その内面性は閉じていない。むしろ、その底は「外側（他なるもの）」に向かって開かれている。その地点において、スピリチュアリティとは、〈「外」からの働きかけに対する受容作用〉ということになる。「外」からの働きに耳を澄ませ、受け取る。あるいは、まかせ、ゆだねる。

　実は、「霊性spiritus（spirituality）」という言葉が、伝統的なキリスト教神学において用いられてきた時、その要点は、こうした〈「外」からの働きかけ（神からの働きかけ）に対する受容作用〉であった。「霊性」とは、神（聖なるもの）からの働きかけに最も直接的に触れる場であり、そこにおける「聞くこと・受け取ること・ゆだねること」。その意味では「魂の根底Seelengrund」や「良心conscientia」と重なる内面性でありつつ、その内面性は、神へと脱自的に開かれ、まさに神に対して自らを明け渡し、まかせ、ゆだねることによって、神と最も直接的に触れることが可能な場であった。

　その同じ言葉が、唯一神の世界観から離れた文脈では、自然や地球との一体感として使われる。内面性の根底で出会う「外側」が、この文脈では、自然や地球や宇宙となる。そして「外なる自然のスピリチュアリティ」と「内なるスピリチュアリティ」とのつながりが語られる。

　自然は生きている。地球も生きている。そうした「いのちの流れ」と最も直接的に出会うのは「皮膚」ではない。外界に開かれた、外受容感覚としての皮膚ではなくて、最も内面のスピリチュアリティである。最も深い内面が、最も直接的に「いのちの流れ」とつながる。内面性の底が、そのまますべての自然の中に、世界の中に、宇宙の中に開かれている。そうした地平において、エコロジーとのつながりが生じる。「エコロジカル・スピリチュアリティ」という名前がつけられた地平は、こうした「大いなる受動性」を基

盤にする[注14]。

　このように、スピリチュアリティは内面性（内面への沈潜）でありつつ、しかしその内面の根底において「外」へと開かれ、「外」と最も直接的に触れ合っている。つまり、スピリチュアリティは「内面への沈潜」と「外とのつながり」という異なるベクトルを抱えていることになる。

　さて、このように理解した上で、重要なのは、スピリチュアリティという言葉が、この第4の位相に限定されているわけではないという点である。スピリチュアリティが、こうした位相に関わっていることは間違いない。しかし、これが唯一のスピリチュアリティ理解ではない。あるいは、これが本来的であって、ほかの理解は度合いが低いとは考えない。4つの位相のすべてが、スピリチュアリティの理解として正当な権利を持つと考えたいのである[注15]。

3　スピリチュアリティの多義性
―― スピリチュアリティが内に抱える矛盾

　さて今度は、そうした4つの位相の「相互の関連」を確認する作業である。相互の違いを鮮明にし、スピリチュアリティという言葉の内に含まれている矛盾を浮き彫りにしてみせる作業である（図5）。

（1）第4の位相をめぐる問題

　（今度は順序を逆にして）第4の「大いなる受動性」から見てゆく。

　何らか聖なるものに触れて、「生かされている」という絶対的な受動性が生じる。この時、スピリチュアリティの要点は「生かされている」にある。自力の頑張りを手放し、ゆだねる。そうした方向の逆転。

　ところが、その強調点が、いつしか「聖なるものによって」という方に移動する。「生かされている」にあった強調が「聖なるもの」に移り、さらには、その「聖なるもの」それ自体の崇拝に変化する。たとえば、「（カミニヨッテ）生かされている」が、「神によって生かされている」になり、いつしか「神によって（イカサレテイル）」と神が前面に出てきてしまう。

　それは（WHOの議論から見れば）宗教の言葉である。スピリチュアリティ

第4章　スピリチュアリティ再考

はそうした「聖なるもの」の存在それ自体を問題にすることはない。あくまで健康に関わる事柄であり、人間の自然（human nature）に属するひとつの機能である。ところが、この第4の位相の語りは、そうした地平を越え出て、スピリチュアリティを宗教の言葉にしているように見える。

繰り返すが、スピリチュアリティは、内面性の根底で出会う「外側（あちら側）」を規定しない。あるいは、それを「大いなるいのち」と呼ぼうが、「大宇宙」と呼ぼうが、「仏」と呼ぼうが、そうした「超越的存在」の規定には関わらないということである。

言い換えれば、スピリチュアリティは〈特定の「超越的存在」〉を必要としない。スピリチュアリティは「外側からの働きかけを受け取ること」であって、その外側に関する形而上学ではない。「受け取る」という経験の内側にとどまり、その外側（働きかける主体）は「何らか外なるものsomething beyond」として残したままなのである[注16]。

当然、こうした理解には、さまざまな困難な問題が含まれている。まず、「経験の内側にとどまる」ことができるのかどうか。

たとえば、「外側」は規定せず「何らか外なるものsomething beyond」にとどめると語りながら、実は、暗黙のうちに、その内実を前提としているのではないか。あるいは、文化的宗教的伝統から何ら影響されない無色透明な「外なるもの」は想定し得ないのではないか。そうすると、スピリチュアリティという言葉は、あたかも宗教的伝統の規定を受けない（中立的な）概念であるように見えながら、実は、その語り手によって、まるで異なる宗教的背景を担っていることになる。しかも、そのことを自覚していない。

同じ問題性をめぐって、今度は宗教者の立場から、逆の批判がある。スピリチュアリティは宗教の本質に届かない。「外から働きかける主体（超越的存在）」が顕現するのでなくては、そもそも「受け取る」ことも成り立たない。にもかかわらず、その「外から働きかける主体」を

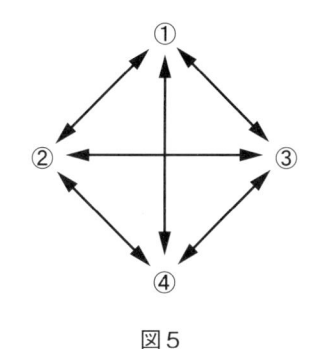

図5

括弧に入れてしまう（判断中止にしてしまう）のでは、宗教経験の骨抜きである。似て非なる経験である[注17]。

こうして「経験の内側（内在）」と「経験を越えたもの（超越）」の問題に関して、スピリチュアリティは、いわば、どちらの側からも批判を受けることになる。

さらに、この「外なるもの」が、必ずしも「聖なるもの」とは限らないという批判がある。むしろ「得体の知れないもの」に衝き動かされ、「呪われたもの」に取り憑かれる。そうした、いわば「魔的（デモーニッシュな）」受動性もスピリチュアリティに含まれる。

それこそ、まさに「something beyondからの働きかけ」であって、聖なるものからの働きかけもあれば、呪われたものからの働きかけもある。その両方の可能性が混在している。あるいは、だからこそ、その「識別」が重要になる[注18]。〈呪われたものに取り憑かれる〉という可能性を考慮に入れないスピリチュアリティ理解は、事態の本質を見損なうことになる。

（2）「第2の位相」対「第3の位相」の問題

第2と第3の位相は、互いに相補的な関係において理解される。

第3の「実存性」は「個人の内面における転換（意識変容・実存変容）」を強調する。その視点から見ると、第2の位相は、そうした転換を欠いたまま、視点を広げることにばかり専念している。他方、第2の「全人格性」の視点から見ると、実存へのこだわりは、内側に閉じてゆくことばかり追求し、他者との関係性など「外」とのつながりが見えなくなっている。いわば、正反対の側面に光を当てていることになる。

同じことを、今度は、第4の位相から見れば、第3の「実存性」は自分で生きる（自ら決断する）という主体性ばかりを強調することによって、そして、第2の「全人格性」は実存的転換を欠くことによって、どちらも第4の位相で見た〈生かされている（外側からの働きかけによって生かされている）という受動性の側面〉を見損なっていることになる。

そして、ここに、意識的な努力をめぐる（自力と他力の）問題が生じる。

スピリチュアリティは意識的な努力を必要とするのか。第3の「実存性」は意識的・意図的な探究を強調した。自らの工夫や努力を伴った人間的な向

上を目指す求道性である。逆に言えば、そうした「求めてやまざる思い」こそがスピリチュアリティには必要であると強調する[注19]。

ところが、第4の位相が強調したのは、まさに、その逆である。自分の努力を手放すこと。自分の力にしがみ付いている限り（自力に頼る限り）「生かされているという実感」は生じない。自分の力を手放し、まかせ切ることができた時（他力に徹した時）、初めてスピリチュアリティは成り立つ。

スピリチュアリティという言葉は、そのどちらの意味に対しても開かれている。いわば、自力の文法にも、他力の文法にも、そのどちらの用語法に対しても融通無碍に（無節操に）開かれているのである。

さらに、エゴイズムの問題がある。第3の「実存性」の視点はエゴイズムの問題と格闘することによって、他者との共存の困難に直面している。そこから見ると、第2の「全人格性」は（あるいは、第4の「大いなる受動性」も）「つながり」や「調和」を強調することによって、このエゴイズムの問題を安易に飛び越えてしまっている。他者との関係性という聞こえのよい言葉の内に、エゴイズムとエゴイズムとの葛藤を解消してしまっている。

しかし逆に、第4の「大いなる受動性」から見れば、そうした批判は、実存性が「個体の意識」に固執（執着）している証拠である。そして、まさにその執着から離れることこそ、スピリチュアリティの要点になる。

こうして、この場合もまた、スピリチュアリティは、そのどちらの理解に対しても開かれている。〈個の論理（パーソナルの立場）〉としても用いられ、〈個を越えた論理（トランス・パーソナルの立場）〉としても用いられる。スピリチュアリティという言葉は、自らの内に雑多な対立を抱えながら、多様な場面で自由自在に（無節操に）使われているのである。

（3）第1の位相をめぐる問題

さて、第1の「宗教性」という理解は、見てきたようなスピリチュアリティの立体的な厚みから見ると、かなり、平面的であったことになる。その理解は、〈全人格性において捉える〉という視点も持たず、〈実存的な転換〉という視点も持たず、まして〈生かされているという実感〉も持たない。

しかし、その位相を「スピリチュアリティの乱用」と切り捨てたとたん、

第1部　スピリチュアリティとは何か

WHOの議論から離れてしまう。やはり、「身体的」「心理的」「社会的」と同列に並ぶ第4の「独立した領域」として「スピリチュアルな領域」を確保する議論は大切である（三人称的理解もスピリチュアリティの正当な理解のひとつである）。

ところが、「社会的」領域と区別するという点をめぐって、大きな問題が生じる。スピリチュアリティは「内面への沈潜」にすぎず、「現実からの逃避」ではないかという批判である。第1の位相で理解している限り、その危険が生じてしまう。

しかし、第4の位相に立ち返って考えてみる時、事はそう簡単ではない。スピリチュアリティは〈外からの働きかけを受け取る〉ことである。その「外」に「現実」が含まれるならば、スピリチュアリティとは〈現実からの働きかけを受け取る〉ことになる。たとえば、内面性の根底で、差別や貧困のはてに死にゆく人々に触れていた（マザー・テレサに見られるような）スピリチュアリティ。あるいは、内面性の根底で、傷ついてゆく〈大いなるいのち〉に触れてゆく「エコロジカルなスピリチュアリティ」。そうしたスピリチュアリティを「現実からの逃避」と決めつけることはできない。むしろ、スピリチュアルであるがゆえに、現実の痛みをわが事として受けとめている[注20]。

ということは、スピリチュアリティは、現実からの逃避にもなれば、現実への深い関与にもなる。スピリチュアリティは、そのどちらの理解に対しても開かれ、「外」をどう理解するかは、まったく無防備に開かれたままなのである。

言い換えれば、スピリチュアリティをめぐる議論は、ある局面では、「現実社会（人間関係や社会制度）」から区別することを課題とし、逆に別の局面では、むしろ「現実社会（他者の痛み）」とつながることを課題としている[注21]。

こうして、スピリチュアリティをめぐる議論においては、位相が異なると、まるで異なる課題が現れる。したがって位相を混乱すると、議論がかみ合わない。かみ合わないどころか、互いに相手の非を難ずるだけの、不毛な議論を続けることになる。

スピリチュアリティは多面的に理解されなければならない。ということは、その全体像を丸ごと使って議論をすることはできないということである。〈スピリチュアリティという言葉を使って何か別のことを説明する議論〉

の中には、その全体像は現れない。その全体像が、丸ごと姿を見せるのは、一旦立ち止まり、この言葉と正面から対峙する時、いわば、よほど手前の地点まで引き下がる覚悟を持って〈スピリチュアリティとは何か〉と問い直す時でしかないと思われる。

4　訳語の工夫——ルビとしての「スピリチュアリティ」

見てきたように、spiritualityという言葉はさまざまな文脈で用いられている。その意味内容も、文脈に応じて多様である。正確には、その強調する側面が異なっている。あるいは、スピリチュアリティという言葉の含意するすべての意味合いを全体的に理解しようとすると、矛盾ばかりが目につき、話が混乱してしまう。

それらすべてを「霊性」というひとつの言葉に統一することは、現地点では、得策とは思われない。よけいな混乱を招き、必要以上の誤解を受けることになる。

では、音だけ写し取って「スピリチュアリティ」というカタカナのままに残せばよいかというと、今度はカタカナがひとり歩きを始め、ますます無節操に使われてしまう。

それでは、文脈ごとに異なる訳語を振り分けるべきかというと、今度は逆に、意味内容を一義的に限定し過ぎることになり、spiritualityという元々の言葉に含まれていた豊かな意味合いが消えてしまう。あるいは、同じ原語に対応することが示されず、相互のつながりが失われてしまう。

そこで「霊性」という言葉を生かしながら、「スピリチュアリティ」あるいは「スピリチュアル」というカタカナを〈ルビ〉として用いることにする。そして、文脈に即した意味内容の一側面を補足的な訳語としてつけ加え、しかし、あくまでそれが「ひとつの側面」にすぎないことを示すためにルビをふるという、極めて煩雑な表記をとる。よくよく慎重であるべきことを、そのつど肝に銘じておくためである。

具体的な訳語の案をいくつか列挙して、今後の検討課題とする。
- 「霊性」(スピリチュアリティ)：この言葉がすでに定着している領域、たとえば、カトリック

神学における「霊性神学」などのように定訳となっている場合も、やはり、ルビをつけて、ほかの用語法との関連を残したい。
- 「霊性(宗教性)〔ルビ:スピリチュアリティ〕」:従来ならば宗教が担当してきた領域に関わる事柄、あるいは、俗世の利害から離れるといった広い意味で理解される場合は「宗教性」を補助とする。また、宗教的な「情操」や「感受性」が強調されていると理解される場合は「霊性(宗教的情操)〔ルビ:スピリチュアリティ〕」「霊性(宗教的感受性)〔ルビ:スピリチュアリティ〕」とする。たとえば、「霊性(宗教的情操)〔ルビ:スピリチュアリティ〕の教育」などという表現をとる。
- 「霊性(精神性)〔ルビ:スピリチュアリティ〕」:音楽や文学などの芸術作品を通して語られるspiritualityは「精神性」となる。たとえば「精神性の高い芸術」となる。また、当人の実感や感受性を強調して「霊性(芸術的感受性)〔ルビ:スピリチュアリティ〕」「霊性(身体的感性)〔ルビ:スピリチュアリティ〕」など用いる(この場合「センス・オブ・ワンダー」に近い意味合いになると思われる)。
- 「霊性(見えざるものへの感受性)〔ルビ:スピリチュアリティ〕」:何らか常識的な日常とは異なる次元に開かれているという意味で、「見えざるもの」を補助とする。あるいは「深み」を生かして「霊性(深みへの感性)〔ルビ:スピリチュアリティ〕」も成り立つ。
- 「霊性(超越性)〔ルビ:スピリチュアリティ〕」「霊性(神秘性)〔ルビ:スピリチュアリティ〕」「霊性(垂直性)〔ルビ:スピリチュアリティ〕」:何らか「聖なる次元に触れる」という意味を込めて、こうした抽象度の高い表現も可能である。ただし、どれか一言によって、spiritualityの意味合いをすべて言い当てることはできない。あくまで補助的であるとともに、transcendent, mystic, との区別や関連も明確にしておく必要がある。また「霊性(垂直的方向性)〔ルビ:スピリチュアリティ〕」という表現も可能であろうが、「垂直-水平」のメタファーに込められた意味内容を明示しておく必要がある。また、何らか日常的(自然的)経験を越えているという意味で「霊性(超自然性)〔ルビ:スピリチュアリティ〕」も可能である。
- 「霊性(実存性)〔ルビ:スピリチュアリティ〕」:実存的次元、あるいは、実存的な転換が強調される文脈では、「霊性(実存性)〔ルビ:スピリチュアリティ〕」として用いる。WHOの語るspiritualityは、その意味内容からすれば「霊性(宗教性・実存性)〔ルビ:スピリチュアリティ〕」という訳語が(あまりに煩雑ではあるが)最もふさわしいように思われる。
- 「霊性(内面性)〔ルビ:スピリチュアリティ〕」:内面性(私秘性・内奥性)が強調されている場合は、「内面性」「内面への道」「内面への沈潜」などの用語が補助となる。また、内面へと向かう「道(方法)」が強調されている場合は、沈黙や瞑想と

いった言葉とともに「霊性(沈黙・瞑想)」という表現も、理解を助けることになると思われる(「道」に関しては「自己否定性」「ケノーシス(自己無化)」「否定の道 via negativa」などの言葉も重要になると思われるが、今後の課題とする)。

- 「霊性(全人格性)」:「ひとまとまりの全体性」という文脈で登場する spirituality は、「ホリスティック」「全体性の回復」などの意味で用いられる。
- 「霊性(求道性)」: spirituality が、努力や工夫を伴った実践的な営みであることを強調する場合は、「求道性」「向上心」などの言葉とともに用いる。
- 「霊性(聖なるものとのつながり)」: 何らか「聖なるもの・より大いなるもの」に触れ、つながりを回復することという意味が強調されている場合は、「霊性(聖なるものとのつながり)」とする。また、この文脈で「畏敬の念」の意味が含まれていることもある。「畏敬」をそのまま「スピリチュアリティ」と重ねることは無理としても、たとえば、「聖なるものとのつながりにおける畏敬」は意味内容としては可能である(この場合、「ヌミノース numinous」や「エピファニー epiphany」との関連が課題になる)。
- 「霊性(大いなる受動性)」: 外からの働きかけの受容という意味で「受動性」を補助とする。また「霊性(内面性における外からの働きかけの受け取り)」いう表記も、意味内容としては可能である。あるいは「霊性(脱自性)」や「霊性(内面性における超越)」も、ある一側面を言い当てていることになる。
- 「霊性(魂に関わる事柄)」:「魂」という言葉も spirituality と重なるところが多い。むろん、霊性と魂とは区別されねばならないが、理解の助けとなるならば「魂に関する事柄」と付け加えることができる。「スピリチュアル・ケア」は「魂に関わるケア」がよいかもしれない(あるいは「全人格的なケア」である)。
- 「霊性(いのちとのつながり)」: spirituality を「いのち」という日本の言葉と重ねた方が理解を助ける場合も多い。「霊性(いのち)」「霊性(いのちの発現)」という表現も成り立つ。また、そうした「いのち」に触れ、「いのち」を身に受けている実感が語られる場合は、「霊性(生かされている実感)」などという表現になる。

87

第1部　スピリチュアリティとは何か

- 「霊性(気の流れ)」:「気」や「風」という言葉と重ねることが理解を助ける場合もある。その場合、「目には見えない・所有できない・流れとしてのみ働く」といった側面を強調し、「霊性(気の流れ)」「霊性(風の流れ)」とすることになる。
- 「スピリチュアリティ」:いかなる訳語も適当とは思われずカタカナのままに残す場合も考えられる。その時は、以上のような問題領域の全体を念頭に置くことになる。

いずれにせよ、「スピリチュアリティ」という言葉は多面的であり、こうした多様な意味内容のすべてを内に含んですでに流通している。あるいは、雪だるま式にますます雑多な問題を抱えて膨らんでゆく。そうであればこそ、スピリチュアリティというカタカナを、いわばメタレベルのカテゴリーとして残しておき、そのカタカナをルビとして共有する問題領域の広がり全体を、常に考慮に入れておくことが求められるように思われる。

注
注1　「スピリチュアル・ケア」については、窪寺俊之『スピリチュアル・ケア入門』三輪書店、2000年、及び、W.キュペス『スピリチュアルケア』サンパウロ、1999年。
注2　WHOにおけるスピリチュアリティについては、山口昌哉「『霊性』ととりくみはじめたWHO」(「季刊仏教、45」1998)。臼井寛ほか「WHO憲章の健康定義が改正に至らなかった経緯」(「日本公衆衛生誌」47-12　2000)。拙論「WHOとスピリチュアリティ——健康に関わる事柄としてのスピリチュアリティ」(「UP345号」東京大学出版会　2001年7月)
注3　心理療法における「スピリチュアリティ」問題については、E.W. Kelly, Jr. Spirituality and Religion in Counseling and Psy-chotherapy, American Counseling Association, 1995,。オールタナティヴな医療との関連については、例えば、R.C.フラー『オールタナティヴ・メディスン——アメリカの非正統医療と宗教』池上良正・池上冨美子訳、新宿書房、1992年など。
注4　カトリックにおける「霊性」の理解については、寺尾寿芳「文化と霊性——現代カトリック教会宣教論の分水嶺」『宗教研究』326、第74巻-3、2000年。また、百瀬文晃「神学と霊性」百瀬文晃・佐々木勤編『キリスト教の神学と霊性』サンパウロ、1999年など。
注5　島薗進『精神世界のゆくえ——現代社会と新霊性運動』東京堂出版、1996年。英

語圏の動きに関しては、さしあたり、S. Sutcliffe ＋ M. Bowman ed.) *Beyond New Age: Exploring Alternative Spirituality*, Edinburgh Univ. Press, 2000. C. Erricker+J. Erricker ed.) *Contemporary Spiritualities Social and Religious Contexts*, Continuum, 2001. など。

注6 「霊性」という日本語の用語法に関しては、さしあたり、鎌田東二『宗教と霊性』角川書店、1995年。

注7 R．コールズ『子どもの神秘生活——生と死、神・宇宙をめぐる証言』桜内篤子訳、工作舎、1997年。

注8 拙稿「スピリチュアリティの位相」皇紀夫編『臨床教育学の生成』玉川大学出版部、2003年、所収、参照。

注9 「スピリチュアリティ」を分類整理する試みとしては、既に、安藤治ほか「心理療法と霊性——その定義をめぐって」(「日本トランスパーソナル心理学／精神医学会誌」Vol.2, No.1, 2001年) がある。

注10 WHOの議論はスピリチュアリティを宗教から区別する点に専念した。スピリチュアリティを、宗教者だけの特別な問題ではなく、人間自然に属するひとつの「機能」として位置付けようとしたのである。

注11 人格心理学の観点から、スピリチュアリティを検討する場合も「パーソナリティの全体」を問題にする。例えば、R.A. Emmons, *The Psychology of Ultimate Concerns -Motivation and Spirituality in Personality*, Guilford, 1999.

注12 V．ジャンケレヴィッチ『死』仲沢紀雄訳、みすず書房、1978年

注13 第4の「大いなる受動性」の先に、いわば「絶対的能動性」がある。例えば、久松真一のFAS。F (無相の自己 Formless self) は、A (全人類の立場にたって to stand on the standpoint of Allmankind)、S (歴史を越えて歴史を作る to create Superhistorical history) という時の「自在な創造的形成的な無相の自己」。しかし「スピリチュアリティ」という言葉の内に、そこまで含めることが可能であるのかどうか。今後の検討課題とする。

注14 エコロジーとスピリチュアリティとの関連については、間瀬啓允『エコロジーと宗教』岩波書店、1996年。また、Ch. カミングス『エコロジーと霊性』聖母文庫、1993年。あるいは、W．フォックス『トランスパーソナル・エコロジー——環境主義を越えて』星川淳訳、平凡社、1994年。

注15 この4つの位相は、順に理解が深まる4つの段階という意味ではない。また、人間発達の視点から、第4の位相を根源と見ることも可能であるが、今回はそうした「発生的・発達段階的」視点は含めない。今後の課題とする。

注16 こうしたスピリチュアリティ理解と、A．マスローの「ピーク・エクスペリエンス (至高体験)」との関連については、拙論「ヒューマニスティック心理学の宗教理解——A．マスロー宗教心理学とその陥穽」島薗進・西平直共編『宗教心理の探究』

東京大学出版会、2001年。
- 注17　宗教の立場から見る時、こうしたスピリチュアリティは理解されにくい。「聖なるもの（神の恵み）」を強調することのない「受動性（生かされている）」だけの強調は「人間主義・心理主義」であり、宗教の文法には馴染まない。門脇佳吉『道の形而上学』岩波書店、1990年など参照。
- 注18　「霊的識別」の問題は、とりわけ「カルト問題」において切実である。「識別」における判断主体の問題、理性と霊性の関係の問題など、これまた今後の課題とする。
- 注19　Spiritualityを「求道性」と訳されたのは、井上洋治神父である。拙論「スピリチュアリティとはどういうことか」（「季刊・仏教43」法藏館、1998年）参照。
- 注20　この観点から、「ガンディ」のスピリチュアリティを解きほぐすことは、重要な課題である。例えば、エリクソンのガンディ研究（『ガンディの真理』）に見られる「基本的信頼感」とスピリチュアリティとの関連は重要な課題となる。
- 注21　社会倫理とスピリチュアリティとの関連も今後の課題である。大庭昭博『社会倫理と霊性』新教出版社、1998年。また、韓国の民衆神学とスピリチュアリティとの関連については、「富坂キリスト教センター編『鼓動する東アジアのキリスト教』第4部「民衆神学再考」新教出版社、2001年。

　本稿の要旨は、日本トランスパーソナル心理学／精神医学会第4回大会シンポジウム（2002年11月23日・立命館大学）において発表された。発表に際しての元原稿は、既に「スピリチュアリティの位相——教育におけるスピリチュアリティ問題のために」（皇紀夫編『臨床教育学の生成』玉川大学出版部、2003年）として公刊されている。本稿は、先のシンポジウムにおける質疑討論に触発されながら、前稿を整理し直したものである。
　また、本稿以降に、この問題に関連して論じた拙論として、以下のものがある。
「人間形成における宗教性の問題——若い人たちとの話から」（「教育」2003年11月）。
「元型・イマージュ・変容——「魂の学としての心理学」のために」『岩波講座・宗教10　宗教のゆくえ』岩波書店、2004年。
「霊性を大切にするとはどういうことか」富坂キリスト教センター編『現代社会における霊性と倫理——宗教の根底にあるもの』行路社、2005年。
「アイデンティティとスピリチュアリティ」（「現代と親鸞」第9号、親鸞仏教センター、2005年）。
「からだ・いのち・無のはたらき——無の思想の地平から」（「緩和ケアvol.15-no.5・特集スピリチュアルケア」青海社、2006年）。
「身体性（からだ）の哲学」『放送大学大学院教材　現代身体教育論』放送大学教育振興会、2006年。

第2部

現代心理学および
関連諸領域のなかで

第1章

中村　雅彦
Masahiko NAKAMURA

スピリチュアリティの心理学的研究の意義

　本稿では、スピリチュアリティ（霊性）を広義の宗教意識として定義し、それを心理学的な視点からどのようにとらえることができるのか、心理測定論的手法を駆使した実証的データに基づいて見ていく。

1　宗教意識としてのスピリチュアリティ

　Wilber[29]は、宗教とスピリチュアリティを差別化する動向について興味深い発言をしている。要約すると、米国で1945年から1964年の間に生まれた「ベビー・ブーマー」と呼ばれる世代の著作家たちに共通している判断として、宗教は制度的、融通性がない、独断主義的、権威主義的であるのに対し、スピリチュアリティは活動的、生き生きした、経験的で個人的なものというイメージがあるという。しかし、ここでいう"スピリチュアル"が宗教的な真実もしくは自分にとって真実である経験を単に意味するものだとすれば、スピリチュアルな真実がほかの人にも伝わり、次の世代にも伝わるとき、それは制度化された宗教になることを意味する。また、宗教とスピリチュアリティの区別を行う人々は「自分にとってのスピリチュアルな真実」について指摘しているが、もし彼らが自分のスピリチュアルな経験あるいは真実を他者に伝えたいとするなら、自分の身に起こったことについて言挙げをするのが難しいため、それはたちまち宗教と大差ないものになってしまう。Wilber[29]によれば、スピリチュアリティとは単に「自分のための宗教」

であり、一度それが他者と共有されたり、ほかの世代に伝播すると制度宗教になってしまうのである。事実、欧米の文献の多くは、スピリチュアルを宗教的という意味で用いている例が圧倒的に多い[21) 28)]。

しかし、わが国では「スピリチュアル」を「宗教的」と訳すことに対して次のような問題点が生じるという指摘もある[23)]。

①日本人の多くの者が、個人的な自分の宗教を持っていないし、日常生活の中で宗教との関わりがないので、冠婚葬祭のイメージがある。

②宗教といえば、ある特定の宗教団体を思い浮かべる者もいて印象がよくないことがある。

③宗教というと非科学的、神秘的というイメージがある。

④多くの日本人は健康な時、宗教に関心がなく、必要とは感じていない。むしろ宗教を気休め、意志の弱いものが逃避するところだと軽蔑的な思いでみている。

④宗教的ケアというと、ある特定の信仰心を持つ人のみを対象としたケアのような、疎外的なイメージをもつ。また特別な宗教をもたない者にとっては、強制的な宗教の押しつけをイメージ化させるものがある。

このような理由から、沼野[23)]は、「宗教」という言葉が日本人にとって悪いイメージがあるために、偏見を生じる危険性があると指摘している。

とはいうものの、人間の経験の中には広く「宗教的」というラベルを与えることのできるものが少なくはない。それは、芸術的なスリル、達成感、人間の尊厳の感情、幸福感、高揚感、共感性、士気の高揚、精神的健康、楽観主義、性的な恍惚感、自然との一体感、サイケデリックな薬物によって得られる体験など広義の宗教性に関連する概念である[13)]。好むと好まざるとにかかわらず、人間は本来、宗教的な動物（Homo Religiosus）なのである。

2 スピリチュアリティ研究の3つの流れ

スピリチュアリティ研究の伝統を一言でまとめていくならば、それは宗教経験、宗教意識の研究史でもある。それはやがて、トランスパーソナル心理学の流れに受け継がれていく。

他方で、1960年代以降、Well-Beingの概念が心理学領域を中心として注目を集めるようになる。人生の質（QOL）を理解するには、経済学的指標だけでは不十分であることが次第に明らかにされていった[3)8)]。そこから、主観的幸福感（Subjective Well-Being; SWB）あるいはQOL研究としてのスピリチュアリティの重要性が指摘されるようになった[6)]。これが実質的に現在にもつながる第2の流れである。

第3は1990年代以降、医療分野におけるスピリチュアリティに関する議論が活性化して、病者や終末期の患者にとっての生の意味と目的という文脈でスピリチュアリティをとらえようとする流れである[1)]。それに呼応するように、わが国でも医療、特に看護分野におけるスピリチュアルケア研究がメインストリームになっている[10)16)22)]。ちなみに、2005年9月時点において、医学系の文献データベース「医中誌Web版Ver.3」を使用して、「Spirituality」「Spiritual」「霊的」「霊性」でキーワード検索を行なった。また、欧米の文献については、国立医学図書館（National Library of Medicine; NLM）が提供しているPubMed、米国ProQuest Information and Learning社が提供しているデータベースProQuestを使用し、国内の動向と比較を試みた。欧米の文献検索のためのキーワードは、「spiritual*」とした。

その結果を図1に掲げる。わが国の場合、1997年頃から徐々に論文数が増えてきており、医療関係者がSpiritualityに関心を示すようになったのは、

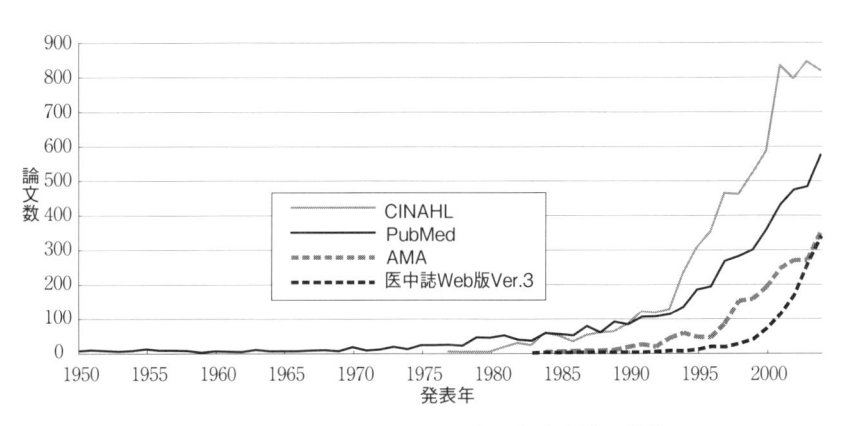

図1　スピリチュアリティ関連発表論文数の推移

ごく最近のことであると言える。これに対し、CINAHLで検索した結果では1980年以降、PubMedでは1980年代中頃、AMAでは1990年代前半からスピリチュアリティ関連の文献数が急増している。ことに看護系の論文の増え方が著しいことがわかる。わが国の医療関係者のスピリチュアリティに関する関心は、欧米の研究者に10-15年ほど遅れて高まっているといえるだろう。

こうした研究はいずれも、『人間はいかに善く生きるべきか』について示唆を与えるものであるが、他方で「何か精神的なもの」や「解脱・悟り」を求める人々が破壊的カルトに取り込まれていったという社会的現実にも目を向ける必要がある。スピリチュアリティの求道者はときとして、「悪魔の手先」になることもまた見逃すことのできない側面である。それは1つには、既存の宗教の霊的支援力が弱体化した結果でもあり、物質的、経済的豊かさの中に生きる人々の精神的支柱の欠如、生きる力の喪失、そして実存的な空虚感を埋め合わせる場が社会システムの中に用意されていないために、「社会外の民」にならざるを得なかった側面もある。地下鉄サリン事件から10年を経た今、精神的な豊かさを求める人々に、医療、福祉、教育といった社会システムはどのように整備されていく必要があるのだろうか。いまだに暗中模索の状況は続いているようにみえる。

3 スピリチュアリティを査定する道具

スピリチュアリティの心理学的研究の中で取り組まれているテーマの1つに、人々の宗教的な経験、信念、価値の個人差を査定するための道具を開発するものがある。領域やベースとする理論的に枠組みによって、これまでにさまざまな尺度が提案されている。たとえば、中村[19]は、自己超越傾向の個人差を捉えるための心理尺度を開発している。この研究で開発された自己超越傾向尺度（self-transcendence scale: STS）は、Maslow[14]の超越的自己実現者に関する記述に基づいて、質問項目を構成したものである。24項目版をSTS-24、18項目版をSTS-18と呼ぶ。その結果、STS-18は、高い信頼性および妥当性をもっていることが見いだされた。また、自己超越傾向が高まるほど、主観的幸福感が高まることが明らかにされた。中村[19]は、宗教的

文脈から発生する超越体験のみならず、市井の人々による日常的な超越体験にも目を向けた尺度開発を行ったところに特長がある。この研究では、自己超越傾向が単一次元的な現象であると仮定した上で分析が行なわれたが、尺度項目の情報を集約する主成分分析ではなく、むしろ尺度項目によって測定された得点を分解して、その背後に潜在する要因を見いだす因子分析を行うことがスピリチュアリティの多元性を見る上でより妥当であると考えられる。そこで、筆者は中村[19]のデータの再分析を行った。新たに実行された探索的因子分析の手順は、主因子法によって固有値1.0以上の因子を抽出し、因子間に相関があるとの想定のもとで、因子軸の回転にはプロマックス回転を用いた。その結果、7つの因子が抽出され、その累積寄与率は56.16%であった。各因子に0.40以上の因子負荷量を与えている項目に基づいて、因子の命名をした。7つの因子に高い負荷量を与えている尺度項目の総称を「スピリチュアリティ傾向尺度」(Spirituality Tendency Scale-Revised Version: STS-R) と呼ぶことにする。また、各因子を反映している下位尺度の内的整合性を検討するためにCronbachの α 係数を算出した。その一覧を表1に示す。

探索的因子分析の結果は、STS-Rに7つの因子が存在することを示しており、そのうち「個人性」と「自我固執」に関する因子は、スピリチュアリティとは逆の側面を表しているものと解釈できる。スピリチュアリティ構成概念には、多元性があることが確認された。これらの因子をWHOの提案するスピリチュアリティの4つの領域[26]と対応づけるならば、その多くは第3領域の「超越性」に集まっており、第1領域の「人間関係」との対応もあるといえる。逆に、日本において重要度の低い下位項目の集まっている第2領域「生きていく上での規範」、第4領域「特定な宗教を持つこと」には対応性が弱く、現代の日本人が重んじている要素をおおむね反映した内容から構成されているものと考えられる。なお、看護師と看護学生を対象に調査を行なった中村・長瀬[20]では、STS-Rに5因子解が得られており、対象者によって因子構造の違いが認められることが明らかになっている。少なくとも、STS-Rに見られるスピリチュアリティ構成概念は、個人の体験に基づいて形成された広義の宗教意識を含む変容可能な価値 - 信念体系をとらえて

いるものと考えられる。

ところで、自己超越とは、スピリチュアリティ概念の中核的要素として位置づけられる概念である。Elkins et al.[5]は、人間性心理学の観点から「ラテン語でSpiritus（いのちの息吹き）を意味するスピリチュアリティとは、超

項目番号	項　目
13	いま、ここでの瞬間が大切なひとときだと感じる。
18	一日一日を一生懸命になって生きているという実感がある。
17	自分がこの世に生まれてきたことには、大きな意味があると実感できる。
7	自分の喜びや苦しみを多くの人々と一緒に分かち合いたいと思う。
9	人類全体の進歩と幸福のために、自分でできることをやってみたい。
6	どんな相手でもわけへだてなく受け入れることができる。
16	自分の心の中には人間を超えた「神」のような存在が宿っていると思う。
15	自分はなにか大きな見えない力によって「生かされている」という実感がある。
14	自分のいのちは、姿形を変えて永遠に存在すると思う。
12	自分が死んでも、自然の一部になって生き続けることができると思う。
11	身の回りの自然と自分が心を通わせたと感じた経験がある。
10	草花を見ているうちに、大きな安らぎや充実感を覚えたことがある。
3	自分には、一心同体だと感じられる相手がいる。
4	自分を犠牲にしてでも、その人のために尽くしたいと思ったことがある。
1	自分を愛するほどに他人を愛することができる。
23	自分は自分、他人は他人とはっきり区別して考える方だ。　＊
24	あまり現実離れしたことは考えない方だ。＊
22	人は自分が一番かわいいものだから、他人に献身するなんてきれい事だと思う。＊
21	自分には欲やこだわりを捨てて生きることなどできないと思う。　＊
19	言葉に言い表せない感動に突然襲われて身震いしたような経験がある。　＊
	残余項目
8	私たちは、みんなが「目には見えない糸」で結びつきをもっていると思う。
2	自分も相手もないと感じるような瞬間がある。
5	相手が喜び、幸せそうにしているのをみると、自分のことのように嬉しくなる。
20	人生は1回きりだから、自分のしたいように生きてみたい。　＊
	固有値
	分散%
	Cronbachの a 係数

＊印は逆転項目

表1　スピリチュアリティ傾向尺度（Spirituality Tendency Scale: STS-R）[注1]

越的な次元への自覚を通じて生じ、自己、他者、自然、人生、そして究極のものとして考えられるあらゆる事に関して同定可能な価値によって特徴づけられる存在と経験の様態である」と定義している。Elkins et al.[5]によれば、スピリチュアルな人は、超越的な次元が人生にはあるという経験に基づいた

第1因子	第2因子	第3因子	第4因子	第5因子	第6因子	第7因子	
生の意味と目的	霊性の自覚	命の永続性	自然との一体感	無償の愛	個人性	自我固執	共通性
.707							.437
.648							.477
.573							.411
.538							.368
.453							.368
.429							.231
	.758						.645
	.729						.616
		.766					.643
		.726					.617
			.851				.744
			.679				.427
				.626			.378
				.606			.364
				.405			.256
					.483		.234
					.477		.213
					.421		.303
						.496	.296
						-.412	.393
5.271	1.713	1.478	1.393	1.338	1.267	1.016	13.476
21.963	7.139	6.160	5.803	5.577	5.278	4.235	56.155
.728	.779	0.776	.698	.519	.407	.218	

信念を持っている。この信念の内容は、人格神といった伝統宗教的な見方から、無意識または「より大いなる自己」の領域への自己意識の自然な拡張である、という心理学的な見解までを含んだ広範囲なものに及んでいる。スピリチュアルな人は、肉眼では見えない世界と、この不可視の次元への調和的な接触と適応が有益であると信じている。言い換えるなら、スピリチュアルな人とは、Maslow[14]が「至高体験（peak experience）」と呼んだものを通じて超越的な意識次元を経験した人であり、彼らはこの次元との接触を通して個人的なパワーを引きだしていくのである。

精神医学領域で、この自己超越をパーソナリティ測定の1つの重要な次元として位置づけている研究にCloninger, Svrakic, & Przybeck[4]をあげることができる。Cloninger et al.[4]は、パーソナリティは自己を自律的個人、人類社会の統合部分、全体としての宇宙の統合部分に、それぞれ同定する度合いによって特徴づけられると考え、Temperament and Character Inventory (TCI) という人格目録を開発した。また、木島ほか[12]は、その日本語版の開発を行っている。

Cloningerのモデルによれば、パーソナリティの基本次元として、①自己志向、②協調性、③自己超越が設定される。自己志向とは、各個人が選択した目的や価値観に従って、状況に合う行動を統制し、調整し、調節する能力を意味する。自己責任、目的指向性、臨機応変、第2の天性を啓発することを通じて自己志向の発達が規定されると考えられる。また、協調性とは他者の確認と受容に関する個人差である。それは社会的受容性、共感、協力、同情心、純粋な良心の発達の過程として規定さ

性格類型	自己志向	協調性	自己超越
意気消沈（メランコリー）	低	低	低
無秩序（統合失調症型）	低	低	高
依存的（過敏）	低	高	低
気分屋（気分循環型）	低	高	高
独裁的（独裁主義）	高	低	低
狂信的（妄想性）	高	低	高
組織的	高	高	低
創造的（啓発された）	高	高	高

表2　Cloningerの性格類型
（木島ほか1996に基づいて作成）

れる。さらに、自己超越は統一的全体の本質的、必然的部分として考えられるすべてのものを確認することである。自己超越は、すべてのものが1つの全体の一部であるとする"統一意識"の状態を含むが、統一意識では自己と他者を区別する重要性がないことから、個人的自己というものはなくなる。人は単に進化する宇宙の統合的部分であると意識する。それは、自己忘却、霊的現象の受容、超個的同一化の発達の過程として規定される。

　ここで重要なことは、Cloninger et al.[4]の性格3次元の組み合わせを見ればわかるように、自己超越性のみが高いことが必ずしも「成熟したパーソナリティ」を意味するものではない、ということである（表2）。たとえ、自己超越性と自己志向が高くても、協調性が低ければ、それは狂信的、妄想的なパーソナリティとなる。また、自己超越性が高く、自己志向と協調性の両者が低くなった場合は、無秩序ないしは内的な混乱をきたしたパーソナリティに分類されることになる。それゆえ、それぞれの性格次元が全体的にバランスよく発達していくことが、成熟したパーソナリティの証となる。この点は、神秘や超越性を志向しながらも、他方で社会的な摩擦やテロリズムを引き起こす破壊的カルトの教祖の行動を見れば理解できるであろう。

　Cloninger et al.[4]が得たデータによれば、自己超越傾向は、とくに35歳以上の成人にとって、その人の適応状態と人生に対する満足度、すなわち幸福感を知る上で重要であることが明らかにされている。また、自己超越傾向の指標の中でも自己忘却、超個的同一化の得点が30歳から35歳の層において最も低く、霊的受容の得点は40歳代になって急激に増加することが見出された。これと類似した結果は中村[19]でも見いだされている。中村[19]では、年齢と自己超越傾向との間に3次関数的な関係が認められ、中年期において若干自己超越傾向の低下が見られた後、再び増加傾向に転じることが明らかになった。

　しかし、富田[27]によれば、Cloningerモデルに基づいて構成されたTCI日本語版には一定の尺度信頼性はあるものの、因子的妥当性に関する問題があることが報告されており、尺度を日本語化する際の困難を伺わせるような結果を示した。これを受けて、富田は心理測定論的にもより妥当性の高い尺度開発が望まれるとしている。

スピリチュアリティの査定道具を開発しようとする研究は、看護学領域においても行われている。比嘉[9]は女子大学生385名を対象にスピリチュアリティ評定尺度の開発を行い、その信頼性および妥当性の検証を行っている。比嘉はスピリチュアリティを「何かを求め、それに関係しようとする積極的な心の持ち様と自分自身やある事柄に対する感じまたは思い」、すなわち「意気・観念」と定義し、窪寺[13]などスピリチュアルケアの文脈から、スピリチュアルケアを行うための査定道具としてSRS（spirituality rating scale: SRS）の開発を行った。その際、看護教科書で使われているスピリチュアリティに関するキーワードを抽出し、WHO調査（田崎ほか[26]）を参考に、心の平穏、内的な強さ、他者への愛着、人生の意味、生きていく上での規範に注目した。その結果、一定の因子的妥当性や信頼性が見られたとしている。

しかし、その尺度内容は心理学的な観点から見るならば、自尊感情（self-esteem）や自己実現、内的統制型の信念（Internal Locus of control）に関するものと考えられる項目が多く、スピリチュアリティ概念の中核的要素である超越的次元への気づきに関する項目が少ないことが問題点として指摘できる。また、調査対象者が女子大学生に限定されていることも、データの一般化可能性の限界として課題を残しているといえる。

4　主観的幸福感の説明変数としてのスピリチュアリティ

主観的幸福感（Subjective Well-Being: SWB）とは、生活全般の満足感、すなわち個人がみずからの「生」を全体としてどのくらい好ましいものとしてみなしているかに関する概念と、肯定的な情動が経験される頻度、および強度によって表される概念である[2)25)]。従来の主観的幸福感の研究は、主にパーソナリティ心理学および社会心理学の文脈から検討が行われてきたこともあって、スピリチュアリティとの関連性に関する検討が不十分だといえる。たとえば、Argyle[2]は、幸福であるということと、不幸でないということは異なるとしたうえで、幸福を単一の次元で測定できるとしている。それによれば、幸福は情緒的側面（上機嫌であるという気分）と、認知的、熟慮的側面（人生に対する満足度の報告）の二尺度に大別される。さらに、総括

的因子として満足度（satisfaction）、幸福を実感した時間の長さなどで測定される意気軒高感（feelings of elation）、そして幸福と負の相関を持つとされる精神的苦悩（psychological distress）の3因子を見出した。その上で、Argyleは、幸福の源泉を社会的関係、仕事、余暇の3つに求めた。

このように、従来のSWB研究において重視されてきた側面は、人間が作為的に、否定的なものを徹底的に排除することによって生まれる幸福であり、できるだけたくさん持つこと、すなわち"having"が幸福をもたらすという暗黙の世界観に立脚しているといえる。人は身近な他者との対人関係、仕事、余暇を通じて「生活の質」を高めることができるとArgyleは説く。そこには、スピリチュアリティの介在する余地はないかのようにも見える。

とはいうものの、生の意味、自己実現など、スピリチュアリティに関連する要素を絡めた研究は存在する。たとえば、Feist & Bodner[7]は、SWBを、生の意味、自己受容、環境の支配として操作的に定義している。この研究では、幸福感のボトムアップモデルとトップダウンモデルの時系列的分析により、双方のモデルの妥当性が検証された。共分散構造方程式モデリング（SEM）により、幸福感のボトムアップモデルでは、幸福感を直接規定する要因として、身体的健康と日常苛立ち事が負の影響を及ぼし、媒介変数として、個人の世界観、および建設的思考が正の影響を及ぼしていることが見いだされた。すなわち、自己を価値あるものと見なし、人や世界から恩恵を受

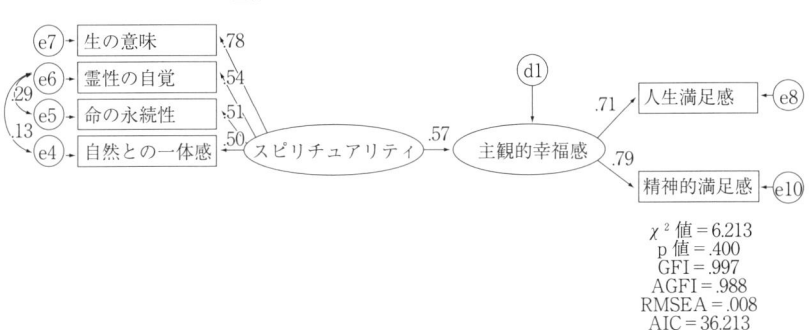

全体サンプルのスピリチュアリティ・モデル

χ^2値 = 6.213
p値 = .400
GFI = .997
AGFI = .988
RMSEA = .008
AIC = 36.213

図2　STS-Rと主観的幸福感の共分散構造分析結果

けていると見なし、世界の有意味性を認める人ほど、SWBは高まる。しかし、Feist & Bodner[7]では、SWBそのものの指標として生の意味など、本来ならスピリチュアリティに関連づけられる方が妥当と考えられる概念が使用されている。領域横断的な視座に立つならば、これを幸福感の概念の中に組み込むのではなく、スピリチュアルな信念−価値の方に含めて分析を行った方が、より有益な知見が得られるものと期待できるだろう。

このような問題意識から、筆者は人々のSWBの説明変数の１つとしてスピリチュアリティを仮定するモデルを設定し、その妥当性を検証した。中村[19]で得られた613名の調査対象者のデータを共分散構造分析によって解析したところ、スピリチュアリティの構成要素として、「生の意味と目的」がもっともパス係数が高く、以下「霊性の自覚」、「命の永続性」、「自然との一体感」までが説明力の高い観測変数として残った。他方、SWBの観測変数からは物質・経済的満足感が脱落し、人生満足感と精神的満足感のみが幸福感の主要構成要素として残った。図２から、スピリチュアルな信念や価値を持っている個人ほど、SWBも高まるという因果関係が認められる。

ただ、世代別の分析では、10代・20代のスピリチュアリティモデルは、きわめて単純な構造になっていることが見いだされた。すなわち、生の意味と目的、命の永続性の２側面だけが意味のある構成要素であり、物質・経済的満足感は幸福感の要素から除去されてしまっている。若年層のとってのスピリチュアリティとは、生きること、いのちの側面が重要な課題であり、超越的な要素はスピリチュアリティには関係の薄いものと見なされている。これに対し、60歳以上のグループになると、これらに加えて「霊性の自覚」がスピリチュアリティの重要な側面になっていることが明らかになった。高齢者層では、人間を越えたもの、超越的な意識の次元がスピリチュアリティ概念の構成要素の１つになっていると言えよう。また、若年層と比べても命の永続性に対するパス係数が高くなっており、老いと死を自覚するようになるこの年代の関心事であることが示唆される結果となった。

スピリチュアルな幸福（Spiritual Well-Being）に関する研究は、社会学[15]、心理学[6]の領域で行われるようになった経緯を持っているが、最近ではQOL研究との関連から看護学[11]や公衆衛生学[24]においてもその重要性が認

識されるようになってきている。欧米では主としてキリスト教的世界観に基づく信仰生活との関連でスピリチュアルな幸福が論じられる傾向があるが、特定の宗教や信仰を持たない人が多いといわれる[26] 日本人にとってスピリチュアルな信念や価値が心の安寧ないし平穏さにどのような影響を与えているのか、今後さらにデータを収集していく必要があるだろう。

5 結語

以上のような研究を総括して言えることは、①スピリチュアリティは個人の宗教意識を含んだ価値——信念体系として心理測定論的な研究の俎上に載せることが可能である、②個人の健康や幸福感の説明変数の1つとして、スピリチュアリティを想定することが可能である、ということである。

しかし、他方でスピリチュアリティの心理的構造には多様性があることもまた指摘しておく必要があるだろう。たとえば、長瀬・中村[17]、長瀬・中村[18]、山口[30] などの研究では、看護師、看護職者、ソーシャルワーカーなどの職種の人々が持っているスピリチュアルな信念の構造を個別に抽出しようと試みている。そこには、それぞれの人の体験に根ざしたスピリチュアルな語り（narrative）が引き出されている。今後は、こうした事例に基づく質的研究についてもデータの蓄積が必要である。

わが国においては、スピリチュアリティの査定の試みはまだ始まったばかりではあるが、これを人々の健康増進や社会福祉、あるいは教育サービスのための戦略的概念として研究者が拙速に標準化を行うことには慎重を期する必要があると筆者は考える。というのも、社会−文化的な要因によって、スピリチュアリティの構造が大きく異なってくる可能性があるためである。そのことを自覚した上で、今後の研究では、従来それぞれの学問領域で独自に編み出され、研究されてきたスピリチュアリティの査定道具の再編・統合を目ざしていくことが望まれる。そのためには、特定の学問領域に固執しない領域横断的な視座が研究者に求められることはいうまでもない。

注

注1　PubMedは、1950年代に遡って、MEDLINE (Medical Literature Analysis and Retrieval System On-Line) と生命科学雑誌に掲載された論文について収録している。また、ProQuestには、看護系の約1,200誌の雑誌や学位論文、図書、本の章、会議録などの出版物をデータに作成されたCINAHL (Cumulative Index to Nursing & Allied Health Literature) と、米国医師会 (the American Medical Association; AMA) によって公表されたタイトルAMA Titles、380誌以上の主要な健康および医学の雑誌に掲載された論文をカバーしたProQuest Health and Medical Completeを使って検索することができる。

文献

1) 安藤治・結城麻奈・佐々木清志「心理療法と霊性——その定義をめぐって」(「トランスパーソナル心理学／精神医学」2: 1-9頁, 2001)

2) Argyle M.: *The psychology of happiness*. London: Methuen & Co.Ltd. 1987.

3) Bradburn, N. M.: *The Structure of Psychological Well-Being*. Chicago: Aldine. 1969.

4) Cloninger C.R. Svrakic D.M. Przybeck T.R.: *A psychobiological model of temperament and character*. Archives of General Psychiatry. 50: pp.975-990, 1993.

5) Elkins D.N. Hedstrom L.J. Leaf J.A. et al.: *Toward a humanistic phenomenological spirituality: Definition,description, and measurement*. Journal of Humanistic Psychology 28: pp.5-18, 1988.

6) Ellison, C. W.: *Spiritual well-being: Conceptualization and measurement*. Journal of Psychology and Theology, 11: pp.330-340, 1983.

7) Feist G.J.& Bodner T.E.: *Integrating Top-Down and Bottom-Up Structual Models of Subjective Well-Being: A Longitudinal Investigation*. Journal of Personality and Social Psychology 68: pp.138-150, 1995.

8) Gurin, G., Veroff, J., & Feld, S.: *Americans View Their Mental Health: A Nationwide Interview Survey*. New York: Basic Books. 1960.

9) 比嘉勇「Spirituality評定尺度の開発とその信頼性・妥当性の検討」(「日本看護科学会誌」22: 29-38頁, 2002)

10) 今村由香・河正子・萱間真美・水野道代・大塚麻揚・村田久行「終末期がん患者のスピリチュアリティ概念構造の検討」(「ターミナルケア」12 (5): 425-434頁, 2002)

11) Jones, P.S. 2002 Connectedness: A *concept for understanding and enhancing spiritual well-being*. (「看護診断」7 (1): 41-47頁, 2002)

12) 木島伸彦・斎藤令衣・竹内美香ほか「Cloningerの気質と性格の7次元モデルおよび日本語版Temparament and Character Inventory (TCI)」(「季刊精神科診断学」7: 379-399頁, 1996)

13) 窪寺俊之『スピリチュアルケア入門』三輪書店, 2000.
14) Maslow A.H.: TheoryZ. Journal of Transpersonal Psychology. 1: pp.31-47, 1969.
15) Moberg, D. O.: Spiritual Well-Being:: Background and Issues. Washington, DC: White House Conference on Aging. 1971.
16) 村田久行「終末期がん患者のスピリチュアルペインとそのケア　アセスメントとケアのための概念的枠組みの構築」(「緩和医療学」5 (2): 157-165頁, 2003)
17) 長瀬雅子・中村雅彦「個人別態度構造分析による看護師のスピリチュアリティ構成概念に関する事例研究」(「トランスパーソナル心理学／精神医学」5 (1): 52-58頁, 2004)
18) 長瀬雅子・中村雅彦「看護職者のスピリチュアリティに関する価値／信念の個人別態度構造分析」(「東海大学健康科学部紀要」10: 1-11頁, 2005)
19) 中村雅彦「自己超越と心理的幸福感に関する研究――自己超越尺度作成の試み」(「愛媛大学教育学部紀要（教育科学）」45 (1): 59-79頁, 1998)
20) 中村雅彦・長瀬雅子「看護師と看護学生のスピリチュアリティ構成概念に関する研究」(「トランスパーソナル心理学／精神医学」5 (1): 45-51頁, 2004)
21) 中村雅彦・長瀬雅子「スピリチュアルな癒しに関するトランスパーソナル・パラダイムの展望――癒し、医療、スピリチュアリティの相互関係」(「愛媛大学教育学部紀要（教育科学）」51 (1): 83-93頁, 2004)
22) 中西貴美子・中川雅子・吉岡一実・片岡智子・林智子・高植幸子・石井八恵子「ターミナル期の患者に対する癒しの援助技術――スピリチュアルケアについての一考察」(「三重看護学誌」4 (1): 77-81頁, 2001)
23) 沼野なお美「スピリチュアルケアの意義」(「ターミナルケア」10: 199-204頁, 1996)
24) 島井哲志・大竹恵子・宇津木成介・池見陽「日本版主観的幸福感尺度（Subjective Happiness Scale:SHS）の信頼性と妥当性の検討」(「日本公衛誌」51 (10): 845-853頁, 2004)
25) Strack F., Argyle M., Schwartz N. (Eds.): Subjective well-being: An interdisciplinary perspective. Oxford: Pergamon Press. 1991.
26) 田崎美弥子・松田正己・中根允文「スピリチュアリティに関する質的調査の試み――健康およびQOL概念のからみの中で」(「日本醫事新報」4036: 24-32頁, 2001)
27) 富田拓郎「TCIの尺度構成と信頼性・妥当性に関する批判的考察」(「季刊精神科診断学」11: 397-408頁, 2000)
28) 鶴若麻理・岡安大仁「スピリチュアルケアに関する欧米文献の動向」(「生命倫理」11 (1): 91-96頁, 2001)
29) Wilber,K.: A sociable god: Toward a new understanding of religion. Boston: Shambhala. 2005.
30) 山口かな子「ソーシャルワーカーの幸福観に関する事例研究」愛媛大学大学院教育学研究科修士論文（未公刊）, 2005.

第 2 章
林　貴啓
Yoshihiro HAYASHI

スピリチュアリティにおける「問い」と「答え」
「問い」の位相から見えてくるもの

1　はじめに

　この自分が存在する意味は何か、この有限な人間を超えたものは存在するのか、人は何のために生き、死んでゆくのか——こうした問題を真正面から受け止め、語ることを可能にしてくれる「スピリチュアリティ」という言葉が、今日、この日本のうちに浸透しつつある。この論考では、このスピリチュアリティをどのように理解するのかを、日本社会という文脈を踏まえつつ考察してゆきたい[注1]。
　「スピリチュアリティ」という言葉の普及は「スピリチュアル・ペイン」「スピリチュアル・ケア」というかたちで、医療の文脈で用いられたのが発端であった。だが今や、心理臨床、教育、環境問題、および日々の生活実践ほか、実に広範な領域にまでスピリチュアリティの問題圏が広がっている。それは、人々がこの言葉でしか表せないような切実な関心事を抱くようになってきた、ということを意味しよう。

（1）スピリチュアリティへの「時代の要請」
　スピリチュアリティという言葉には、ひとつの時代の要請があったといえる。「宗教と社会」学会が大学生を主対象に実施した調査によれば、「信仰を持つ」と回答した若者の割合は平均して1割を切り、宗教に「アブナイ」と

いうイメージを持つ者は過半数に及ぶ。日本人、ことに若い世代の「宗教」への忌避は歴然である。しかし、「科学が発達しても宗教は人間に必要だと思うか」という設問には半数前後が肯定的に回答している。また「超常現象」「死後の世界」などの「宗教周辺」の事柄についても、やはり5〜6割が「信じる」「ありうる」と答えている。井上[4),20]はこれを総括する。「このように一方で宗教にはマイナスイメージがあり、実際の宗教団体、宗派、教団に関わりを持つことを避ける傾向が強いが、他方で、『宗教周辺』の事象への関心は決して低くない」。また西平[11]は、「自分ではどうすることもできない運命」に対する実存的な実感や、「自我から離れて拡がった感覚」という非日常的・神秘的な体験について、「それを宗教とは呼びたくない」と断ったうえで語る若者たちの例を報告している。わざわざ断ることは逆説的に、これらが「宗教」とごく近いことを物語っている。

こうした事情を背景に、「宗教には関わりたくないが、宗教が扱ってきたような事柄には強い関心がある」という姿勢を有効に表現できる言葉として、「スピリチュアリティ」という語が受容されたと考えられる。この語が流布する以前、たとえば森岡[7]は宗教／無宗教の二分法に疑念を呈し、「人生の意味」「かけがえのない私の存在」といった宗教と関わりの深い問いを、あくまで宗教の外で問うてゆきたい、という立場を表明していた。今ならこれは当然「スピリチュアル」と表現されるだろう。その姿勢を的確に表しうる言葉へのニーズは、もともとあったのである。

(2)「スピリチュアリティ」という言葉が可能にしたこと

その意味で、「スピリチュアリティ」という言葉のもつ意義はきわめて大きい。医療や心理臨床の場面で、直接「宗教」に触れることなく、「人生の究極の意味」のような宗教が扱ってきた事柄を話題にすることができる。終末期の患者の「スピリチュアル・ペイン」を、正面から問題にすることも可能になった。教育の文脈でも、「宗教」とは一定の距離をとったスピリチュアリティの立場であれば、「生と死の問題」をもっと積極的に取り扱うことは可能になるかもしれない。

新しい言葉は、その言葉でしか表現できないような思考を可能にし、新し

いパースペクティヴを開く。スピリチュアリティという言葉は、「宗教／無宗教」という単純な二項対立を脱した考え方、ひいては実践を可能にする。こうした変化こそが、スピリチュアリティという言葉がもたらしうるインパクトなのである。

（3）多義性

ただし、「スピリチュアリティ」とは何を意味するのか、と問われれば、明確には説明しがたい人も多いだろう。その意味は、人によって実に多様である。葛西[5]が提示している例だけでも、「神との深い交わりの状態」「生きがいを求める魂の働き」「いろいろな宗教の共通項、普遍的特徴」「心身両面の刺激による日常性からの離脱」とある。この4つだけでも互いにかなりかけ離れており、共通点を見出すことは難しい。

これは、「スピリチュアリティ」が日本においては、明確な定義内容とともに受け入れられた概念ではないことを意味している。すでに述べたように、「時代の要請」が先立っていた。だからどんな「宗教が扱ってきた事柄」に関心を寄せるかによって、多様な意味が込められる。「超越者との関わり」なのか、「日常を超えた経験」なのか。「人生の意味」なのか、「世界観」なのか。「人生態度」なのか、「行」なのか、「心の働き」なのか。「スピリチュアリティ」は、いずれを意味することもありうる。

2　「スピリチュアリティ」理解の戦略

その意味で、「スピリチュアリティ」という言葉を無自覚に用いていては、混乱が生じかねない。この言葉を使う人同士でもコミュニケーションが困難になったり、あるいはひとつの意味で用いているつもりが無意識に別の意味に変質してしまったり、ということも予想される。この言葉で何を言わんとしているのか、何らかの明確な了解は必要であろう。

だからといって、「本来スピリチュアリティとは…である（でなければならない）」といった本質主義的な規定を求めるのは不毛である。今の日本では、必ずしも「本来の意味」への顧慮なしに、「時代の要請」に応えるかたちで

受容されているからである。

　また、「スピリチュアリティ」を一義的に規定しようとする試みが、この言葉が実際の用例のなかで示している豊かな意味の広がりを大幅に切り捨ててしまう危険も見逃してはならない。医療の場面でスピリチュアリティを標準化し、数量的な尺度で扱えるものにしようとする動向が見られるのに対して、辻内[13)53]は厳しく批判する。スピリチュアリティの「標準化」は「医療化」につながるものであり、「ひとつの言葉では表しえない深淵」であるスピリチュアリティの多様な含みが無視されてしまう、というのである。

（1）「方向性」の必要

　だが厳密な「定義」は不可能だとしても、スピリチュアリティに関して何らかの「方向性」は必要なのではないか。この言葉に多種多様な意味が込められているのが現状であってみれば、何らかの見通しを与えようとする企ては無益ではないように思われる。スピリチュアルな志向を抱く人々には何が問題になっているかを明確にし、お互いの間でのコミュニケーションを可能にする。ますます多くの人が、「スピリチュアリティ」という言葉で自分の関心事を自覚し、表現できる。もともとの豊かで多様な意味の広がりを残しつつ、多くの人々にとって「参照軸」となるようなスピリチュアリティの理解のしかたを探る、ということである。「スピリチュアリティ」をどのように理解するのが有益なのかを、むしろ戦略的な観点から考察してゆくことは意義ある企てだといえよう。

　先に述べておけば、この論考で打ち出してゆく戦略とは、スピリチュアリティに「問い」と「答え」の位相を区別すること、そして「問い」の位相を出発点とした立場から、スピリチュアルな事柄に向き合ってゆくことである[注2]。その展望は、スピリチュアリティをめぐるこれまでの議論を踏まえ、発展させたものである。そこでまず、従来の議論のいくつかを見てゆきたい。そのうえで「問い」および「答え」のスピリチュアリティとはいかなるものかを明らかにし、この位相の区別を設ける意義を論じてゆきたい。

（2）これまでの議論

まず安藤ら[1]による議論は、スピリチュアリティの定義をめぐって、心理学（主に人間性・トランスパーソナル心理学を指す）と医療とで、違った傾向が見られることを指摘する。心理学の文脈では、意識的自己を超え出た「超越的次元」の存在と、その体験が重要な位置を占める。超越的次元の体験的自覚が「宗教」の組織・制度的な側面を離れて求められ、その人の人生の意味・目的を支えるところにスピリチュアリティの核心があるわけである。これに対して、医療の文脈では、「超越的次元」への関心はあっても、そうした次元への体験的自覚に基づくものだけがスピリチュアルと呼ばれるわけではなく、より幅広い意味でこの語が用いられる傾向がある。死に直面して人生の意味や死を超えた希望を求めること、それがスピリチュアルだというわけである。

こうした2つの文脈での規定の違いは、まずはスピリチュアリティの狭義と広義との違いだといえる。だがこれは単に意味の広さというよりは、スピリチュアリティの「答え」と「問い」の位相の違いとして解釈したほうが適切なのではないか。というのも、一方は「超越的次元」の存在を肯定し、その体験的自覚が人生に意味を与える、という一定の「答え」を与えているのに対し、他方はいかにして「人生の意味と目的」が見いだされるか、に関して、さしあたりオープンなままでも成り立つからである。人によっては純粋に世俗的、無神論的、ひいては虚無主義的な「答え」に満足する可能性も排除できない。

また西平[10]の議論も、「問い」と「答え」の位相を区別することで新たな視点から解釈できる。西平は、「スピリチュアリティ」を単一の語で訳すことを避け、多様な訳語の「ルビ」として使用する戦略を提案する。それによってこの概念の持つ豊かで多様な意味を浮き彫りにし、かつ多様な問題群を1つに統合してゆく可能性を示唆するのである。

西平は、まず「宗教性」「全人格性」「実存性」「大いなる受動性」の4つの訳語を、スピリチュアリティの4つの位相を表したものとして解釈する。「宗教性」とは、「身体的」「心理的」「社会的」なものとは区別される、従来「宗教」が担当してきた領域を指す。他方、「身体的」「心理的」「社会的」と

区別されるのでなく、これらを内に含んで統合するのが「全人格性」の位相である。そして「実存性」は、生死の問題を各人が我が事として切実に感じ取る主体的な自覚に関わる。最後に「大いなる受動性」は、何か聖なるものに触れ「生かされている」と実感することに関わる、というわけである。

　こうした区別によって、これまで錯綜を極めていた「スピリチュアリティ」の多様な意味がかなりのところまで整理され、その多面的な可能性が明瞭になった意義は大きい。スピリチュアリティを「ルビ」として用い、多様な位相を区別しつつ統合してゆこうとする視点は卓見であろう。

　だが、さらに突っ込んで考えてみれば、「実存性」は、ほかの位相とは単純に並置できない。「実存性」としてのスピリチュアリティは、その根本において、「問い」の事柄だからである。「実存性」とは、「人は何のために生きているのか」「世俗的・物質主義的な生き方で、人生は本当に満たされるのか」といった問い、そうした「問い」を自らの身に引き受けて主体的に問うてゆくこと、にほかならない。それに対して、「大いなる受動性」などのほかの位相は、この「問い」にどのように答えるかにかかわっている。明確な答えを与えはしないまでも、一定の方向づけを示している。たとえば「身体・心理・社会すべてを包括した全人格的なかかわりによって」「聖なるものに触れ、生かされているという経験によって」導きが与えられるというわけである。「問い」の位相に属する「実存性」としてのスピリチュアリティは、そうした方向性に関してはさしあたりオープンでも成り立つ。結果的に「答え」が純粋に現世的、物質主義的なものだったとしても、その「問い」自体は実存的に問われているかぎり、スピリチュアルだといえるのである。

（3）スピリチュアリティにおける「問い」と「答え」

　こうした議論を踏まえて、スピリチュアリティにおける「問い」と「答え」の位相の区別を定式化しよう。「問い」のスピリチュアリティは、「人生の究極の意味・目的」とは何か、それはどのようにしたら見いだせるのかを、自覚的に問題にしてゆこうとする関心・姿勢にある。それに対して、「答え」のスピリチュアリティは、そうした「問い」に対して何らかの答え、方向づけを与えようとするものである。「諸宗教の核心にある体験」「生かさ

れて生きていることの自覚」「超越者や来世の存在を肯定した生き方」といった形態が考えられる。そこでは何らかの「超越」が志向されている、といえる[注3]。

　ただし、「問い」の位相に関しても、「超越」の契機がかかわっていることが、スピリチュアルであるためには重要であろう。物質主義的・世俗主義的な次元を超え出た生き方をもってしてはじめて、人生の究極的な意味は満たされるのではないか、日常の意識的自己よりももっと深いところに、真の自己が存するのではないか、この目に見える日常世界を超えた、聖なるものが存在するのではないか——こうした「超越」の可能性が、少なくともありうる「答え」として問いにのぼっていてはじめて、単に「実存性」にはとどまらない、「実存性としてのスピリチュアリティ」が成り立つ。最終的にどんな答えが出されるにせよ、「超越」の可能性に目が向けられることこそが核心なのである。安藤ら[1)8]が「超越的次元の自覚」がバックボーンにならなければ、スピリチュアリティの本質が損なわれる、と主張するのもうなずけるところである。

　このことは、特に現在の日本社会という文脈を踏まえるとなおさら重要であろう。というのも、この世俗化の進んだ社会では、「人生の意味」を問うとしても、そのままでは現世的・自然主義的な答えの可能性だけが想定されがちだからである。「この世を超えたものは存在しない」「人は死ねば無になる」といった答えが自明化しているからである。「超越への扉」が閉ざされている、あるいは扉の存在すら忘れられているのが実情だといってよい。その意味で、「超越」を最初から肯定しないまでも、いわば「超越への扉」を開けておくことが「問い」のスピリチュアリティにとって重要な要素といえる。

　この意味で、「問い」のスピリチュアリティは、「答え」の位相とのある種の緊張関係のうえで成り立っている。答えに対してはオープンだといっても、スピリチュアルな問いには「超越」の可能性との対決が伴っている。これによってはじめて、「人生の意味」をめぐる問いも、究極まで問い抜けるにちがいない。

　だがここでひとまず確認しておくべきなのは、スピリチュアリティに関して、「問い」と「答え」の位相が区別できることである。そして、スピリ

チュアリティを語るにあたっては、まず「問い」の位相に定位すべきである、というのが本稿で提言したい論点である。それによってどんな展望が開かれるのだろうか。

3 「問いのスピリチュアリティ」からの展望

（1）スピリチュアリティを誰でもの関心事に

「問い」のスピリチュアリティを出発点とすることの最大の意義は、これによってスピリチュアルな事柄がいっそう広範な人々に受け入れやすくなることである。ますます多くの人々が「スピリチュアリティ」という言葉で自らの考えること、思うこと、感じることを理解でき、表現できることである。人生の究極的な意味と目的をめぐる「問い」であれば、ほとんど誰でも関心事となりうるからである。

スピリチュアリティは特定の教団宗教への帰属・信仰を前提していないのだから、基本的に「宗教」よりは広範囲の人々に受け入れられるだろう。しかし「真の自己の探求」にせよ「生かされて生きていることの自覚」にせよ、一定の方向性をもった「答え」のスピリチュアリティの位相で語ろうとするかぎり、結局は特定の志向をもった人々にのみ受容可能な立場にとどまってしまう恐れは常にある。これでは、ほかの方向でスピリチュアルな関心を追求している人、あるいはまだ「問い」のレベルで「人生の意味」「世俗的・物質主義的な生き方を超えた人生」を求めている人をも排除することになるからである。

その意味でも、スピリチュアルな関心事を万人に開かれたものにするためには、「問い」の位相に定位することが重要なのである。現世的・物質主義的な自己のあり方を疑問に付し、それでは満たされないものを求めるに至ったなら、人はすでに「問い」のスピリチュアリティに入っている。自らの思いを「スピリチュアル」と表現できる。一定の「答え」を前提しないからこそ、さまざまなスピリチュアルな「答え」を求めてゆく窓口ともなる。それは古来の言い方を用いて、「発心」「菩提心」と言い表せるかもしれない。

（2）スピリチュアリティの「深さ」の問題

「問い」と「答え」の区別は、一面ではスピリチュアリティの「深さ」の問題ともかかわってくる。スピリチュアリティに深さの度合いがあるのは確かであろう。安藤ら[1],[6]は鈴木大拙の「日本的霊性」論を、スピリチュアリティの最も深いレベルでの自覚を表現したものと見ている。逆に言えば、より浅いレベルのスピリチュアリティも成り立つわけである。あるいは中川[8],[21]がスピリチュアル教育に関して、「さまざまな宗教についての知的教育」「生きる意味と魂の教育」「自覚と瞑想の教育」という段階を設けたのも、「深さ」の度合いを踏まえた議論として理解できる。

「問い」のスピリチュアリティは、より深いスピリチュアリティに入ってゆくための最初の段階として位置づけられる。何らかの具体的な方向性をもった「答え」のスピリチュアリティは、すでにある程度の深まりを示した段階だといえよう。スピリチュアルな自覚がさらに進めば、鈴木大拙の霊性のような境地にまで達しうるかもしれない。ただし、このような非常に深い境地は、多くの人にはすぐに近づきがたいものと受け取られても無理はない。「問い」の位相を、最も浅い、逆に言えば最も近づきやすい段階として位置づけることで、スピリチュアリティはますます、万人の問題として理解でき、ますます多くの人が、より深まったレベルに入ってゆく機縁も得られるのではないだろうか。

（3）多様な側面の統合

「問い」と「答え」の位相を分けることのいまひとつの意義は、これまでのスピリチュアリティのさまざまな定義を、「答え方」の諸相として多元的に位置づけられることである。スピリチュアリティを「水平方向」と「垂直方向」とに、つまり「他者や自然との、いのちのつながり」と「超越的なもの、聖なるものとのかかわり」とに区別することはよく見られる議論である。これらはスピリチュアルな「問い」に答えようとする２つの方向として受け止めれば、単なる区別にとどまらない、根本でのつながりも見いだすことが容易となる。西平[10]は先に挙げた以外にも「精神性」「身体的感性」「いのちとのつながり」「気の流れ」など、実に多くの訳語案を挙げている。

なかには一見相容れないように映るものもある。だがこれらはスピリチュアルな「問い」を起点にした「答え」の方向の多様性として理解すれば、ほかの方向を排除する必要はなくなる。エルキンス[2]は「芸術」「身体」「神話」など8つのスピリチュアリティの道を示しているが、これはまさに「答えの多様な方向性」をはっきり示した議論といえよう。同時に、スピリチュアルな問いに答えようとするもの、という共通性を見据えることで、多様な位相の間の内的な連関を、深さや方向の違いを見据えたうえで探るという道も開かれる。「問い」と「答え」との区別は、こうした発見法としての効果も期待できるのである。

（4）批判的視点の導入

またスピリチュアリティを「問い」の次元から考えることは、この問題に批判的・反省的な視点を導入する役割もはたす。先に「スピリチュアリティの標準化」に対する辻内の批判を引いたが、これは一定の「答え」に、スピリチュアリティのすべてを閉じ込めようとする立場への批判だといえる。結果としてその豊かな意味の広がりと深みが切り捨てられることへの憂慮なのである。多様な「答え」の可能性を含んだ「問い」の位相にたえず引き戻して考えることで、こうした事態の問題性を、より明確に示すことができるだろう。

「特定宗教へのかかわりを離れた」ことを標榜するスピリチュアリティの立場が、「あらゆる宗教に共通の核心」を主張するに至ることは往々にしてある。だがどこに「諸宗教の核心」を見いだすかは論者によって分かれる可能性が高く、結局は特定の宗教・思想に偏した立場、つまり何らかの「答え」のスピリチュアリティを普遍化するだけに終わる危険が高い。すでに西平[9]がマズローの心理学的宗教論に即して、こうした変質の事例をたどっている。また葛西[5]は現在の日本での「スピリチュアリティ」の用例を検討し、そこには「福音主義者の祈りやヒューマンケア専門職の理想としての〈成長〉モチーフ」が反映されていることを指摘する。こうした特定の価値観が「スピリチュアリティ」の名のもとで一般化される危険には十分に警戒すべきであろう。それは特定の信仰・思想を万人に課そうとするのと変わら

ないからである。

　教育の文脈ではすでに問題が起こっている。「特定の宗教に限定されない宗教心」を公教育で培おうとする「宗教的情操教育」の推進論は、一見スピリチュアリティの立場に近い。だがたびたび唱えられてきたこの主張は多大な異論を招いてきた。推進論者の主張が神道の立場に近いことはしばしば指摘されるが、根本的な問題は一定の「答え」のスピリチュアリティを普遍化し、万人に課そうとしたことであろう。そして戦前の日本で、「公正な宗教的情操の滋養」の名のもと、国家神道教育が推進された歴史的事実もある。筆者もスピリチュアルな教育は強く支持するが、こうした過去の論議と同じ轍を踏まないように留意しなければならない[注4]。その意味でも、スピリチュアリティをたえず「問い」の次元に引き戻して考える、という反省的な姿勢は欠かせないのである。

　「問い」の位相は、第1にスピリチュアリティの出発点としての意義をもつ。だがスピリチュアルな探究がより進んだ場面でも、その反省的な契機として相伴っているべきものかもしれない。先に「問い」のスピリチュアリティは超越志向の「答え」との緊張関係にある、と論じたが、逆に「答え」のスピリチュアリティも、常に「問い」との緊張関係にある必要がある。自らの見いだしたスピリチュアルな答えの方向は、はたして究極的なものか。それは個人的なレベルの探究にとどまっていて、他者や自然とのつながりを欠いてはいないか。逆に、そうした水平方向のつながりに目を向けるばかりで、単に自然主義的な次元のものをスピリチュアルなものとみなしてはいないか。そうした「問い」は、スピリチュアルな探求、実践のいかなる段階においても求められるといえよう。いわば「増上慢」への戒めの契機として、「問い」のスピリチュアリティが機能しうるのである。この意味で「問い」のスピリチュアリティにも、深さの度合いを認めるべきであろう。

4　おわりに

　本稿では、「スピリチュアリティ」をいかに理解するか、という問題に向き合い、「問い」と「答え」の位相を区別する、という戦略を提示した。そ

して「問い」の位相を出発点におくことから開かれる、スピリチュアリティの問題への展望を探ってきた。これを通じて、スピリチュアルな関心事をより広範な人たちのものとする道や、錯綜するスピリチュアリティの諸規定をめぐる問題に対する1つの見通しを、いくばくかでも示すことができた、と信ずる。この位相の区別に基づいた議論をさらに発達させ、いっそうスピリチュアリティの問題にいっそう有望な見通しを提供することはさらなる課題となるだろう。

　本稿では「問い」のスピリチュアリティに即した論に徹したが、筆者自身もまた、「答え」のスピリチュアリティに関して、一定の立場と方向性をもちろん有している。それはA. N. ホワイトヘッドの哲学に源流を有する「建設的ポストモダニズム」という思潮である。これは科学的唯物論のような近代の支配的世界観を「脱構築」しつつ、スピリチュアルな生を有意味なものにする有機体論的・生命的世界観を「再構築」とようとする、新しい形の「ポストモダニズム」である。筆者はこの思潮を、V. E. フランクルの実存分析の洞察とを結び合わせることで、「かけがえのない実存的自己」を問う視点、自らを答え何かからの呼びかけに答えて成り立つ「ポストモダンの実存」のあり方を追究している[5]。ここでの探究を、「問い」のスピリチュアリティとの関連で問い直してみることも、本稿の問題意識をより具体化させるためにも、今後展開したい課題である。

注
注1　参照した論者には「霊性」の訳語を用いている例もある。だが統一のために、鈴木大拙の「日本的霊性」のような場合を除き、「スピリチュアリティ」に一本化させていただいた。
注2　「答え」といっても多くは「最終解答」を与えるのではなく、あくまで一定の方向づけを示すものだから、この言い方は誤解を招くかもしれない。本稿では「問い」との対比のために「答え」という呼称を採用したが、用語法については再検討の余地があろう。
注3　実存的に問いぬかれたものであれば、その答えが無神論的、自然主義的なものでも、広義には「スピリチュアリティ」に位置づけてもよいかもしれない。たとえば「神は死んだ」と力強く宣言し、一切の超越的な目標を排して「運命愛」に生きる超人たることを説くニーチェの哲学に、深くスピリチュアルなものを感じとる人は

多いだろう。
注4 筆者自身の立場に関しては「宗教的関心教育の展望」(「宗教と社会」9, 2003) を参照。ここで「最広義の宗教」と呼ばれているものは、「問いのスピリチュアリティ」とほぼ重なる。「問いのスピリチュアリティ」に基づいた教育を、というのが筆者の提言である。
注5 こうした筆者の立場に関しては、「ポストモダンのもうひとつの流れ」(「比較文明」17, 2001) および「ポストモダンの実存——V. E. フランクルの実存分析への新たな展望」(「トランスパーソナル心理学／精神医学」5 (1), 2004) などを参照。

文献

1) 安藤治・結城麻奈・佐々木清志「心理療法と霊性——その定義をめぐって」(「トランスパーソナル心理学／精神医学」2 (1), 2001)
2) エルキンス, D. N.『スピリチュアル・レボリューション』大野純一訳, コスモス・ライブラリー, 2000
3) 井上順孝編『現代日本における宗教教育の実証的研究』科研費報告書, 2000
4) 井上順孝「中等教育・高等教育における宗教の扱い」(「基督教研究」63 (2), 2002)
5) 葛西賢太「『スピリチュアリティ』を使う人々」湯浅泰雄編『スピリチュアリティの現在』人文書院, 2003
6) 川浦佐知子「エコサイコロジーと霊性——『自然としての自己』の目覚め」(「トランスパーソナル心理学／精神医学」5 (1), 2004)
7) 森岡正博『宗教なき時代を生きるために』法蔵館, 1996
8) 中川吉晴「『教育における霊性』について」(「トランスパーソナル心理学／精神医学」4 (1), 2003)
9) 西平直「ヒューマニスティック心理学の宗教理解」島薗進・西平直編『宗教心理の探究』東京大学出版会, 2001
10) 西平直「スピリチュアリティ再考——ルビとしての『スピリチュアリティ』」(「トランスパーソナル心理学／精神医学」4 (1), 2003)
11) 西平直「人間形成における宗教性(スピリチュアリティ)の問題——若い人たちとの話から」(「教育」53 (11) (通号694), 2003)
12) 尾崎真奈美「教育現場におけるスピリチュアル・ヘルス」(「トランスパーソナル心理学／精神医学」5 (1), 2004)
13) 辻内琢也「スピリチュアリティの残照」湯浅康雄・春木豊・田中朱美監修『科学とスピリチュアリティの時代』ビイング・ネット・プレス, 2005

第3章

松本 孚
Makoto MATSUMOTO

平和の心理学が問いかけるもの

1 はじめに

　第1部の「スピリチュアリティとは何か」においても論じられているように、「スピリチュアリティ」にはさまざまな捉え方があり[1)18)27)]、関連諸学会の中でもまだ統一された定義を提案するには至っていないといってよいであろう。たとえば、各学者によっても、各宗教によっても、「スピリチュアリティ」の捉え方に違いがある。「よいスピリチュアリティ」と「悪いスピリチュアリティ」に分ける考え方があると思えば、「スピリチュアリティ」そのものは本来悪いものではないとする捉え方もある[22)]。また「スピリチュアリティ」を気づきの感覚や体験と捉えるか[19)]、それとも本来備わっている性質と捉えるのか[10)]、あるいは人間にだけあるのか、「仏性」や「気」のように動物、植物さらには無生物までも含む森羅万象すべてに宿ると考えるのか[7)26)]、「スピリチュアリティ」の概念だけをとっても課題は山積みの感がある。
　一方山積みといえば、われわれが生きている21世紀初頭の現状もまた20世紀にやり残した多くの課題が臨界に達しようとしている感がある。石油獲得競争に象徴される物質主義の行き着いた先は、自然環境の破壊やさまざまな汚染物質による人体への悪影響、社会構造や文化そしてコミュニティや家族の崩壊をもたらし、はては信頼関係や自分自身の基本的ニーズや人間的本性をも蝕み、まさに心にも体にも環境にも危機的な状況であるといえよう。

「スピリチュアリティ」の追究は、この現状にどんな貢献ができるのか。

平和の問題にしても、戦争の世紀といわれた20世紀が終わってほっとする暇もなく、9・11の世界貿易センタービル爆破に端を発し、アフガン空爆、イラク戦争に代表される紛争が世界を巻き込んでしまった。しかも市場至上主義の世界化という偏ったグローバリゼーションは、貧富の差のいっそうの拡大や、リストラという首切りやそれによる自殺やいじめ、過労死といった弱者を犠牲にする構造的暴力（戦争の重要な原因といわれる）を、会社、学校、病院、施設、家庭などに生み出している。

これらの問題は、一見キリスト教とイスラム教の宗教、民族および文化間の対立にも見えるし、石油資源をめぐる覇権争いといった人間の所有欲から来る「煩悩」どうしのぶつかり合いにも見える。戦争や平和に関する問題については、これまで「平和学」や「平和心理学」という分野があり、研究を進めてきている。また、いまだ統一された定義がないとはいえ「スピリチュアリティ」という概念は、宗教、民族、文化、「煩悩」の源と密接な関係を持っていると考えられる。

そこでこの章では、現代の危機的状況の１つである戦争と平和の問題を解決することを目的にして生まれた「平和学」と「平和心理学」を通して「スピリチュアリティ」という概念を再検討してみたいと考える。まず「平和学」と「平和心理学」の紹介を行い、次に「平和」という価値志向をもった実践的概念を通して見えてくる「スピリチュアリティ」の側面について考察したい。

2　平和の学問と「スピリチュアリティ」

平和の心理学の母体となっているのは、「平和学」という学問分野である。従ってまず先に「平和学」の起こりとその展開について簡単に紹介してから、内容的には「平和学」の一分野に属すると考えられる「平和心理学」について述べることにする。

（1）「平和学」の起源と展開[20]

「平和学」は、「平和研究（peace research）」とも「平和科学（peace science）」

とも呼ばれているが、英語圏では大学そのほかの教育機関におけるカリキュラム化された対象としての平和に関する教育と研究を指すという意味で「ピース・スタディーズ（peace studies）」とも呼ばれている場合がある。

平和についての研究と教育が登場したのは、英米両国、オランダ、ベルギー、ドイツなどにおいてであり、19世紀から1930年代までは一般に「平和の科学（science of peace）」と呼ばれていた。その後第2次世界大戦を経て、1950年代になってから平和の科学は、米ソ核戦争による世界の破局をどうしたら回避できるかという切実な問いに答えようとする学問として脚光を浴びるようになった。

平和学の最も簡潔な定義は「戦争の諸原因と平和の諸条件に関する研究」であり、この定義が初めて用いられたのは1963年に設立された国際平和研究学会（IPRA=international peace research association）の学会報告においてであった。日本では、1965年に日本平和研究懇話会が誕生し、やがて1973年にできた日本平和学会へと引き継がれ、現在は800人を超える学会へと成長した。日本の大学で平和学というタイトルの講座が産声を上げたのは1976年だったが、1996年には平和学という講座が28大学、平和研究という名の講座が9大学に設置されるようになった。

（2）平和学の特徴[20]

一見没価値的に見える自然科学などと比べると、平和学は、医学、保健学、臨床心理学、福祉学などの実践学と同様に価値志向的な学問分野である。平和学が、平和理論の仮説、検証、反証などにおいてその中心課題にしなければならないのは価値意識の問題である。平和学の方法と対象は不可分につながっており、たとえば、平和学の価値志向性という方法論的問題は、研究の対象である戦争や紛争、革命、自由と抑圧、支配と従属、正義と不正義、構造的暴力としての貧困などと分離し得ない。平和研究が社会にもたらした貢献の1つは「科学に良心を注入したことだ」と言われるゆえんである。

従って平和学の方法も、はじめに方法が確立していて、問題の解決にその方法を適用する「方法適用型」の研究態度よりは、むしろまず問題があって、その解決のためにあらゆる知識と研究方法が用いられる「問題追求型」

の研究態度が重要になると考えられる。ここから必然的に生まれてくる平和学の方法的特徴は、①学際的アプローチ、②システム論的アプローチ、③現場主義的アプローチである。

学際的アプローチの特徴は、原則として研究のプロセス全体がかなり開放的であり、研究成果の公表に至るまでの検証、反証、フィードバック機能による理論の修正と強化が容易なことである。平和学の場合上述したような理由で、図1に示すように、あらゆる専門に従事する研究者が平和学に参加しうるし、諸科学の前提を批判しながらも諸科学との共通基盤に立って平和学に有効と思われる成果や方法を摂取することができ、専門を異にする研究者たちが、専門の扉を開放し、情報を交換し、相互に交流し刺激しあうことができる。たとえば平和の心理学研究者と国際関係論研究者の相互交流や共同研究も可能である。

ここでいうシステム論的アプローチの特色は、平和学の母体となった国際関係論、経済学、政治学、社会学、社会心理学、教育学、応用倫理学などで発達した方法を部分的に適用するだけでなく、きわめて広範な領域にまたがっている戦争の原因や平和の条件問題を、ばらばらな個々の研究対象として見るのではなく本質的に相互連関を持ったホリスティックなシステムとして捉える。

たとえば、システム論世界観では、人間は自然の一部と見なされ、人間と自然の間の緊密なつながりと調和的な相互依存関係は交換不可能な要素からなる有機的システムとしての自然を前提としており、人間も自然も予測不可能な統一体である。人間の身体も相互関係をもった諸部分のシステムと見られ、精神と肉体は不可分である。このホリスティックな世界観では、社

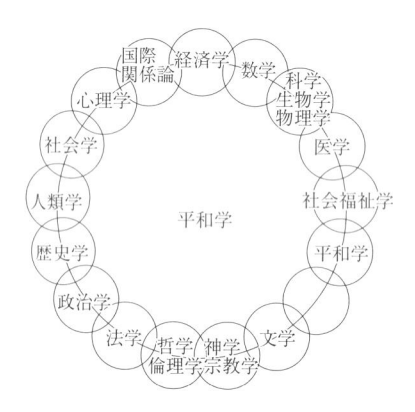

(出所) Aian Hanna Newcombe, Peace Research Around the World, Oakville, 1969 を基礎にしつつ、一部変更を加えたものである。

図1　ニューカムの図

会的、経済的諸部分からなる全体は、協力関係、相互関係にあり、柔軟性と適応性のある持続可能な発展が重視される。社会生活における生存競争的価値基準は、協力的価値基準によって置き換えられ、個人主義的労働意欲は、人と人、人と自然の適応と調和を促進する制度と実践に基づく多元的な寛容性と実験によって、調整される。人間文化の多様性を受け入れ、それらを優劣のない平等な価値を持つものとして認識し、持続可能性と成員の満足度のみを尺度にしてランクづける。この全体は惑星（地球）上の生命の脈絡、ウェブであり、前提条件である。物質的な権力欲でなく、情報、教育、コミュニケーション、ヒューマン・サービスによる政治経済が再建される。

最後に平和学における現場主義的アプローチ（エクスポージャー）について少し説明しよう。この方法は、文化人類学や精神医学、臨床心理学などのように、フィールドや臨床現場に自ら出掛けて行き、参加観察する中で体験的に研究していく方法である。平和という価値を実践的に研究するという平和学の特徴は、単に客観的に対象を観察するだけの研究者ではすまない主体と客体の双方向的関係が成立するという点で、自己をさらに深く追究する可能性を示していると考えられる。

（3）平和心理学の登場

平和は、国際関係や社会経済的問題であると同時に、個人や集団の心理的問題でもある。前述したように学際的アプローチをとる平和学においては、当然心理学の重要性は意識されていた。しかし平和心理学という学問分野が生まれてきたのは、平和学からではなく心理学からであった。杉田明宏は、平和心理学を、平和研究の一分野であり、かつ心理学の応用分野でもあると位置づけている[25]。

1984年に国際心理学会がメキシコのアカプルコで開催され、国際心理科学連合（IUPsyS: 全世界の心理学団体の連合体・上部組織）の中に平和心理学研究委員会（CPSP: Committee for the Psychological Study of Peace）が発足、このときが平和心理学元年といわれている。その後アメリカでは、アメリカ心理学会（APA: 会員数7万人）の第48部会「平和心理学部会」Division of peace psychologyが発足し約2000人の会員がいる。機関紙は、90年代に入ってか

ら『平和と紛争（Peace and Conflict）』という雑誌が発行されている。平和心理学のテーマは幅広くさまざまで、偏見の問題、攻撃性とその行動、紛争解決、和解の問題、戦争指導者や政治指導者を含む指導者の心理、などが扱われている[11]。

日本における平和心理学は3つの時期に分けられる。第1期は、1984年に「平和のための心理学者懇談会」ができる前までの時期、第2期はそれから1990年に日本で国際応用心理学界が開催されるまでである。この年、それまでの日本の平和心理学研究を集大成した『平和心理学のいぶき』が刊行され、

社会心理学	偏見・差別・ステレオタイプ／エスノセントリズム、ナショナリズム／攻撃行動／向社会的行動（愛他行動・援助行動）／同調・服従／紛争解決研究（発生原理・形態・解決方略）／緊張緩和理論 GRIT（オズグッド）／原因帰属の誤り／内集団・外集団／集団システム（民主的 vs 権威的）／説得的コミュニケーション／デマ、流言飛語、群集心理／エネミー・イメージ／ミラー・イメージ（ブロンフェンブレンナー）
臨床心理学 （精神分析・精神医学）	攻撃性の低減／戦争神経症／被爆者の心理過程／極限状況の心理（戦闘状況・強制収容所・飢餓状況等）／臨死体験・「悲嘆」の心理／戦争生存者の「罪の意識」／PTSD／「恨み」・報復要求の処理／認知行動療法／自己肯定感、セルフ・エスティーム
発達心理学 （乳児・幼児・児童・青年）	戦争・平和・命の概念の発達／偏見の発達／攻撃行動の発達／アイデンティティー形成過程と阻害／国家アイデンティティーの発達
教育心理学	平和学習の方法／平和・暴力・戦争等の概念形成
学習心理学	モデリング（平和モデル・暴力モデル）／援助行動学習
認知心理学	偏見・ステレオタイプの情報処理過程／ソーシャル・スキル
人格心理学	セルフ・エスティーム、自尊心／権威主義的パーソナリティー
歴史心理学	歴史的経験　歴史的認識
犯罪心理学	暴力犯罪の規定因と矯正理論
コミュニティー心理学	暴力的システムへの介入方略
災害心理学	パニック時の心理と行動／被害者・被災者へのケア、ソーシャル・サポート／デブリーフィング（被災体験の意味づけ）
異文化間心理学	異文化接触・文化摩擦・文化受容
政治心理学	政治指導者の心理／政策決定過程への心理的諸因の影響／（開戦・停戦・和平プロセス）
健康心理学	予防モデル　健康概念
環境心理学	バリアフリー　テリトリー行動

表1　平和心理学の研究テーマ

この学会の中で紹介された[9]。第3期は、90年代から現在までである。杉田明宏は、「平和心理学は平和研究と同様かそれ以上に分野として未成熟で、実際の具体的研究では、平和創造への寄与という指向性は共有しつつも、各研究者の出身分野の心理学方法論に立脚して進められている」と述べており、これまで既存の研究領域ごとに取り組まれてきた、もしくは、今後取り組む可能性のある研究テーマを**表1**のようにまとめている（**表1参照**）[25]。

たとえば、**表1**を見ながら思いを巡らすならば、まず社会心理学の分野では、偏見や差別、攻撃行動、同調、紛争解決、集団間の問題、デマ、群集心理などのテーマが考えられる。臨床心理学の分野では、戦争神経症、罪の意識、PTSD、被害者の救済、和解、交流分析を使った集団（国家を含む）間対立の理解とその対処法、非暴力テスト（NVT）による非暴力度の測定、臨死体験などのテーマが考えられる。同様に、発達心理学や教育心理学の分野では、子どもの成長に大きな影響を及ぼす戦争、直接的暴力、構造（間接）的暴力、いじめ、虐待などのテーマが考えられる。そのほかにも、認知心理学的偏見の捉え方、非暴力的な対人的、対集団的関係を形成するための学習心理学的アプローチ、健康心理学の予防理論による戦争予防の検討、異文化間心理学の知見を利用した平和の文化創造の研究、環境心理学や生態学的（ecological）心理学を応用した戦争の連鎖と平和の連鎖および 戦争サイクルと平和サイクルの研究などが考えられる[12]。

（4）平和学と平和心理学が目指す価値

平和という価値概念をどのように捉えるかについては、平和学も平和心理学もともにヨハン・ガルトゥングの「積極的平和」の考え方を重要視している。すなわち、平和とは戦争のない状態であるといった「消極的平和」の考え方が、完全な暴力的支配と抑圧により戦争さえもできない状態を含む恐れがあるのに対し、「積極的平和」の概念は**図2**に示すように暴力の問題を考慮した幅広く深い平和の概念である[3]。

この図は、暴力を「その人が持つ肉体的かつ精神的な潜在的実現可能性を低める人為的影響力」と捉え、それがある対象の身体や心に直接的に加えられる場合を「直接的暴力」、貧富の差などの社会的不公正といった社会構

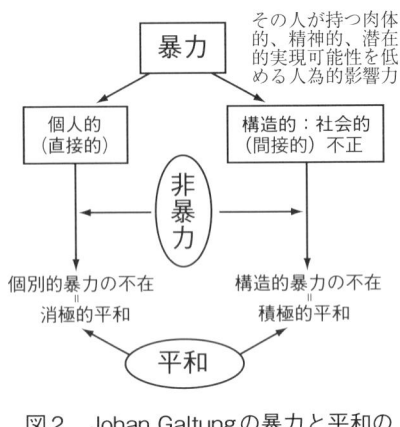

第2部　現代心理学および関連諸領域のなかで

図2　Johan Galtungの暴力と平和の拡大概念と非暴力

造上の問題により間接的に加えられる影響を「構造（間接）的暴力」と定義したことを示している。そして武力そのほかによる直接的暴力がない状態のみを「消極的平和」、はっきりとは見えない構造（間接）的暴力も存在しない状態を「積極的平和」と定義し、どちらの平和も非暴力の実践によってこそ有効に達成可能であることを示している。

このガルトゥングによる暴力と平和の定義の中には、「潜在的実現可能性」とか「非暴力」といった奥深い概念が含まれており、後述するようにスピリチュアリティの価値的側面や実践的側面へとつながる可能性を示唆していると考えられる。

（5）平和とスピリチュアリティ

現在までのところ、平和学の場合も平和心理学の場合も平和研究の中でスピリチュアリティが中心的テーマとして扱われたことは非常に少ないといってよいであろう。筆者の知るところ2006年5月までではわずかに平和学会のニュースレターにおいて、民間信仰のスピリチュアルな対象や[17]、個人と集団がその本来性（潜在的実現可能性）を全うし人類として永続しうるための自然生態系を含む諸条件のすべてである「サブシテンス」とのつながりでスピリチュアリティが紹介されていたに過ぎない[6]。

しかし、応用心理学や臨床心理学の分野においては、特にスピリチュアリティという用語は使わなくても、平和に影響すると思われるスピリチュアルな側面について言及した研究がある。たとえば、ナンシー・ルーフは、瞑想と内省（self reflection）によって平和の原理（principles of peace）を日常生活に具現化することを通して平和構築（peace making）を目指すというトランスパーソナル・アプローチを提案している[21]。

また信田さよ子は、嗜癖（addiction）の中には一方が他方を支配し続けようとしパワーゲームの基にもなる「支配嗜癖（control addiction）」があると言う。これは虐待から戦争に至るまでの多くの紛争や社会的抑圧の水面下の要因になっている場合が考えられる[24]。シェフ（Schaef, A.W.）は、こうした嗜癖の心理構造が、実はそれを支える「嗜癖システム」と呼ばれる社会環境によって変容を困難にさせられていると述べており、回復の方法として、その人の霊性（higher power、宇宙のプロセス、神の意思とも表現している）を呼び覚ます12のステップを踏むことで健全な親密さによる関係プロセスである「リビング・プロセス（living process）」を呼び覚ましていく実践法を提唱している[23]。ホーキンズ（Hawkins, D.R.）もまた自助グループによる嗜癖の回復には、本当のことを言い、偏見のない心と向上する意欲を前提条件にした何らかのスピリチュアル性が必要であると述べている[8]。
　このようにわずかではあるが、平和とスピリチュアリティのつながりについての新しい研究が生まれ始めてきていると考えられる。しかしなんと言っても平和とスピリチュアリティについて実践的に追究してきたのは非暴力運動の分野においてであろう。

1）非暴力とスピリチュアリティ
　Macnair, R.M.は、平和の心理学にとって重要な影響を及ぼす「非暴力」を作り上げる要素として、「道徳の発達（moral development）」、「オペラント条件付け」、「技術」、「心の回復力（resilience）」、「信念と情動」、「勇気」、「寛大さ」、「曖昧さへの寛容」、「コミットメント」、「ストレス解消」などと並べて「スピリチュアリティ」をあげている。非暴力は古くからスピリチュアリティと関係があり、紀元前のインドのアショーカ王は、仏教に改宗することによって戦争傾向のある王から平和的な王に変わったと伝えられている。またマハトマ・ガンジーも、スピリチュアリティを非暴力の重要な要素と見なしていた[13]。
　非暴力を日常生活から国家間の問題にまで浸透させようと実践した代表的人物のマハトマ・ガンジーは、断食や瞑想や神への祈りを通して体と心を浄化し、真理（実）の把持とか実現と呼ばれるサッティヤーグラハ

(satyagraha)による非暴力運動を進めてきた。ガンジー自身も、「非暴力は、最も高いレベルの活動力である。それは魂の力、あるいは我々の内なる至高存在の力である。我々は、非暴力を実現すればするほど、神に近づく」と述べている[5]。

　前述のホーキンズは、力を、物質世界に由縁し自分の目に見える「フォース（force）」と実際には目に見えない人間の心から生じるが人力ではまったくコントロールすることのできない根源的な「パワー（power）」にわけ、ガンジーの非暴力運動について述べている。すなわち「フォース」の特徴は、暴力、私欲的、異議を許容できない、傲慢さ、すべての答えを知っているかのような気取り、一人の個人もしくは機関のためになるよう生命を利用する、分裂を生じさせその分裂によって弱くなる、押しのける性質があり自分のために行動する、私たちの低い性質を好み、結果のためには手段を選ばないという意味で都合のいいように自由を裏切り早くて簡潔な結果を提供する、などである。他方、「パワー」の特徴は、暴力を禁じ、無我であり、通常はあまり魅力を感じさせず、謙虚で気取らない、生命を支え統一し引き寄せる傾向があり、本当の敵はいないが自分たちにとって利益にならないと考える人たちによって反対されることもある、ほかの人のためになり、私たちの高い性質を好み、限界がない、手段と結果は同じで矛盾しないが、結末が実るために成熟と試練や忍耐を必要とする、などで表現されている[8]。

　ガンジーが敬意を示した原理の基本とは、人間には本来、気高さが備わっていることと、自由への権利としての主権を持ち、自己決断するものであるという信念であり、彼は、「人間を創造した神によって、人間が与えられたそのような権利は真実である」ということを訴えた。ガンジーにとって人権は、地球上の権力によるものでなく、人間の創造によって受け継がれる人間自身の性質として深く根付いているものであった。したがって彼は、フォースの代わりにパワーに基づいて行動し、すべての暴力を禁じ、万人共通の宇宙原理を言い表すことによって人々の意志を結束させ、権力に征服されがたい状態を作り出したと考えられる。宗教は、歴史的にも、今日に至っても、フォースと密接に関係している場合がよくある。しかし、ガンジーのパワーの基本は、「忠誠」、「自由」、「平和」といったすべての人間に関わる精神性

やスピリチュアリティにつながるものであり、不和を起こさず、争わず、戦争をしない、「非暴力」といった行動に表されてきたと考えられる[8]。

　もちろん「非暴力」という概念が、何の対立も紛争もないことをよしとすることを意味しているわけではない。筆者は、非暴力を「多様な欲求や意見、価値観が存在することの大切さを前提にしたうえで、万物の中に宿るよい方向に向かおうとする自然なプロセスの中で、お互いの心の成長を通して相互に自己実現していく力」と捉えている[15]。ではこうした対立や紛争を解決することとスピリチュアリティはどう関係しているのだろうか。

2）　紛争解決とスピリチュアリティ

　改めてここで使う「紛争（コンフリクト）」の意味を定義するなら、「ある行為者（たち）の行動や目標が、ほかの行為者（たち）と両立しないような相互作用状態」であり、「紛争（コンフリクト）解決」とは「紛争当事者同士が、暴力によらず、万人の幸福、健康、自己実現といったよい方向へ向かうプロセスを前提にした意識的あるいは無意識的な得や満足を得られる状態」と定義して使用する[15]。

　この紛争解決の方法について筆者が調べたところでは、2006年5月現在で約26種類の方法があり、さらに増えると思われる。この中でスピリチュアリティに関係のある方法について紹介したい。前述した新しい平和概念の提唱者であり平和学の父とも呼ばれるガルトゥングは、この分野でも平和的手段による紛争転換（conflict transformation）の方法である「超越（トランセンド）法（transcend method）」を使った実践的研究を行っている[4]。彼は、紛争を転換していくために考慮される体や物質（body）のレベルや心（mind）のレベルだけでなく、さらにより深いレベルであるスピリチュアリティについて触れている。それによると、「スピリチュアリティとは、本質的（essential）、肯定的（positive）そして知的にも、感性的にもプログラム全体を内省する力（capacity to reflect）と創造力（creativity）を含むものである」と解釈することができる[15]。

　実際にこのトランセンド法を適用する際、ガルトゥングも述べている紛争の5つの基本的結果（①②どちらかが勝ちどちらかが負ける、③紛争から回避、

後退する、④妥協、⑤超越）の中でも５番目の超越に至るためには、スピリチュアルな創造性を発揮することが必要なのではないかと思うことがしばしばである。

　ガルトゥングの言うスピリチュアリティとは少しニュアンスがちがうが、ミンデルもまたその著書「紛争の心理学」において、「ワールドワーク」という主にロールプレイを使ったグループワークを通して紛争解決を行う際に、スピリチュアリティのレベルに対する考慮を大切にしている。彼は、全体論（holism）的立場から、「ワールドワークのグループ参加者たちは、体験している紛争の渦中にあって無意識の深い根を自覚することにより、生命の流れを解放し自然な成長を促し新たな共同性を創造することができ、それは目に見えないいわば隠れた内臓秩序（暗在系 implicate order）を通してミクロな個や集団からマクロな社会や世界へと伝わっていく」と考えている。従って例え小さなグループの中で生じた紛争解決でも、それは国家間や民族間の紛争解決に影響を与えることができると考えるのである[16]。

　ガルトゥングやミンデルが第３者を仲介者（mediator）やグループ・ファシリテーターとして紛争に対処しているのに対し、ルイーズ・ダイヤモンド（Diamond, L.）は、「全体というシステム」と「平和のスピリット」というキーワードを使って、個々人が当事者として紛争を解決し、家庭から世界までの平和を構築していく可能性について多くの事例をあげながら説明し、そのスピリチュアルな実践のレッスンを紹介している[2]。

　彼女のいう「全体のシステム」とは、自分たちが同じ「本質」をともにしていること、つまり私たちは皆一体であり（「一体性 oneness」）、創造物のより大きな「全体」の一部であり、ほかのすべての部分に結びついているということ、しかも私たちの内側にはその「全体」の種子ないし潜在可能性が備わっているということである。言い換えれば、私たちはおのおの独特の個人であると同時に、足下を流れる地下水のような一体性という、より大きな流れの一部でもあり、１組のホログラフィックな入れ子状に重なったシステムのように、一人ひとりが創造物全部を含んでおり、私たちの本性と宇宙（コスモス）の本質は同じということである。しかし私たちは、いつもそのことに気がついているわけではない[2]。

これに気づく方法は数限りなくある。たとえば、音楽、詩、舞踊、ドラムを叩くこと、自然に親しむこと、愛を交わすこと、深くリラックスすること、スポーツや祈りや瞑想で「ゾーン」を見つけることなどである。方法はさまざまだが結果は同じで、私たちが、この「ゾーン」（神、アラー、生命力、光、大霊、大母、純粋なエネルギー、聖霊など）に結びつく時、力づけられ、安全で活力に満ち、愛し愛されているように感じ、そのエネルギーを引き出すと、ヴィジョン、直感、創造力、シナジー（共働作用）、奇跡の力（精神、肉体、魂の源）などに近づくようになる。そこでくつろぐ時、私たちはわが家にいて、内なる平和を見出したと言える。「平和のスピリット」は、この場所からやってくると彼女は言う[2]。

　狭量な分離感覚、調和の欠如、対立、葛藤経験に直面しても、「よりよい道がある、平和は可能だ」と心の奥底で「わかる」時、その気持ちは、彼女が「平和のスピリット（精霊）」と呼ぶ、魂のスピリチュアルな型板（テンプレート）に埋め込まれた平和への内なる潜在可能性つまり私たちの意志によって目覚めさせられ活気づけられるのを待ちながら本性の中でじっとしている「生きた力（living force）」から出てくる、と考えるのである。すなわち「平和のスピリット」は、私たち自身の神性の現れであり、私たちに本来備わっている全体性の顕現でもあるということになる。しかも平和のスピリットは、天から降りてくる神々しい存在ではなく、あらゆる人間の心や体験に内在して破綻した関係を正すという困難なプロセスの中で目覚めさせられる固有の潜在能力、内なる生きた平和の力である。

　従ってダイヤモンドの平和の捉え方もスピリチュアルである。彼女は、平和を自分の心と魂から放射される特定の振動あるいは存在のダイナミックな状態として体験する。すなわち次の3つの流れとして捉える。①秩序、調和、統一性（まとまり）に関わる平和の「形而上的」流れ、②平静、静謐、落ち着きに関わる「静けさ」の流れ、③合意、一致、共感的関係（ラポール）に関わる「関係性」の流れ、である。そして①の創造物の秩序、調和、統一性を最高度の平和の基礎、真の平和を知るためにそこから汲みだすことのできる水源、源泉として、そこから②の内なる平和（私たち自身の内なる静けさ）と③の外なる平和（ほかの人々との正しい関係を結ぶ能力）を得る機

会が生じる、と考える。すなわちこの3つの流れは、どれか1つだけでは不完全で、一緒に働くことによって、個人的かつ集団的に、この自然な秩序に具体的な形を与え、人間のスピリチュアルな発達を促すと考えている[2]。

また平和に重大な影響を及ぼす暴力について、彼女は、暴力を人間の基本的欲求（愛と承認、安全と安心、所属と成長）が満たされないことに対する後天的な反応とみなしており、それは私たちが分離の心に陥っている時、「全体性」との本来的結びつきを思い出すことなしに自分自身を「個人」だと感じる時、はびこるのだと、考えている。従って、暴力の悪循環を断ちきるということは、私たちと「平和のスピリット」との結びつきを再確認することを意味する、と述べている[2]。

筆者にとってもスピリチュアリティとは、「万物の源に潜在する究極の傾向で、それは多様な個々の掛替えのない存在の意味（よさ）であると同時に、個を越え時空を越えた一なる全体の宇宙（神）の意思でもある。それは、自然治癒力（良能）のように、身体や心や社会や人工的および自然環境などを癒す力や性質として表れたり、慈悲のように万物と繋がり愛する共鳴（感）力や博愛性として表れたり、非暴力のように、真理から生み出される良心によって煩悩から解放された状態で問題を解決していくという究極の創造力や道徳性として表れたり、高次セルフ（higher self）のように自他の内外をありのままに見通し受け入れる観察力や知性として表れたりする」と考えられる。従って平和的に紛争を解決していこうとする場合、その各実践プロセスにおいても全実践を通しても、真の（よい）スピリチュアリティの解放と育成が重要であると考えられる[14]。

3 まとめ

「スピリチュアリティ」を「全体性（のシステム）」と「一体性」と捉え、その性質の1つが、本来つながっている個々人が調和していこうとする「平和のスピリット」の傾向だとするなら、平和心理学の目標の1つは、現代という全体性が忘れられ個々人が切り離され、利己的遺伝子が全体の調和を無視して暴走し、弱肉強食的抑圧と憎しみや暴力の連鎖を繰り返す社会におい

て、全（一）体性が持つ調和しようとする傾向に気づき見出し機能しやすくさせるよう促していくことではないだろうか。このことは、例えスピリチュアリティの中に全体を調和させようとする傾向があったとしても、その流れが妨げられたり滞ったりする状態が続くなら、破壊の方向に向かってしまう可能性も示唆しているのではないだろうか。

　今後もし平和の心理学とスピリチュアリティの心理学とが協力し合えるとしたら、それはともに「スピリチュアリティの中にある多様なすべてが繋がりあい調和へ向かおうとする傾向や力（平和のスピリット）」に気づき、それを育み活性化させるための実践的共同研究を進めていける時ではないだろうか。

文献

1) 安藤治・結城麻奈・佐々木清志「心理療法と霊性――その定義をめぐって」(「トランスパーソナル心理学／精神医学」2 (1); 1-9頁, 2001)
2) Diamond, L. :*The Courage for Peace :Daring to Create Harmony in Ourselves and the World*, Conari Press, 2000. (『平和への勇気――家庭から始まる平和建設への道』高瀬千尋訳, コスモス・ライブラリー, 東京, 2002)
3) Galtung, J.: *Violence Peace and Research*. Journal of Peace Research, 3; 1969. (『構造的暴力と平和』高柳先男・塩屋保・酒井由美子訳, 中央大学出版部, 東京, 1-66頁, 1991)
4) Galtung, J.: *Conflict Transformation by Peaceful Means: The Crisis Environment Training Program of the United Nations*, 1996. (『平和的手段による紛争転換――超越法』奥本京子訳, 平和文化, 東京, 2000)
5) Gandhi, M.K.: *My Religion*, Navajivan Publishing House, 1955. (『私にとっての宗教』竹内啓二ほか訳, 新評論, 東京, 2002)
6) 花崎皋平「サブシステンス、ピースフルネス、スピリチュアリティ」(「日本平和学会ニュースレター」16 (2); 13, 2004)
7) 春木豊『身・体と心・霊そして気―人間理解のキーワード』人体科学会,『科学とスピリチュアリティの時代―身体, 気, スピリチュアリティ』星雲社, 東京, 65-70, 2005.
8) Hawkins, D.R.: *Power VS Force*, Hay House. CA, 2002. (『パワーか、フォースか』デラヴィ・エハン, 愛知ソニア訳, 三五館, 東京, 212-222頁, 348-353頁, 2004)
9) 平和のための心理学者懇談会『平和心理学のいぶき』法政出版, 京都, 1990.
10) 伊藤雅之「新しいスピリチュアリティ文化の生成と発展」伊藤雅之・樫尾直樹・弘山達也編『スピリチュアリティの社会学――現代社会の宗教性の探求』世界思想社, 京都, 22-33頁, 2004.

11) 伊藤武彦『平和心理学の現状と課題』(「日本の科学者」34 (2), 38-41頁, 1999)
12) 伊藤武彦「攻撃と暴力と平和心理学」心理科学研究会編『平和を創る心理学——暴力の文化を克服する』ナカニシヤ出版, 京都, 9-31頁, 2001.
13) Macnair, R.M.: *The Psychology of Peace: An Introduction*, Praeger, London, pp.73-74, 2003.
14) 松本孚「紛争解決 (Conflict Resolution) におけるトランスパーソナル・アプローチの可能性について」(「トランスパーソナル心理学／精神医学」3 (1); 28-36頁, 2002)
15) 松本孚「非暴力トレーニングとトランセンド」井上孝代編『コンフリクト転換のカウンセリング』川島書店, 東京, 163-195頁, 2005.
16) Mindell, A.: *Sitting in the Fire*. Lao Tse Press, 1995.（『紛争の心理学』永沢哲訳, 講談社, 東京, 2001)
17) Mwangi, G.C.: *Chimurenge: Spiritual Attachment to Land in Zimbabwe*. Peace Studies Bulletin, 21: pp.9-13, 2002.
18) 西平直「スピリチュアリティ再考——ルビとしての『スピリチュアリティ』」(「トランスパーソナル心理学／精神医学」4 (1); 8-16頁, 2003)
19) 大谷栄一「スピリチュアリティ研究の最前線」伊藤雅之・樫尾直樹・弘山達也編『スピリチュアリティの社会学——現代社会の宗教性の探求』世界思想社, 京都, 3-19頁, 2004.
20) 岡本三夫『平和学——その軌跡と展開』法律文化社, 京都, 1999.
21) Roof, N.: *A Transpersonal Perspective on Peacemaking*. ICAP, 22nds; 127, 1990.
22) Scotton, B.W., Chinen, A.B., Battista, J.R.: *Textbook of Transpersonal Psychiatry and Psychology*, Basic Books. NY, 1996.（『テキスト／トランスパーソナル心理学／精神医学』安藤治・池沢芳郎・是恒正達訳, 日本評論社, 東京, 254-266頁, 1999)
23) Shaef, A.W.: *Escape from Intimacy: Pseud-Relationship Addictions Untangling the "Love" Adictions: Sex.Romance. Relationships*, Harper & Rou Publishers, 1989.（『嗜癖する人間関係——親密になるのが怖い』高畠克子訳, 誠信書房, 東京, 1999)
24) 信田さよ子『アディクションアプローチ——もうひとつの家族論』医学書院, 東京, 1999.
25) 杉田明宏「平和心理学から見た『心のノート』問題」岩川直樹・船橋一男編『「心のノート」の方へは行かない』子供の未来社, 東京, 188-207頁, 2004.
26) 梅原猛「アニミズムと生物学」朝日新聞, 18, 8.23, 2005.
27) Wilber, K.: *The Eye of Spirit :An Integral Vision for a World Gone Slightly Mad*, Shambhala Publications, Inc.（『統合心理学への道』松永太郎訳, 春秋社, 東京, 26-429頁, 2004)

第4章

中川　吉晴
Yoshiharu NAKAGAWA

「教育におけるスピリチュアリティ」について
トランスパーソナル心理学との関連で

1　ホリスティック教育とスピリチュアリティ

　スピリチュアリティは、今日、人間科学の実践的分野、とりわけ臨床心理、ソーシャルワーク、看護、医療、教育などの分野において、もっとも重要なテーマのひとつになっている。その背後には多文化社会における宗教的多様性（religious diversity）の浸透や、個人のスピリチュアルな関心の高まりといった現象がみられる。本章ではとくに「教育におけるスピリチュアリティ」をめぐる最近の議論をとりあげ、それとともに（若干ではあるが）その議論をトランスパーソナル心理学と結びつけて考察してみたい。というのも、トランスパーソナル心理学がスピリチュアリティの理解を深め、また教育がスピリチュアルな実践論を深めるなかで、両者は互いに結びつきを強めているからである。
　トランスパーソナル心理学と教育がはじめて結びついたのは、1970年代におこった「トランスパーソナル教育」[注1]においてである。しかし、この試みは萌芽的な段階でたち切れになり、あまりみるべき成果をあげていない。その後トランスパーソナル教育は1980年代に「ホリスティック教育」[注2]のなかで受け継がれ、大きな進展をみせた。ホリスティック教育のなかにはトランスパーソナルな志向をもつ教育研究者たちが結集していたのである。そして、そのホリスティック教育のなかで現在もっとも盛んに議論されている

のが「教育におけるスピリチュアリティ」である。それゆえ、この一連の流れのなかに、トランスパーソナル心理学が現代教育に与えた重要なインパクトを読みとることができる。

さて「教育におけるスピリチュアリティ」とは、おもに1990年代に入って北米の教育界のなかで登場してきた一連の論議や研究や実践を指している。たとえば、ホリスティック教育の主要な学術誌である「エンカウンター」(*Encounter: Education for Meaning and Social Justice*, Holistic Education Press 本誌はロン・ミラーを主幹とする1988年創刊の *Holistic Education Review* から改称されたもの) では、これまで数回にわたってスピリチュアリティが特集としてとりあげられているが、それだけでなく、スピリチュアリティに関する論文は、ほとんど毎号のように掲載されている。これに加えて最近では多くの研究者や実践家たち[注3]によって、「教育におけるスピリチュアリティ」をめぐる論集や著書[注4]がつぎつぎと刊行されている。現在こうした動向には、ホリスティック教育ばかりでなく批判的教育学[48]や変容的学習論[49]といった社会変革派の論者たちも一部かかわっており、さらに宗教的多元主義 (religious pluralism) の唱導者や、(宗教の側から) 宗教とスピリチュアリティを連続的にとらえようとする人たち[23]も参入してきている。

このような昨今の出版状況にあって注目されるのは、北米最大の非営利教育組織のひとつASCD (Association for Supervision and Curriculum Development) によって刊行されている有力誌 *Educational Leadership* が、1998年の暮れに「教育のスピリット」と題する特集号[3]を組んだことである。そこでは公立学校のなかでスピリチュアリティをどう扱っていくのかが、さまざまな立場の人たちによって議論されている。この特集号は、その画期的な試みが評価されて全米出版協会の優秀賞を獲得した。これまで教育界はこうした争点の多い問題を避けて通ってきたのだが、教育におけるスピリチュアリティという重大な問題を看過できなくなったのである。

この分野の指導的思想家であるパーカー・パーマーは、この雑誌のなかでも巻頭に登場するが、彼の立場を少しみておくと、パーマー[51]は国家と教会の分離 (政教分離) という憲法の立場を擁護し、学校に特定の宗教をもちこむことに反対し、「いわゆる〈学校での祈り〉もふくめて、私は公教育の

第4章 「教育におけるスピリチュアリティ」について

なかにどんな形の宗教をもちこむことにも反対する」(p. 6) という。これにつづけて「しかし、教えること・学ぶこと・生きることにふくまれるスピリチュアルな次元を探究するための、どんなやり方にも賛同する」(Ibid., p. 6) と述べている。このようにパーマーは、スピリチュアリティと宗教を明確に区別しているが、スピリチュアリティの意味については以下のようにとらえている。

〈スピリチュアル〉ということで、私はどんな信仰の伝統にもある信条を意味しているのではない。……私が意味しているのは、古代から今につづく人間の探究心、つまり、自我よりも大きな、もっと信頼できる何かとのつながりを求めることである。それは、自分自身の魂とのつながり、他の人とのつながり、歴史や自然とのつながり、スピリットの見えない息吹とのつながり、生きていることの神秘性とのつながりを探究することである。(Ibid., p. 6)

パーマーのいうスピリチュアリティとは、トランスパーソナルな存在次元とのつながりの探究という意味である。それは私たちの生活のなかでは、さまざまな深い「問い」となってあらわれる。つまり、人生に意味や目的があるのか、私は世の中に貢献できるのか、不安や恐れをのりこえられるのか、苦しみにどう立ち向かうのか、死とは何かといった実存的な問いである。パーマーによれば「教育におけるスピリチュアリティ」とはこうした問いを大切にすることである。実際のところ、それらは教育の日常的営みのなかに埋め込まれている。「スピリチュアルなものは、それに気づこうが気づくまいが、公教育のなかにいつも存在している。スピリチュアルな問いは、あらゆる教科のなかに埋め込まれている……。スピリチュアリティ——つながりをもとめる人間の探究——はカリキュラムのなかにもちこまれたり、つけ加えられたりする必要のある何かではない。それはあらゆる教科の中核にあり、引き出されるのを待っている」(Ibid., p. 8)。教科の学習を生徒の実人生と結びつけることによって、教育はこうした問いにかかわってゆくことができるのである。

第2部　現代心理学および関連諸領域のなかで

　「教育におけるスピリチュアリティ」については国際会議もたびたび開かれている。コロラド州ボールダーにあるナローパ大学（Naropa University）は、1997年以降「教育におけるスピリチュアリティ」と題する国際会議を開催してきた。ナローパ大学は、欧米にチベット仏教を広めたことで知られるチョギャム・トゥルンパによって創設され、仏教をとり入れた幼児教育や教師教育のプログラムをもっている。1997年の第1回会議は、ホリスティック教育や宗教学の分野の著名人を招いて開かれたが、ダライ・ラマ14世も参加し教育について語っている（この会議の講演録はグレイザー[13]によってまとめられている）。

　少し紹介しておくと、ダライ・ラマ[19]は西洋の教育制度のすぐれた点を指摘しつつも、そこに「欠けているようにみえるのは、心を高め発達させる次元である」（p. 87）と述べ、それを個別の宗教によってではなく、むしろ本質的な人間の価値にかかわる「世俗的倫理」によって教育することを求めている。「世俗的倫理」とは「あたたかい心」や「他者をいたわる心」や「慈悲・共感」に価値を見いだすもので、個別の宗教にかかわりなく重要なものである。ダライ・ラマは、宗教間の摩擦を考えると、教育には世俗的倫理のほうが望ましいという。このように世界の代表的な宗教者が、宗教教育ではなく世俗的倫理という名のスピリチュアルな教育を主張している点は興味深い。

　もうひとつ注目すべきトピックをあげておくと、多重知性の研究で有名なハーバード大学のハワード・ガードナー[12]は、「スピリチュアルな知性」の可能性について慎重な態度をとりつつも肯定的な見方をとり、彼が「実存的知性」（existential intelligence）と呼ぶ狭義の意味でのスピリチュアルな知性を、おおよそ認めるにいたっている（文献12の第4章は当初ホリスティック教育の論集[22]に発表された）。ガードナーは「スピリチュアル」という言葉の意味を、自己や宇宙の存在の意味に対する探究心、ある種のスピリチュアルな存在状態の達成、そしてスピリチュアルな人物による他者への感化という3点からとらえる。このうち知性としてみるとき、後者2つの特徴には問題が多いとして、1番目にあげた特徴についてのみ知性との関連でとりあげ、それを「実存的知性」と呼ぶ。ガードナーの定義では、実存的知性とは、自己

を宇宙にかかわらせる力であり、つまり人生や死の意味、物理的・心理的な世界の行く末、他者への愛、芸術への専心といったことを探求する能力である。ガードナーは、みずからが定めた知性の基準に照らして、実存的知性はひとつの知性としておおむね承認できるとする（ただし、そのほか２つの特徴もふくめた「スピリチュアルな知性」というのは成り立たないとしている）。ガードナーは、実存的知性を多重知性のリストの９番目に加えることを、この現象の複雑性を考えると慎重にならざるをえないという理由で回避しているが、厳密な研究方法を採用する認知心理学者がスピリチュアリティの問題にアプローチしている点は注目に値する。

　スピリチュアリティをめぐる議論において特徴的なのは、それが人間存在のなかに、心理的機能（感覚、感情、思考など）とは次元を異にするスピリチュアルな次元（魂やスピリット）を認めていることである。たとえば今日の議論を先取りして1961年にロンドンで開かれたある会議のなかで、その主催者である（グルジェフ派の思想家）Ｊ．Ｇ．ベネット[4]は、「心的な欲求（サイキック）」と「スピリチュアルな欲求」を区別して、こう述べている。「私たちのスピリチュアルな欲求というのは、心的な本性とはまったく異なる何かに属している。それは、感じたり、欲望したり、想像したり、思考したりする能力とは異なる何かである」(p. 4)。スピリチュアルな欲求は、思考や感情や感覚といった心的な働きよりも、自己存在の本質的な次元にかかわるものである。それは、人が心的次元を超えたトランスパーソナルな現実に帰属し、そのなかで自己の存在意味を感得したいとする欲求である。

２　スピリチュアリティの教育と宗教教育とのちがい

　「教育におけるスピリチュアリティ」が語られるようになったのは、困難な教育状況や若者の病理的現象の増加に対して、人間の内面の教育が求められるようになってきたからである。そのさい一方には、若者の心の荒廃に対して宗教教育（および道徳教育や性格教育）の復権を唱える人たちがいて、他方には政教分離の原則（アメリカ合衆国の場合、米国憲法修正第１条）に従って宗教と教育を切り離しておくべきだという立場の人たちがいる。これに

対して、いわば第3の道としてスピリチュアリティが主張されているのである。というのも、教育から宗教を切り離す過程で、（宗教とスピリチュアリティを同一視して）人間のスピリチュアリティにかかわる事象がすべて排除されてしまうと、若者の内的な探究心はみたされず、彼らの意味喪失感を助長するものになり、ひいては彼らがカルトなどに惹きつけられる原因にもなりかねないからである。とはいえ、これは宗教教育の導入をそのまま肯定するものではない。宗教教育はそれ自体が特定の世界観や価値観を注入することになり、信仰の自由を妨げるからである。

「教育におけるスピリチュアリティ」の提唱者たちが多くの場合、宗教とスピリチュアリティを区別して語るのは、もしそうした区別がないなら、スピリチュアリティの名のもとに特定の宗教教育がおこなわれる恐れがあるからである。この点で彼らは宗教教育に反対するリベラルな立場に立っている。しかし、リベラルで進歩主義的な教育者たちも、スピリチュアリティを宗教と同一視し、スピリチュアリティを拒否する傾向がある。これに対して、ホリスティック教育のすぐれた論客の一人であるキャスリン・ケッソン[25]は、「私が望んでいるのは、リベラルで進歩的で、ラディカルな教育者たちを説得して、スピリチュアリティの問題に意味ある仕方で、ねばり強くかかわってもらうことである」(p.4)と主張する。

「教育におけるスピリチュアリティ」の議論では、このように多くの場合（とりわけホリスティック教育の論者のあいだでは）宗教とスピリチュアリティは区別して語られる。たとえば、ジェームズ・モフェット[41]は、この分野の先駆的な著作のなかで「教育をスピリチュアリティと結びつけるうえで、どんな宗教の教義を教えることも、道徳的な説教をする必要もない」(p. xix)と明言している。いわゆる宗教教育は特定の宗教や宗派を背景として、その教義や儀礼や倫理規範を教えるような教育形態であるのに対して、スピリチュアリティは個人のなかで体験されるトランスパーソナルな存在次元であり、それは必ずしも宗教や宗教教育を媒介としなくても体験される。著名な教育家のリンダ・ランティエリ[28]が言うように、「宗教は実際のところ、人のスピリチュアルな本性のひとつの表現でありうるが、多くの人たちは人生のスピリチュアルな次元を特定の宗教に寄りかかることなく育んでい

第4章 「教育におけるスピリチュアリティ」について

る」(p. 7)。人生の意味、叡知、創造性、美、愛、慈悲、正義などの諸特性はスピリチュアリティの核心をなすものである。そうしたスピリチュアルな諸特性は、内省、観想、自然体験、芸術、社会活動など日常生活のさまざまな場面で育まれる。この意味でスピリチュアリティは人間の本来的な潜在可能性なのであり、その開花には教育が重要な役割をはたすのである。

ただし誤解のないように言っておくと、スピリチュアリティと宗教を区別する議論は決して宗教や宗教教育そのものを否定しているのではない。事実、伝統的な宗教や宗教教育のなかでスピリチュアリティを育む人たちも非常に多いし、そのような人たちにとって宗教的なものとスピリチュアルなものは明確に区別できるわけではなく、強く結びついている。問題となるのは、スピリチュアリティが伝統的な宗教や宗教教育の領分にのみ属しているとみなす排他的な見方である。スピリチュアリティを主張する人たちも実際には、多様な宗教のなかで培われてきた伝統から多くを学んでいる。ただし、それを特定の宗教的立場からのみ論じるというようなスタイルをとらないのである。

また現実問題として、多文化社会への移行にともない、宗教的多様性が社会のなかに急速に浸透してきている実態をふまえ、最近では個々の教育機関でも、そのような事態にいかに対応していくかが真剣に問われている。たとえば、ウェルズレー大学 (Wellesley College) では「変容としての教育プロジェクト」(EDUCATION as Transformation Project) [23] が1996年に開始され、高等教育機関において宗教的多元主義やスピリチュアリティに関する教育をどのように推進していくのかが検討されている。そして1998年には、このテーマに関して、全米の250の教育機関から800名を呼び寄せた大規模な集まりを開催している。このような文脈においては、宗教の立場が重視されているため（既存の宗教や宗教教育の関係者も参加しているため）、宗教とスピリチュアリティは明確に分離されることなく、ひとつの連続性のなかでとらえられている。そのさい、ゆるやかな定義として、宗教はより制度的なレベルの信条や信仰を意味し、スピリチュアリティはより個人的なレベルの内的関心や体験を意味している。

さらに別の文脈を指摘しておくと、「教育におけるスピリチュアリティ」

の議論は、神秘主義（永遠の哲学）との関連でも理解されなくてはならない。なぜなら、これまでスピリチュアリティを伝えてきたのは主として神秘主義的な叡知の伝統だからである。第1に西洋の教育思想のなかには神秘主義の流れを汲むものが多くある。ピュタゴラス、ソクラテス、プラトンにはじまり、コメニウス、フレーベル、エマーソン、シュタイナー、モンテッソーリなどにおよぶ教育思想のなかには神秘主義の影響が濃厚にあらわれている。第2にスピリチュアリティの教育は、主流の教育学や教育史では無視されてきた神秘家たち（たとえばクリシュナムルティのような人物）[注5]の思想や教育実践のなかで豊かに表現されている。そして第3に世界の神秘主義の諸伝統（ヴェーダンタ、スーフィズム、禅、シャーマニズムなど）には、すぐれた教育のかたちがみられる。今後「スピリチュアリティの教育学」[注6]が構築されるさいには、少なくともこれら3つのルーツ——神秘主義的な教育思想、神秘家たちの思想と活動、神秘主義の諸伝統——がとりあげられなくてはならない。

3　スピリチュアリティと宗教の区別

　スピリチュアリティをめぐる言説には実際さまざまな立場がある。一方には、明確に特定の宗教と関連づけてスピリチュアリティ（霊性）をとらえる立場がある。たとえば、キリスト教的霊性論や仏教的霊性論などが、それにあたる（それらは必ずしも排他主義的なものではない）。また宗教的多元主義とスピリチュアリティを結びつける宗教的でスピリチュアルな立場がある。その一方で、宗教とスピリチュアリティを区別する立場がある。このなかには、論者が特定の宗教的伝統に深くかかわる経験をもちながらも、それとは別にスピリチュアリティをとらえる立場がある（先にあげたパーマーもそうだが、以下にとりあげるティーズデール、ラーナー、エルキンスもこのような立場にたっている[注7]）。そして特定の宗教的背景との結びつきを強くもたない（あるいは意識しない）論者が、宗教と一線を画してスピリチュアリティをとらえる立場がある。以下では、スピリチュアリティと宗教を区別する幾人かの見解をみていくことにするが、それは、彼らの考えがトランスパーソナル心

理学の立場に近いと思われるからである。

　議論を明確にするためにあえて単純化して言うと、スピリチュアリティと宗教を区別する文脈のなかで、「宗教」というのは、教義、儀礼、象徴体系、道徳的行動規範、組織などを備えた制度的な信仰のシステムのことを意味している。これに対して「スピリチュアリティ」を構成するのは、個人のスピリチュアルな内的体験、体験をとおした自己の存在変容、そして変容を導く実践プロセスなどである。スピリチュアリティとは、人が自己探究をとおして自己の存在次元を深め、魂やスピリットの覚醒へといたるプロセスである。宗教が文化的な制度への適応過程をふくんでいるのに対して、スピリチュアリティは個人の内なる次元の探究過程に目を向けている。

　ウェイン・ティーズデール[62]によれば、「宗教的」というのは、人が特定の宗教的伝統に属し、その実践をおこなっていることを意味するが、「スピリチュアル」というのは、人が「内的発達の過程に個人的に専心していること」(p. 17) である。宗教は人がスピリチュアルになるためのひとつの通路であるが、「必ずしも宗教的人間がすべてスピリチュアルというわけではなく……、スピリチュアルな人間がすべて宗教的というわけでもない」(Ibid., p. 17)。宗教は社会を構成する文化的制度であり、「宗教的人間」とは、それによく適応した人のことである。

> 宗教的な人間の多くは、みずからの決定をするのに制度——教会、シナゴーグ、寺院、モスク——に頼る。内なる方向に目を向けるというよりも、むしろ彼らは外的な信仰心に自己を合わせることで、その精神生活をかたちづくる。彼らには自分の足で立つ力も欲望も欠けているようにみえる。スピリチュアリティは、私たちを存在の深みに引き込む。そこで私たちは、自分自身に、自分の弱さに、究極の神秘に直面する。もっともなことだが、多くの人はこうした恐ろしい可能性を避けるのに、外的な宗教性や、典礼や儀礼といった安全な日常作法に身をゆだねる。真にスピリチュアルな人間は熱心に内的発達に専心する。(Ibid., p. 18)

　気鋭の批評家であるマイケル・ラーナー[30]は、宗教とスピリチュアリ

ティの対立的関係により強く言及する。「宗教のいくつかはスピリチュアリティを具現しているかもしれない。多くは何らかの時点でスピリチュアルな瞬間や、スピリチュアルな修行法をふくんでいた。しかし多くの宗教は今日、それらの伝統の片隅を除いては、スピリチュアリティという点でほとんど何も提供していない」(p. 6)。そして「宗教はスピリチュアリティが存在しなくても存在できる。スピリチュアリティは宗教的組織なくしても、またそうした組織と訣別しても発生できる」(Ibid., p. 6) という。ラーナーも言うように、宗教権力はしばしば、スピリチュアリティの探究者である神秘家たちを抑圧してきた。真のスピリチュアリティは、その解放的な力のゆえに既存の体制には脅威となるものである。

しかし宗教の起源をたどってゆくと、宗教とスピリチュアリティは決して対立しあうものではないことがわかる。多くの場合、宗教の源流には卓越したスピリチュアリティを体現した人物がいる。そうした人物の体験や教えをもとにして特定の宗教が組織される。ただしマズロー[32]が指摘したように、宗教の祖となる人物が通常「至高体験者」であるのに対して、宗教を組織化する人物は「非至高体験者」であることが多い。その後、その宗教に加わる人たちは始祖と同様の体験を得るわけではなく、教義や儀礼は形骸化しやすい。

この点にかかわって、ケッソン[26]は「ダイナミックで探究的なプロセス」としてのスピリチュアリティと、「構造化された形式」としての宗教を区別し、前者を「プロセス・スピリチュアリティ」と呼ぶ。「プロセス・スピリチュアリティには個人的なものに向かう傾向があるが、宗教には社会的なもの・制度的なものに向かう傾向がある。プロセス・スピリチュアリティは、探究を強調することによって、ドグマや硬直した信仰システムを覆す力を保っている」(p. 56)。プロセス・スピリチュアリティを喪失した宗教は、社会システムの主要な構成要因として、創造的変化に抵抗し、現状を維持し再生産する保守的な文化装置になりやすい。

今日、現代人のスピリチュアリティへの関心の高まりに対して、形骸化した宗教は対応することが難しくなっている。その一方で私たちの前には、スピリチュアリティを育む多様な道が開かれはじめている。これらが相乗作用

第4章 「教育におけるスピリチュアリティ」について

して「非宗教的なスピリチュアリティ」が台頭しつつある。このような状況をとらえて、デイヴィッド・エルキンス[10]は以下のように言う。

スピリチュアリティの革命が私たちの社会で静かに起こっている。何百万人ものアメリカ人が伝統的宗教を離れ、それに代わるスピリチュアルな発達への道を求めている。彼らは自分が宗教的であることなくしてスピリチュアルでありうること、また教会や寺院に行くことなしに自分の魂を養うことができるということに気づきはじめた。宗教からのスピリチュアリティの分離は、この時代の大きな社会学的変化のひとつであり、西洋における宗教改革以来最大の、スピリチュアルな革命の核心をなしている。(p. 9)

伝統的宗教は依然としてスピリチュアリティ発達への有力な道として残っているが、それはもはや唯一の道ではなく、その一方で現代人は主体的にスピリチュアルな生活を選ぶようになり、宗教以外にも多くの道[注8]があることに気づきはじめたのである。エルキンスはこれを「個人的スピリチュアリティ」と呼ぶ。人が宗教的であろうとなかろうと、スピリチュアリティは個人の魂の深みで聖なるものを体験することによって発達する。それは典型的には、人生の意味や目的といった意識を生みだし、世界の神秘性に対する畏敬や驚きの念を生み、社会正義や理想主義への動機づけを引き起こし、慈悲や慈愛にもとづく行為を生みだす源になる。

スピリチュアリティの実現には、ふつう何らかの自己変容のための実践（修行など）を必要とする。トランスパーソナル心理学の代表的研究者の一人であるロジャー・ウォルシュ[63]が言うように、「誰しも期せずして起こる〔スピリチュアリティの〕一瞥を与えられうるが、私たちの聖なる深みを明瞭に持続して見てとるには、相当の修行をつみ、自覚を十分にとぎすまさねばならない。これがスピリチュアルな修行の目的である」（pp. 7-8）。ウォルシュは20年以上におよぶ研究をへて、それを大きく7つの「永遠の実践修行」（perennial practices）[注9]にまとめている。もちろん、そうした実践修行がスピリチュアルな変容をもたらすという確実な保証はどこにもなく、クリ

149

シュナムルティが言うように、瞑想修行そのものが一種の条件づけになる恐れもある。しかし個々の方法は多くの人たちによって身をもって立証されてきた変容技法である。

今日、スピリチュアルな探究を試みる人たちの前には、さまざまな道が用意されている。そこには各種の瞑想法、シャーマニズムの技法、心身技法、スピリチュアルな心理療法、自然体験、芸術、仕事、日常生活の実践など、多種多様な自己変容のための実践の道がある。このこと自体は望ましい傾向であるが、逆に言うと、情報の多さや方法の多様さによって人びとのあいだに混乱や方向喪失をまねきかねない。それゆえ、ウォルシュがおこなったように、今日のスピリチュアリティ研究[11)16)]は各種の道を整理して示す必要がある。また個人のほうでも自分にあった方法論を見いだす必要がある。これは、スピリチュアリティの探究がより個人主義的になってきていることに伴う新たな課題である。

4 スピリチュアリティの教育における3つの形態

つぎにスピリチュアリティにかかわる教育として、どのようなものが考えられるかを検討しておきたい。「教育におけるスピリチュアリティ」に関するこれまでの議論を総合すると、それには少なくとも、つぎの3つの形態がふくまれる。(1) 宗教的多様性についての知的教育、(2) 魂の教育、(3) 自覚の教育である。

(1) 宗教的多様性についての知的教育

本章ではスピリチュアリティと宗教を区別してとらえているが、宗教的多様性についての学習は、スピリチュアリティにかかわる教育の一部にふくまれるべきものである。社会の多文化共生化が急速にすすんでいる現在、私たちは異なる宗教的価値観が混在する社会のなかに生きることになる。そこでは無益な対立や誤解を避け、有意義な対話をすすめるうえで、人びとのあいだに相互の価値観を尊重する寛容な態度を生みだすことが求められる。これ自体、決して容易なことではないが、このような意味での多様な宗教（世俗

第4章 「教育におけるスピリチュアリティ」について

的な唯物論や無神論もふくむ）およびそれに結びついた文化についてのグローバルな学習は、今日どのような教育現場においても求められている。

「エンカウンター」誌のある号の緒言のなかで、編者のデール・スナウワートとジェフリー・ケーン[59]は、宗教的多元主義の動向を受けて、スピリチュアリティのひとつの面が「世界観」であるとし、「スピリチュアルな教育は、世界の主要な宗教的伝統や叡知の伝統のなかで表現されてきた聖なる世界観にふれることをふくむ」(p. 3) と述べている。人類が存在と生の神秘について熟考してきた叡知の伝統にふれることで、人はみずからの思想を深め、スピリチュアルな関心を高めることができる。もしこのような教育の機会がないなら、子どもが実際に学校で学ぶのは、マイケル・ラーナー[29]が指摘するように「経験的物質主義に結びついた特定の価値観や世界観」(p. 263)ということになる。教育から宗教的多様性についての学習を排除することは決して中立的なことではなく、現代社会を支配している物質主義的（自然主義的・科学主義的）な世俗的世界観を間接的に教えることになる。ただし宗教的世界観を扱うさいには教師はいつでも慎重でなくてはならない。特定の世界観に偏ることなく多様な世界観をとりあげることはもとより、そのとりあげ方においても宗教的知識を教え込むようなことを避けなくてはならない[1]。

アメリカを代表する教育哲学者であるネル・ノディングス[47]は、生徒たちが心の底ではいつも「宗教的問い」（神は存在するか）や、「形而上学的問い」（宇宙はどのように始まったのか）や、「実存的問い」（人生の意味は何か、死とは何か）を抱えているものであり、こうした人生の中心的な関心事に関する教育は必要なものであると主張している。ノディングスはみずからの立場を「知的な信仰あるいは不信仰についての教育」と呼び、知的な教育を重視している。つまり、こうした問いについてさまざまな角度から討議するような仕方が学校教育で認められる方法であるとし、とくに対話による教育の重要性を指摘する。ここで教師は「教育的中立性」を保ちつつ、ともに問いを探究する仲間となる。「宗教的・形而上学的・実存的な問いにかかわる議論のなかでは、教師と生徒はともに探究者である。教師は話をし、議論を導き、本を紹介し、批判的思考と寛容さの見本となり、その開放的な構えで、知的な信仰あるいは不信仰が意味するものを示すのである」(pp. 134-135)。

ノディングスは、どんな教科でもこれは可能であるとし、カリキュラムの全体をつうじた取り組みを強調している。

また多様な宗教について学ぶことは、一面では批判的な知性を養うことに通じている。宗教について理解を深めるなかで、一方では宗教全般をすべて否定するような態度を改めるとともに、他方では危険なカルトや教団に無防備にまきこまれることを防ぐことが可能になる。ケッソン[26]が言うように「特定の信条や修行法を教えることは、たしかに公教育にたずさわる教育者の役割ではないが、生徒のなかに識別する能力を養い、彼らが現在あるいは将来直面するスピリチュアルな選択を吟味できるようにすることは、教育者の職分のうちにある」(p. 49)。

(2) 魂の教育

スピリチュアリティとは決して外から教えられるような知識ではなく、人が自分自身を深く知るなかで開かれていく資質である。スナウワートとケーン[59]は、世界観とならぶスピリチュアリティのもうひとつの側面として「自己」の実現のプロセスをあげる。この場合の「自己」は魂やスピリットの次元をふくむが、こうした「自己」実現のプロセスこそ、スピリチュアリティの教育が真にかかわるものである。今日、それはしばしば「魂の教育」と呼ばれている。トーマス・ムーアの一連の著作によって魂に対する意識が高まったことを受けて、ジョン・ミラーやレイチェル・ケスラーといったホリスティック教育の主導者たちのあいだで、魂を鍵概念とする教育論が展開されてきたのである。

ムーアは、ミラーの『教育と魂』[36]に寄せた序文のなかで「私たちの社会にとって、教育のなかに魂をとりもどすことほど重要なことを私は思いつかない」(p. viii) と述べ、子どもの魂をケアし、魂の素質が展開することを「真の教育」の課題とみなしている。ミラーは、魂に目を向けない現代社会の問題を指摘したうえで、「魂とは深い生命エネルギーであり、私たちの人生に意味と方向を与えるものである」(Ibid., p. 9 原文イタリック) と述べ、「教育に魂をもってアプローチすることは、教室に生命力と、深い目的と意味の感覚をもたらす」(Ibid., p. 10) という。とくにミラーは、魂を養うカリ

キュラム・学校・教師のあり方について論じている。

ミラーと同様にケスラー[24]は、大人たちがいかに議論を戦わせようと、子どもがいつも自分の魂とともに学校に来ているという点から出発する。ケスラーによれば、現代の若者は、その魂が養われないことで起こる「スピリチュアルな真空状態」にあり、それが暴力、薬物依存、摂食障害、自殺、うつ的症状といった破壊的行動の要因にもなっているという。しかし教育からスピリチュアリティが排除されているために「多くの教室は偶然にではなく、その仕組みからして〈スピリチュアルな真空地帯〉となっている」(p. xii)。それゆえ「魂を教室に迎え入れることは、あらゆる病理の万能薬ではないとしても、若者の苦しみに取り組むうえで決定的に重要である」(Ibid., p. xii)。ケスラー自身は長年、暴力防止教育に携わり、感情リテラシーの分野を代表する実践家でもあるが、その彼女が多くの若者の声に耳を傾けるなかで見いだしたのは、若者の魂が求めている7つの面である。彼女はそれを「魂への7つの扉」と呼んでいる。その7つとは、深いつながり、沈黙、意味、喜び、創造性、超越、通過儀礼であり、これらの扉を開いていくことで若者のスピリチュアルな成長が促される。ケスラーのいう魂の教育はこれらの経験のまわりにかたちづくられる[注10]。

(3) 自覚の教育

スピリチュアリティの教育は、自己探究の手法として多様な修行法をモデルとすることができる。このかたちの教育は修行と重なるため、子どもを対象とするよりも、むしろ青年や成人の教育のなかで課題となる。しかし瞑想の基本である自覚（気づき）の訓練については、子どもを対象とするレベルでも十分に可能であり、かつ重要なものである[18)57)]。たとえば、クリシュナムルティ[27]は子どもとの対話のなかで、自覚の重要性をつねに説いており、またオルダス・ハクスレー[21]も、すでに半世紀以上も前に、アレクサンダー・テクニークのような心身技法をとおした基礎的な自覚の訓練が学校教育のなかに導入されるべきだと主張している。これは今日では「観想的教育」(contemplative education)[5)8)35)]として議論されているものである。なお自覚や観想の教育については、ほかの箇所[44)45)]で詳しく論じてあるので、

ここでは以上の点を指摘するにとどめておく。

5　「教育におけるスピリチュアリティ」の諸問題

　最後に「教育におけるスピリチュアリティ」について検討を要する問題点を述べておきたい。少なくとも、ここで問われるべき点は2つある。第1に「子どもと大人のスピリチュアリティは異なるのか」ということ、それに関連して第2に「スピリチュアルな教育は、子どもと大人とでは、どのように異なるのか」ということである。

　端的に言えば、第1の問いは「子どものスピリチュアリティとは何か」ということである。伝統的にスピリチュアリティは、大人の生にかかわる人生課題とみなされることが多く、人が生涯の最終段階で達成するものという意味あいがつよい。しかし「教育におけるスピリチュアリティ」の全体像をとらえるためには、子どもに対する教育の可能性や必要性についても目を向けなくてはならない。この点に関して、人間はすべて、子どももふくめて本質的にスピリチュアルな存在であるということが何よりもまず認められなくてはならない。この前提がないと、子どもに対するスピリチュアルな教育について語ることはできないし、大人になってスピリチュアリティが発現する根拠も、むしろ希薄なものとなる。

　ところで、トランスパーソナル心理学の主流の考えでは、人間の意識は漸進的に発達し、トランスパーソナルな成長は人生の後半に生じるものとみなされている。それはたしかに誤りではないが、それでは子どものスピリチュアリティは問われないことになる。人生の前半期を前個段階から個的段階へと発達していく時期とみなすなら、トランスパーソナルな体験の可能性は前半期から締めだされてしまう。これに対してトーマス・アームストロング[2]は、子どものスピリチュアリティを扱った重要な研究のなかで、トランスパーソナル心理学の意識構造論を基本的に受け入れつつも、トランスパーソナルな段階を人生の後半期に割りあてる発達論（とくに前期ウィルバーの考え）を批判している。それは人間形成の半面、すなわち「肉体から上昇する」（body up）発達ラインだけを示すものである。「肉体から上昇する」発達というのは身体

第4章 「教育におけるスピリチュアリティ」について

機能の発達からはじまり、感情と思考の成長をへて心理的成熟へと進んでいくような発達過程である。これは従来の発達パラダイムであるが、トランスパーソナル心理学の発達論もそれを踏襲し、心理的発達の延長線上にトランスパーソナルな段階を位置づけているにすぎないのである。スピリチュアルな教育がたんに成人のみを対象とするのであれば、このような理論でも矛盾はないのだが、子どもの教育については原理的な困難をかかえこむことになる。

アームストロングによれば、「肉体から上昇する」発達ラインとは別に、「スピリットから下降する」(spirit down) 発達ラインも存在するという。人間の発達の起源には、物質的・生物的な基盤だけでなくスピリチュアルな源もあり、そうした次元は発達の当初から人間の意識のなかに下降してあらわれてくるのである。それは通常、至高体験、神秘的体験、深遠な直観や啓示など、さまざまな非日常的体験となってあらわれる。アームストロングは以下のように述べている。

> 「スピリットから下降する」部分がなければ、子どもから心の深遠な次元が抜け落ちてしまうように思われる。それは、地上での旅路に方向性と一貫性をもたらすために不可欠な次元である。「スピリットから下降する」要素がなければ、子どもは人生の目的、使命、方向感覚、天命などを欠いたまま「肉体から上昇して」成長するだけになるだろう。(p. 8)

「スピリットから下降する」ラインがあるために、人間は本質的にスピリチュアルな存在であり、発達段階に関係なく、いつでもスピリチュアルな次元に開かれている。したがって子どもの意識構造は、下位の意識レベルだけでなく高次の意識もふくんだ多層的な構造[注11]としてとらえられる。このような意識論は伝統的な発達心理学を変革するだけでなく、従来のトランスパーソナル心理学にも基本的な修正を迫るものである。

昨今では「子どものスピリチュアリティ」に対する関心は非常に高まってきており、「教育におけるスピリチュアリティ」の議論のなかで、もっとも注目されている領域である。毎年のように大規模な国際会議が開かれ、重要

な研究成果[注12]も徐々にあらわれてきている。このような動向は、近い将来、子どものイメージを一新するとともに、子育てや子どもの教育にも大きな影響を及ぼしていくものと思われる。このことは、われわれの第2の問いである「子どものスピリチュアルな教育は、大人の場合とでは、どのように異なるのか」という点にもかかわっている。現時点では、子どもの教育の実践方法を確定することは、むしろ時期尚早である。なぜなら、子どものスピリチュアリティに関する研究は、まだ緒についたばかりであり、今後の成果に待つべきところが多いからである。

　しかし、いくつかの点は指摘できよう。ここで重要なのは、人格とスピリチュアリティの関係から考えていくことである。人間にはスピリチュアルな次元とは別に人格次元（身体・感情・思考の統合体）があり、子どもと大人のちがいは人格形成のレベルのちがいとして特徴づけられる。つまり子どもは人格形成期にあり、大人はすでに一定の人格を形づくっている。このちがいに応じてスピリチュアリティの教育のあり方は変わってくる。

　子どもの教育についてみると、それは二重の課題をもつ。つまり一方では、身体・感情・思考からなる人格の形成をはかりながら、他方で同時にスピリチュアリティへの配慮をしなくてはならないのである。アームストロングに即して言うと、重要なのは「肉体から上昇する」発達を援助すると同時に「スピリットから下降する」発達を阻害しないことである。そのどちらを欠いても教育は完全なものにはならない。そのさい、子どものスピリチュアリティがどのようなものなのか定かではない以上、親や教師は、どんなものであれ子どものスピリチュアルな体験を受け入れる姿勢をもつことが重要である。子どものスピリチュアリティを抑圧すると思われるようなことを避け、同時にスピリチュアリティを育むと思われるような環境を用意することが求められる。たとえば、子どもが実存的な問いを発するときには、それを無視しないで、（たとえ答えがなくとも）ともに語りあうことが大切であろう。自然や芸術にふれる機会をもつことも大切である。そして自覚の訓練となるような場面では、それを促すべきであろう。子どもの教育としては、子どものスピリチュアリティをオープンに受けとめながら、それが自然にあらわれるような場を活かすべきである。

第4章 「教育におけるスピリチュアリティ」について

　ルドルフ・シュタイナー[60]は、この点について『オックスフォード教育講義』のなかで以下のように述べている。

　　子どもの心に、あれこれ注ぎ込むべきだなどと言ってはならない。そうではなく、子どものスピリット（Geist）に畏敬の念をもつべきである。このスピリットを発達させてやることはできないのであり、スピリットはみずから展開していくものである。あなたの責務は、その展開を妨げているものを取り除き、それが展開していくきっかけとなるものを持ち込むことである。……スピリットが学ぶべきものは、妨げとなるものを除くことによって、それ自身が学んでいく。スピリットは人生のもっとも早い時期においても発達していくのである。(p.71)

　子どもの教育における二重の課題は表裏一体のものである。スピリチュアリティは個人の人格を媒体として表現されるため、実際には子どもの人格形成そのものがスピリチュアルな教育の対象となる。その意味で子どもの教育はすべてスピリチュアリティの観点から見ることができる。シュタイナー教育はこの点で有力なモデルとなる。一見するとシュタイナー教育においては、子ども時代の身体・感情・思考の調和的発達をへたうえで成人期のスピリチュアルな成長が目指されているようにみえるが、実際には子ども時代の調和的発達はスピリチュアリティとの関連でとらえられている。シュタイナー[61]の提唱する教育は、子どものスピリチュアルな核心が人格と適切に結びつくための道筋を示しているのである。

　さらに言えば、子どもの人格はそれ自体で形成されるものではなく、身近な親や教師との関係性のなかで形成される。したがって、子どものスピリチュアルな教育においては、子どもと親や教師との関係が本質的に重要な契機となる。そのさい親や教師にとって必要なのは、みずからスピリチュアリティへの自覚を高めつつ子どもにかかわることである。親や教師のなかにスピリチュアリティへの自覚が育っていないかぎり、子どもの成長にこたえることは難しいであろう。この意味でスピリチュアリティの教育はつねに成人のスピリチュアルな自己教育をふくむことになる。ここに「教育におけるス

ピリチュアリティ」のなかの、もう一方の中心的な柱がある。スピリチュアリティの涵養において、子どもの教育と大人の教育はいつでも不可分な関係にある[35)51)]。

注

注1 トランスパーソナル教育のなかではいくつかの論集[17)55)]も出されたが（ヘッドリックスの仕事は重要である）、むしろトランスパーソナル心理学以前の人間性心理学およびヒューマン・ポテンシャル運動のなかで、教育にとって重要な研究がいくつも出されている。たとえば、オルダス・ハクスレー、ジョージ・レオナード、マイケル・マーフィ、カール・ロジャーズ、クラーク・ムスタカス、ジョージ・ブラウン、ジョン・マン、ロベルト・アサジオリなどの教育論は重要である。このうち、ハクスレー、レオナード、マーフィ、アサジオリの教育論はトランスパーソナル教育を先取りするものである[42)]。

注2 ホリスティック教育は1970年代末に生まれ、1980年代後半から大きく育ってきた分野である。それは、トランスパーソナル心理学、エコロジー思想、システム論、先住民思想、グローバル教育などとも結びついて発展してきた。トランスパーソナル心理学との関連では、たとえば代表的な研究者であるトロント大学のジョン・ミラー[33)34)]は、人間性教育からトランスパーソナル教育をへてホリスティック教育へと進み、トランスパーソナル心理学の成果を広くとり入れている。同じくホリスティック教育の提唱者であるロン・ミラーも、ホリスティック教育の歴史を扱った著書[40)]のなかで、トランスパーソナル心理学に多く言及し、その意義を認めている。

注3 「教育におけるスピリチュアリティ」にかかわっている主な論者には以下の人たちがふくまれる。ジョン・ミラー（トロント大学）、ロン・ミラー（ゴッダード大学）、パーカー・パーマー、レイチェル・ケスラー、エオストロ・ジョンソン（セント・マイケルズ大学）、リチャード・ブラウン（ナローパ大学）、トビン・ハート（ウェスト・ジョージア州立大学）、デイヴィッド・マーシャク（シアトル大学）、キャスリン・ケッソン（ロングアイランド大学）、ジェフリー・ケーン（ロングアイランド大学）、ダグラス・スローン（コロンビア大学）、ダイアナ・デントン（ウォータールー大学）ほか。スピリチュアリティをテーマとして論集や雑誌に論文を寄稿している研究者や教育者までふくめると、その人数はすでに相当な数にのぼっている。

注4 たとえば、おもな論集にはASCD,[3)] Glazer,[13)] Kazanjian & Laurence,[23)] Lantieri,[28)] Miller & Nakagawa,[38)] Oldenski & Carlson,[48)] Denton & Ashton,[9)] Miller, Karsten, Denton, Orr, & Colalillo Kates,[39)] O'Sullivan, Morrell, & O'Conner[49)] などによるものがあり、主要な論書としてはAnderson,[1)] Cajete,[6)] Dallaire,[8)] Hart,[14)15)] Kessler,[24)]

第4章 「教育におけるスピリチュアリティ」について

Marshak,[31] J. Miller,[36][37] R. Miller,[40] Moffett,[41] Nakagawa,[43] Nash,[46] Noddings,[47] Palmer,[50][51] Purpel,[53] Sloan[58] などによるものがある。また、ピーター・ラング社（Peter Lang）は、ピーター・ローレンス（Peter Laurence）とヴィクター・カザンジャン（Victor Kazanjian）をシリーズ編集者とする「教育とスピリチュアリティの研究」シリーズ（Studies in Education and Spirituality）を刊行中である。なお拙著『ホリスティック臨床教育学』[44] は、スピリチュアリティを軸に臨床教育学のひとつのモデルを描きだしたものである。

注5　たとえば、ルーミー、オーロビンド、タゴール、ラマナ・マハリシ、ニサルガダッタ・マハラジ、ハズラット・イナヤット・カーン、クリシュナムルティ、グルジェフ、ウスペンスキー、トーマス・マートン、オルダス・ハクスレーなどがあげられる。

注6　こうした方向の研究として Miller & Nakagawa[38] によるものがある。これまで一貫して神秘主義的な永遠の哲学にもとづく教育論を考察してきたジョン・ミラー[37]は、最近では「タイムレス・ラーニング」（時を超える学び）という概念で、それをとらえ直している。

注7　今日のスピリチュアリティをめぐる議論は、さまざまな宗教的世界観の相違をのりこえて、人類のスピリチュアリティという共通基盤を求める動向としてとらえることができる。これに関して、ティーズデールは「インタースピリチュアリティ」（Interspirituality）という概念で世界の多様なスピリチュアリティの伝統を結びつけ、ラーナーは「解放的スピリチュアリティ」（Emancipatory Spirituality）という概念で、グローバル社会にふさわしいスピリチュアリティのあり方を提言している。

注8　エルキンスは8つの道——女性性、芸術、セクシュアリティ、心理療法、神話、自然、関係性、危機——をとりあげる。

注9　ウォルシュがあげているのは、欲望の変容、感情の変容、善き生活をおくること、精神（マインド）を静めること、曇りのないまなざしを養うこと、智恵を深めること、他者に奉仕することである。

注10　簡単に説明すると、深いつながりを求めるとは、自分・他者・自然・大いなるものに結びつくことで人生の意味や帰属感を得ることである。沈黙と孤独への希求は、日常の忙しさから離れ、内省や瞑想のための時間や空間をもつことである。意味と目的の探求は、生きるとは何か、私はなぜ存在しているのかといった実存的な問いを追求することである。喜びの切望は、遊び・祝い・感謝のような充足感や、美・優雅さ・愛などの高揚感を体験することである。創造的衝動は、新しい発想であれ芸術であれ、新しい目でものごとを見、何かを生み出すことに驚きや神秘性を感じることである。超越への衝動は、神秘的次元だけでなく学芸やスポーツにおいても日常経験を超えるものを求めることである。通過儀礼は、若者が大人へと移行して

いくことを助ける儀式をもつということである。
注11　アームストロングのいう「子どもの意識のスペクトル」には、前個レベル、下位個的レベル、個的レベル、上位個的レベル、超個レベルという5つの意識レベルがふくまれる。前個レベルは、子どもが母親と物質的に融合している状態である。下位個的レベルは、自然や家族（母親）とのきずな、家族無意識へのかかわり、下位の心霊能力などをふくむ。個的レベルは、文化や社会への適応、自我確立、人格発達などをふくむ。上位個的レベルは、直観、ヴィジョン、上位の心霊能力などをふくむ。超個レベルは、至高体験、宗教的体験、神秘体験、宇宙意識などをふくんでいる。
注12　子どものスピリチュアリティについては、これまで、エドワード・ロビンソン[56]、ロバート・コールズ[7]、エドワード・ホフマン[20]による重要な調査がある。最近では「教育におけるスピリチュアリティ」の代表的な研究者の一人であるトビン・ハート[15]が同様の調査をおこない、子どものスピリチュアリティに関する研究を推進している（www.childspirit.com）。またこの分野では、すぐれた論集もあらわれはじめている。たとえば、Yust, Johnson, Sasso, & Roehlkepartainの編著[64]は500頁をこえる大部の論集であるが、世界の主要な宗教的伝統のなかで子どものスピリチュアリティがどのように理解されてきたのかを包括的な視点から考察したものであり、その姉妹編であるRoehlkepartain, King, Wagener, & Bensonの編著[54]は、社会科学的な観点から子どものスピリチュアルな発達について研究したものである。

文献

1）Anderson, R. D. *Religion & Spirituality in the Public School Curriculum*. New York: Peter Lang. 2004.
2）Armstrong, T. *The Radiant Child*. Wheaton, IL: Theosophical Publishing House. 1985.（アームストロング『光を放つ子どもたち』中川吉晴訳, 日本教文社, 1996）
3）ASCD. *Educational Leadership: The Spirit of Education*. 56 (4). Alexandria, VA: ASCD. 1998/1999.
4）Bennett, J. G., et al. *The Spiritual Hunger of the Modern Child*. Charles Town, WV: Claymont Communications. 1984.
5）Brown, R. C. The Teacher as Contemplative Observer. *Educational Leadership: The Spirit of Education*. 56 (4): 70-73. 1998/1999.
6）Cajete, G. *Look to the Mountain: An Ecology of Indigenous Education*. Durango, CO: Kivaki Press. 1994.
7）Coles, R. *The Spiritual Life of Children*. Boston: Houghton Mifflin. 1990.（コールズ『子どもの神秘生活』桜内篤子訳, 工作舎, 1997）

第4章 「教育におけるスピリチュアリティ」について

8) Dallaire, M. *Contemplation in Liberation: A Method for Spiritual Education in the Schools*. Lampeter, UK: The Edwin Mellen Press. 2001.
9) Denton, D., & Ashton, W. eds. *Spirituality, Action, & Pedagogy: Teaching from the Heart*. New York: Peter Lang. 2004.
10) Elkins, D. N. *Beyond Religion*. Wheaton, IL: Theosophical Publishing House. 1998. (エルキンス『スピリチュアル・リボリューション』大野純一訳, コスモス・ライブラリー, 2001)
11) Ferrucci, P. *Inevitable Grace*. Los Angeles: Jeremy P. Tarcher. 1990. (フェルッチ『人間性の最高表現』上下, 平松園枝・手塚郁恵訳, 誠信書房, 1999)
12) Gardner, H. *Intelligence Reframed: Multiple Intelligences for the 21st Century*. New York: Basic Books. 1999. (ガードナー『MI――個性を生かす多重知能の理論』松村暢訳, 新曜社, 2001)
13) Glazer, S. ed. *The Heart of Learning: Spirituality in Education*. New York: Tarcher/Putnam. 1999.
14) Hart, T. *From Information to Transformation: Education for the Evolution of Consciousness*. New York: Peter Lang. 2001.
15) Hart, T. *The Secret Spiritual World of Children*. Makawao, HI: Inner Ocean. 2003.
16) Harvey, A. *The Direct Path: Creating a Journey to the Divine through the World's Mystical Traditions*. New York: Broadway Books. 2000.
17) Hendricks, G., & Fadiman, J. eds. *Transpersonal Education: A Curriculum for Feeling and Being*. Englewood Cliffs, NJ: Prentice-Hall. 1976.
18) Hendricks, G., & Roberts, T. *The Second Centering Book: More Awareness Activities for Children, Parents, and Teachers*. Englewood Cliffs, NJ: Prentice-Hall. 1977.
19) His Holiness the XIV Dalai Lama. Education and the Human Heart. In Glazer, S. ed. *The Heart of Learning*. New York: Tarcher/Putnam. 1999.
20) Hoffman, E. *Visions of Innocence: Spiritual and Inspirational Experiences of Childhood*. Boston: Shambhala. 1992.
21) Huxley, A. *Adonis and the Alphabet*. London: Chatto & Windus. 1956. (ハクスレー『ハクスリーの教育論』横山貞子編抄訳, 人文書院, 1986)
22) Kane, J. ed. *Education, Information, and Transformation: Essays on Learning and Thinking*. Upper Saddle River, NJ: Prentice-Hall. 1999.
23) Kazanjian V. H. Jr., & Laurence, P. L. eds. *Education as Transformation: Religious Pluralism, Spirituality, and a New Vision for Higher Education in America*. New York: Peter Lang. 2000.
24) Kessler, R. *The Soul of Education: Helping Students Find Connection, Compassion,*

and Character at School. Alexandria, VA: ASCD. 2000.
25) Kesson, K. Recollections: An Introduction to the Spiritual Dimensions of Curriculum. *Holistic Education Review.* 7 (3): 2-6. 1994.
26) Kesson, K. Contemplative Spirituality, Currere, and Social Transformation: Finding Our 'Way.' In Oldenski, T., & Carlson, D. eds. *Educational Yearning.* New York: Peter Lang. 2002.
27) Krishnamurti, J. *Krishnamurti on Education.* New York: Harper & Row. 1974.（クリシュナムルティ『英知の教育』大野純一訳, 春秋社, 1988）
28) Lantieri, L. ed. *Schools with Spirit: Nurturing the Inner Lives of Children and Teachers.* Boston: Beacon. 2001.
29) Lerner, M. *The Politics of Meaning: Restoring Hope and Possibility in an Age of Cynicism.* Reading, MA: Perseus Books. 1996.
30) Lerner, M. *Spirit Matters.* Charlottesville, VA: Hampton Roads. 2000.
31) Marshak, D. *The Common Vision: Parenting and Educating for Wholeness.* New York: Peter Lang. 1997.
32) Maslow, A. H. *Religions, Values, and Peak-Experiences.* New York : Viking. 1964.（マスロー『創造的人間』佐藤三郎・佐藤全弘訳, 誠信書房, 1972）
33) Miller, J. *The Educational Spectrum: Orientations to Curriculum.* New York: Longman. 1983.
34) Miller, J. *The Holistic Curriculum.* Toronto: OISE Press. 1988.（ミラー『ホリスティック教育』吉田敦彦・中川吉晴・手塚郁恵訳, 春秋社, 1994）
35) Miller, J. *The Contemplative Practitioner: Meditation in Education and the Professions.* Toronto: OISE Press. 1994.
36) Miller, J. *Education and the Soul: Toward a Spiritual Curriculum.* Albany, NY: SUNY Press. 2000.
37) Miller, J. *Educating for Wisdom and Compassion: Creating Conditions for Timeless Learning.* Thousand Oaks, CA: Corwin Press. 2006.
38) Miller, J., & Nakagawa, Y. eds. *Nurturing Our Wholeness: Perspectives on Spirituality in Education.* Brandon, VT: Foundation for Educational Renewal. 2002.
39) Miller, J., Karsten, S., Denton, D., Orr, D., & Colalillo Kates, I. eds. *Holistic Learning and Spirituality in Education: Breaking New Ground.* Albany, NY: SUNY Press. 2005.
40) Miller, R. *What Are Schools For? : Holistic Education in American Culture.* Brandon, VT: Holistic Education Press. 1990.
41) Moffett, J. *The Universal Schoolhouse: Spiritual Awakening through Education.* San Francisco: Jossey-Bass. 1994.
42) 中川吉晴「トランスパーソナル教育学」『トランスパーソナル学』1号, 雲母書房,

1996.
43) Nakagawa, Y. *Education for Awakening: An Eastern Approach to Holistic Education*. Brandon, VT: Foundation for Educational Renewal. 2000.
44) 中川吉晴『ホリスティック臨床教育学――教育・心理療法・スピリチュアリティ』せせらぎ出版, 2005.
45) 中川吉晴「ホリスティック臨床教育学における自覚の技法」斎藤稔正編『行の人間学』高管出版, 2005.
46) Nash, R. J. *Spirituality, Ethics, Religion, and Teaching*. New York: Peter Lang. 2002.
47) Noddings, N. *Educating for Intelligent Belief or Unbelief*. New York: Teachers College Press. 1993.
48) Oldenski, T., & Carlson, D. eds. *Educational Yearning: The Journey of the Spirit and Democratic Education*. New York: Peter Lang. 2002.
49) O'Sullivan, E., Morrell, A., & O'Conner, M. A. eds. *Expanding the Boundaries of Transformative Learning: Essays on Theory and Praxis*. New York: Palgrave. 2002.
50) Palmer, P. J. *To Know as We Are Known: A Spirituality of Education*. San Francisco: HarperSanFrancisco. 1983.
51) Palmer, P. J. *The Courage to Teach: Exploring the Inner Landscape of a Teacher's Life*. San Francisco: Jossey-Bass. 1998.（パーマー『大学教師の自己改善――教える勇気』吉永契一郎訳, 玉川大学出版部, 2000）
52) Palmer, P. J. Evoking the Spirit in Public Education. *Educational Leadership: The Spirit of Education*. 56 (4): 6-11. 1998/1999.
53) Purpel, D. E. *The Moral and Spiritual Crisis in Education: A Curriculum for Justice and Compassion in Education*. New York: Bergin & Garvey. 1989.
54) Roehlkepartain, E. C., King, P. E., Wagener, L. M., & Benson, P. L. eds. *The Handbook of Spiritual Development in Childhood and Adolescence*. Thousand Oaks, CA: Sage. 2006.
55) Roberts, T. ed. *Four Psychologies Applied to Education: Freudian, Behavioral, Humanistic, Transpersonal*. Cambridge, MA: Schenkman. 1975.
56) Robinson, E. *The Original Vision: A Study of the Religious Experience of Childhood*. Oxford: The Religious Experience Research Unit, Manchester College. 1977.
57) Rozman, D. *Meditation for Children*. Boulder Creek, CA: Aslan. 1976/1989.
58) Sloan, D. *Insight-Imagination*. Brandon, VT: Resource Center for Redesigning Education. 1983/1993.（スローン『洞察＝想像力』市村尚久・早川操監訳, 東信堂, 2000）
59) Snauwaert, D., & Kane, J. Editorial: Defining the 'Spiritual' in Spirituality and Education: Critical Realism, Religious Pluralism, and Self-realization. *Encounter*. 13

(4), 2-3. 2000.
60) Steiner, Rudolf. *Die geistig-seelischen Grundkräfte der Erziehungskunst.* Dornach: Rudolf Steiner Verlag. 1972.（シュタイナー『オックスフォード教育講座』新田義之訳, イザラ書房, 2001）
61) Steiner, R. *Allgemeine Menschenkunde als Grundlage der Pädagogik.* Dornach: Rudolf Steiner Verlag. 1975.（シュタイナー『教育の基礎としての一般人間学』高橋巌訳, 筑摩書房, 1989）
62) Teasdale, W. *The Mystic Heart: Discovering a Universal Spirituality in the World's Religions.* Novato, CA: New World Library. 1999.
63) Walsh, R. *Essential Spirituality: The 7 Central Practices to Awaken Heart and Mind.* New York: John Wiley & Sons. 1999.
64) Yust, K. M., Johnson, A. N., Sasso, S. E., & Roehlkepartain, E. C., eds. *Nurturing Child and Adolescent Spirituality: Perspectives from the World's Religious Traditions.* Lanham, MD: Rowman & Littlefield. 2006.

本稿は、はじめ「トランスパーソナル心理学／精神医学」(Vol.4, No.1, 2003) に「『教育における霊性』について」と題して掲載され、その後、加筆修正されて、拙著『ホリスティック臨床教育学』(せせらぎ出版、2005年) に、第2章「教育におけるスピリチュアリティ」として収録された。本稿はさらに最近の動向をふまえ、それを加筆修正したものである。

# 第3部

心理療法と
スピリチュアリティ

第1章

石川　勇一
Yuichi ISHIKAWA

心理療法実践とスピリチュアリティ
アクチュアリティへの接近

1　はじめに

　今日、さまざまな学問領域でスピリチュアリティという言葉を頻繁に耳にするようになってきた。その分野は、心理学、医学、看護学、文学、社会学、教育学、哲学などに及んでいる。スピリチュアリティの定義を巡っては、各所で百人百様の議論がなされている[1) 19)]。しかし、活発な議論はなかなか一義的に決着することは難しいようである。それはおそらく、スピリチュアリティを概念規定することと、スピリチュアリティを理解するということは、必ずしもイコールで結ばれるものではないためであろう。スピリチュアリティという言葉は、しばしば公共的な定義に先だって、それぞれの体験に根ざした固有の意味において使用されているからである。ユングは「霊（スピリット）は概念の中にではなく、行為や事実の中に宿っている」[12)]と明確に述べている。このような事情から、本稿ではスピリチュアリティの用語法を概観したり、定義について議論する作業を思いきって省略し、筆者が心理療法の現場で実際に手応えとして感じ取っているスピリチュアリティについて考えることにしたい。その方が、かえって生きたスピリチュアリティの本質へと多少とも接近できるように思われるからである。本稿で論じられるスピリチュアリティは、心理療法を注意深く実践するものであれば誰でも密接に関わっていることであるが、同時にしばしば十分に意識化されて

いないものでもある。本稿では、心理療法実践におけるスピリチュアリティのはたす役割の一端を明らかにすることを目標としたい。

2 非個人的なものとしてのスピリチュアリティ

心理療法を実践していると、あらかじめ自分の内側に保持してあった記憶、既知の知識、技法や思想などとは別に、どこからともなく思いつかれる着想や直観、理由もわからずにただ感じられる感覚や強い印象、不意にやってくる感情やイメージなどに出くわす。場合によっては、深い知恵や慈悲のようなものが泉のように湧き出すということもある。あるいは、治療外の場面で、偶然とも必然ともとれる意味深い出来事や事件が起き、それが治癒への鍵になったりする場合もある。本稿では、このような「非個人的なもの (Something Impersonal)」をスピリチュアリティの重要な一側面として捉えておきたい。非個人的なものは、セラピストやクライエントの自我が支配できる領域の外側からやってくるもので、当人自身もそれが一体どこから来たのかよくわからない場合も多い。

筆者の経験からすると、自分の知識や技量に頼って格闘した場合よりも、非個人的な何かに心を開き、流れに乗ったときの方が、心理療法はパワフルで満足のいく結果になる。もしそうだとすれば、心理療法においてセラピストやクライエントの自我は脇役であり、そこに立ち現れる非個人的なスピリチュアリティが主役なのだといえる。心理療法においては、しばしば議論されている技法よりもむしろ、隠れた主役であるスピリチュアリティといかにつきあい、活用できるかの方がより重要なポイントになるのではないだろうか。

3 非個人的な動きへの言及

非個人的な、捉えがたい何かが、心理療法において重要であることは、これまでも多くの心理療法の実践家によって言及されてきた。現象学的精神病理学を志向した精神科医のブランケンブルクは、「対象的な関係から前対

象的な関係へ、述語的な関係から前述語的な関係へと立ち返るという姿勢」こそが重要であることを繰り返し明言していた[3]。フッサール[7]やハイデガー[6]の影響から誕生したこの学派はきわめて重要な数々の指摘をしたが[9)11]、前対象的・前述語的な現実を具体的にどのように心理療法に活用していくかという議論に発展しなかったためか、今日では残念ながらほとんど顧みられなくなってしまった。

心理療法の実践家として名高い神田橋條治は次のように語っている。「精神療法群に共通する核は、形がなく、輪郭がなく、言語によって捕まえることができず、イメージの基盤に流れている『それ』、(中略) さしあたっては、仮に『雰囲気』と命名することで、その性状を暗示するに止めざるを得ない『それ』なのである。病も治療も根源的には、この『雰囲気』のありようなのである」[13]。これと同様の着眼は、フォーカシング創始者のジェンドリンが提唱した体験過程[4]、森田療法創始者の森田正馬が徹底した「観念打破」や「あるがまま」の教え[18]、プロセスワーク創始者のミンデルの「センシエント」[16)17]、などに見出すことができる。

心理療法の真の実践家は、言葉こそ違えど、皆ほぼ同様に捉えがたい「それ」の重要性に十分気がついていたのである。

4 現実の二義性──アクチュアリティとリアリティ

さて、本稿では「それ」に関する以上の概念的探求には深入りせず、独自の視線から、非個人的なスピリチュアリティについて接近していくことにしよう。

私たちは、ものや人と出会ったときに、微妙で曰くいいがたい、しかしかなり重要な情報を感受している。たとえば、はじめて訪れる場所に行ったとき、自分がなんとなく落ち着く場所と、どうしても落ち着けない場所というものがある。居心地のいい場所にはいつまでもそこにいたくなるし、居心地が悪いところからはすぐに退散したくなる。日常生活においても、電車に乗ったとき、あるいは公園で一休みしようとするとき、講義を受けるために教室に入ったとき、たいていは無意識のうちに自分が落ち着ける場所を私た

ちは探している。そして、ごく短い時間で自分にふさわしい場所を発見するだろう。私たちは、物理的空間においても、あたかも相性が存在するかのように、自分が調和する場所とそうでない場所を感じ取っているのである。そして、その感覚には論理的理由がなく、ただそう感じるとしか説明できないことが特徴である。

　生命あるもの、なかでも人間と出会うときには、より一層明確にこの微妙な感覚が活性化される。ある人物に近づくと、その人について何も知らなくとも、ただそこにいるというだけで心地よく感じたり、安らいだりする。なぜそうなのかと尋ねてみても、たいていは理由はないのが普通である。「近くにいるとなんとなく暖かい感じがした」とか、「オーラに包まれた感じ」などと感覚的にのみ表現される。一方で、別の人物に近づくと、一言も言葉を交わしていないにもかかわらず、なんともいえず居心地が悪くなって、自然と腰が浮いて離れたくなったりする。これもまた明確な理由がないことが多く、「どろどろした感じで生理的に受けつけない」とか、「近寄っただけでなぜか背筋がゾーッとした」などと感覚的、直感的に説明されるのみである。

　このような微妙な感覚は、通常は意識にのぼらず、私たちに役立っているとは理解されていないが、実際には私たちの行動の多くは、このような微妙な感覚によって突き動かされている。よく嫌われる人や、いじめられる人は、しばしば多くの人にとって心地が悪いと感じさせる人である。いじめる人にいじめの理由を尋ねても、「彼を見るとむしゃくしゃする」とか、「どうも虫が好かなかった」といった感覚的な回答が返ってくることが多い。日本語では、この微妙に漂う空気のようなものをしばしば「雰囲気」と呼んだり、あるいは比喩的に「エネルギー」と表現したりする。私たちは「雰囲気」や「エネルギー」の質を察知できるからこそ、周りの人が悩んでいたりすると、本人がひた隠しにしていても、「何かがおかしい」と直観的に察することができるのである。

　このような微妙な雰囲気は、知的に把握される情報以前に、感覚的ないしは直観的、あるいは身体的に感受されている。それゆえ、このような感覚は、物事を明確な対象として捉えた結果ではなく、それに先んじて感知する

認識なのである。ここでは、この説明しがたい感覚的・直観的情報として感受される動きをアクチュアリティと呼ぶことにする。

　この用語法は、現象学的精神病理学者の木村敏がはじめたもので[14) 15)]、彼の規定によるとアクチュアリティ（actuality）とは、「行為」や「行動」を意味するラテン語のアークチオー（actio）に由来することから、「対象的な認識によっては捉えることができない現実」のことである。アクチュアリティは「それに関与している人が自分自身のアクティヴな行動によって対処する以外ない」という特徴をもち、「現在途絶えることなく進行している現実」のことである。先の例でいうと、誰かの近くに寄って居心地がよいか悪いかどうかは、実際に自分がそこに関わってはじめて、はっきりと感じ取られる現実（アクチュアリティ）なのである。

　一方で、知性や五感によって対象として認識した現実をここではリアリティと呼ぶことにする。木村によると[14)]、リアリティ（reality）とは、語源的に「事物」を意味するラテン語のレース（res）に由来することから、「対象として与えられているもの」である。つまり、リアリティとは明確な対象として把握可能な、客観的な事実であり、完了形として認識される現実である。私たちが学校で学んだり、書類でやりとりするような知的情報はすべてリアリティに属している。

　このように定義してみると、私たちが体験している現実には、完了形として対象化されたリアリティと、現在進行形で対象化以前のアクチュアリティの二義性が重ね合わされているということができる。もしハイデガーの基礎存在論の用語でこれを表現するとすれば、リアリティは存在的（ontisch）な現実であるのに対し、アクチュアリティは存在論的（ontologisch）な現実である[6)]。一般的に、科学は存在的なリアリティのみを追求してきたが、「現場」で活躍する有能な人間は、必ずといっていいほど存在論的なアクチュアリティに敏感なのである。

　アクチュアリティは対象化以前、個別化以前の動きであるから、非個人的なものとしてのスピリチュアリティを理解する上で、アクチュアリティは欠かせない重要な視点であると思われる。

5 アクチュアリティと心理学

　心理療法とは、セラピストとクライエントが、たんなるリアリティの交流ではなく、アクチュアルな現実を共有する営みである。しかしながら、心理学はそのはじまりから今日まで長きに渡って自然科学を指向し憧憬してきたがゆえに、生きた心や他者との関わりを根源から成立せしめているアクチュアリティを見落とす傾向にあったし、今日でも依然としてそうである。アクチュアリティとは一瞬も固定することができないという性質のために、「科学はこのアクチュアリティを扱うすべを知らない」と木村は指摘する[14]。アクチュアリティは、自然科学や対象的な認識によっては理解できない、スピリチュアリティのきわめて重要な一側面である。

　もちろん、理論的にはアクチュアリティがほとんど忘却され続けてきたといっても、優れた心理療法の実践家は、言語的に表現せずとも、暗黙のうちのこのアクチュアリティと向き合い、その微細な感受能力を分化させ発達させてきた。たとえば、オランダの精神科医リュムケは、統合失調症者と出会うときに、セラピストのうちに湧き起こる一種表現しがたい感情をプレコックス感（Praecoxgefühl）と名づけ、これを真の統合失調症者と仮性の精神病者を峻別する診断的指標になると主張した[8]。いうまでもなく、プレコックス感は、リアリティの認識ではなく、アクチュアリティの認識によって引き起こされている。アクチュアリティは、専門知識の有無とは無関係に感じ取られる現実である。むしろ、客観的・技術的・概念的知識を詰め込みすぎ、専門家がリアリティのみを頼るようになってしまった場合には、一般の人以上にアクチュアルな現実に鈍感になってしまう危険性がある。実践的な心理療法家は、リアルな専門知識を十分にもちながら、アクチュアルな現実を敏感に察知し、それを活用する知恵を備えることが必要なのである。

　リアリティとアクチュアリティという現実の二義性は、今日の精神科医療および心理臨床の場面で多用されている診断基準であるDSM-Ⅳの功罪とも重なっている。周知のようにDSM-Ⅳの最大の特徴は、表面にあらわれた症状のみを問題とし、それがどれだけ設定された項目に該当するかを確認す

第1章　心理療法実践とスピリチュアリティ

れば、誰でも客観的な診断ができるように作成されている。DSM-Ⅳの診断には、リュムケのプレコックス感のような、クライエントに主体的に関与することによってのみ感受されるアクチュアリティが完全に脱落しているのである。

　DSM-Ⅳによる診断は、学術論文を書くときには役立つが、治療法には必ずしも結びつかないという問題がある。これは、病名の診断によって治療法の選択肢が決定する身体的な病気とは異なり、精神の病は診断と治療法が簡単には結びつかないという事情からきている。この事実は、心の病がアクチュアリティと深く結びついていることを示唆しているのではないだろうか。

　心理療法の理論家である以上にはるかに実践家であったユングは、「医者が私に厳密にかくかくの方法に決めていると語るとき、私は彼の治療効果を疑う」と述べている[12]。「私の分析では、理論的仮定は何の役割も演じはしない。私は故意にきわめて系統的でないのである。私の考えでは、個人を治療するさいには個別的な理解だけしかない」としている[12]。これは、理論や技法などのリアリティに固執した心理療法の現状に警鐘を鳴らし、流動変化するアクチュアリティへと開かれていることが効果的な治療に結びつくことを示唆しているように思われる。

　DSM-Ⅳのようにリアリティのみを捉える認識法の陥穽は、質問紙法の心理テストや、機器を用いた多くの生理学的検査、最近のエビデンスベイスド主義にも同様にあてはまる問題である。科学主義に多く見られるリアリティを偏重する態度は、知らず知らずのうちにアクチュアルな現実を捨象し、心理療法の形骸化を助長する危険性があることを十分に知る必要があるだろう。一方で、アクチュアルな情報を上手にすくいとることができれば、それは豊かな心理療法のプロセスへと活用することができるのである。

　アクチュアリティは、主観的で頼りない現実を意味するのではない。微妙なアクチュアリティへの感覚を十分に研ぎ澄ませば、他者と合意できる明確な現実になる。そのためにはアクチュアリティへの感受性を磨き、多くの相互検証を経ることが重要である。師から弟子へと実践的な知恵の伝達が行われている諸伝統では、アクチュアルな感覚はしばしば暗黙のうちに合意さ

れ、継承されてきたのである。それは、職人、霊的伝統、医師、心理療法家の世界においてきわめて重要な伝統である。心理療法の実践においては、クライエントとの出会いの中でそのつど立ち現れるアクチュアルな情報は、学術的研究としては取り上げることはなかなか困難であるが、心理療法の実践においてはきわめて重要な契機になることが多い。

6 アクチュアリティが鍵となる心理療法

では、実際にアクチュアルな情報が心理療法に役立った事例を紹介したい。はじめに紹介する事例は、プロセスワークの創始者として有名なA．ミンデルの事例である[16]。

【事例1：直感的に腫瘍を発見】

ミンデルはあるときとても困惑していた。「クライエントに触りたいという説明のできない欲求に駆られたのである。私は落ち着かない気持ちで数回の面接を行った。だが、どうしてもそのクライエントの左胸に触りたいという気持ちは募るばかりだった。その女性に肉体的に惹かれたのではなかった。触りたいという欲求は性的なものではなく、何かを発見したいという思いに近かった」。ミンデルは自分の欲求を疑い、なんとか抑圧しようとしたが、どうしても押さえきれなくなった。そしてついに、「その欲求について自覚的に打ち明けることにした。彼女は私を信用してくれ、手がどこに行きたがっているのかと尋ねてくれた。私は、理由はわからないが左胸であることを伝えた。彼女が興味を示したので、私は彼女自身の手で左胸に触ってみるようにいった。すると驚いたことに、そこに今まで気づかなかったしこりができているというではないか。ただちに検査を行った結果、それは悪性の腫瘍であったことが判明した。彼女は手術で腫瘍を取り除き、回復していった」。

この事例では、ミンデルに去来したクライエントの胸を触りたいという「説明のできない欲求」が重要な契機となっている。この不可解なアクチュ

アルな感覚に対して、ミンデルは無視することもなく、かといって盲信することもなく、十分に自問自答して葛藤した。しかし、この感覚を信頼してクライエントに打ち明け、彼女も同意したため、腫瘍の発見と回復という結果に導くことができた。アクチュアルな感覚が治癒にダイレクトに結びついた事例である。リアリティのみを信じ、理性的・常識的に行動していたとしたら、ミンデルの欲求は無視され、このような結果には決して至らなかったであろう。

このような非合理的な事例は、一般的には受け容れがたく、信じられないかもしれない。あるいはミンデルの特殊能力として説明されてしまうかもしれない。しかし、身体技法や心理療法に精通している人ならば、このような事例はそれほど珍しいものではない。

たとえば、日本の代表的な代替療法である野口整体では、複数名で身体の動くままに任せる「活元相互運動」という方法がある。この運動中には、近くにいる人の具合の悪い部分に自然と手が向かうということが当然のようにして起こるようである[20]。活元運動は、十分にリラックスして何も考えずに自然の動きに素直にしたがうことだとされているが、これはアクチュアリティへ身体を委ねるという意味があると思われる。

心理療法家の浅田と白岩は、ある人が心臓の動悸や身体が震えそうになっていたとき、まだそれを言葉や動作として表現していないにもかかわらず、近くにいた人がその身体症状を引き起こしてしまった事例などを報告し、ていねいな考察を行っている[2]。アクチュアリティは非個人的な性質があるために、感受性の高い人は他人のそれを知らず知らずのうちにキャッチしてしまう場合があるのである。

このように、アクチュアルな現実は、理性的には理解不能であることも多い。しかし、その感覚を十分に信頼し、プロセスに優しく寄り添っていくと、治癒を促進する決定打になる場合がある。

次に、筆者自身の事例を紹介する。これは、物理的に対面している場面ではなく、時間と空間を越えて、夢の中で筆者がある女性のアクチュアリティを感受した事例である。セラピストの内的体験を直接的に表現するために、事例の中で筆者は一人称の「私」を用いて記述することをお断りしておく。

【事例2：夢による共感的理解】

　Sさんは30代の女性で、あるとき深い至福に満たされる強力な神秘体験をした。この世界が愛によって創造されたことを完全に理解した瞬間、宇宙を創造した愛が光となって身体を貫いたという。Sさんは恍惚状態になり、しばらく動くことさえできなかった。しかしその体験の数日後、次々と世界中の神々や悪霊のビジョンが襲来し、自分ではまったく制御不能になってしまった。Sさんは、自分は精神病ではなく、医療機関で治療される類の問題ではないと明確に主張した。私も、Sさんと会っているときの私自身の感触や（プレコックス感のようなものとはまったく異質であった）、彼女のビジョン以外の言動が信頼できることなどから、精神病ではなく、スピリチュアル・エマージェンシーの状態だと考えた[5]。Sさんのビジョンはますます烈しさを増すばかりで、やがて日常生活にも支障を来すようになり、疲労感と先行きへの不安感が募っていった。彼女はしばらく田舎にある実家にもどって静養することに決めた。毎日家の裏にある小さな畑で土や植物に触れ、気が向いたことをするという生活を送った。しかしビジョンはなかなか治まらなかった。Sさんはそこで得た洞察や体験をイラストや手紙にして、私に頻繁に送るようになった。私は、彼女から送られてくる文章を見ては言葉につまった。ある意味では彼女の世界が伝わりすぎるほどに伝わり、どんな言葉も彼女の世界を表現するには粗すぎるような感じがして返事が書けなかった。手紙を手にしても、強烈なエネルギーを感じながら「うーむ」とうならされて終わりであった。

　ある日、夜中に私は不思議な夢を見た。煌々と明るく照らされた部屋の中に私はいた。その部屋はなぜか外からすべて透けて見える部屋であった。私が隠れる場所も、落ち着ける場所もどこにもなかった。すべてはガラス張りで、明るい照明を浴びていた。近くを通る人が、皆異様な化け物のような形相をして私を見つめていく。私は精神病になるのでないかと思った。私の知り合いの面々が、遠い世界に隔てられて座っているのが見えた。私はずいぶん遠い世界にやって来てしまったと感じた。この絶望的な状況は、自分のちっぽけな力ではどうにもならないことは明白だった。全身に寒気が走り、これまで体験したことのない恐怖感と無力感を感じた。しかし同時に、夢を

第1章　心理療法実践とスピリチュアリティ

見ながら、これは私自身の夢ではないと気づいている自分もいた。
　夢から目覚めた私は、しばらく寒気と恐怖の余韻に包まれたままだった。夢の回想をはじめると、これはＳさんの夢だと思い当たった。理由はないが、そうだと確信した。Ｓさんは、今こういう世界を体験しているのだとわかった。こんなとき、一番欲しいのは何か、夢によって体験したのですぐにわかった。共同世界にいる人が、しっかりとした絆で地上につなぎ止めてくれることである。Ｓさんは、絆が切れ、宇宙のかなたへ飛ばされることがもっとも恐ろしいのである。これは、通常の淋しさとは次元を異にする、経験したことのないほど絶望的に耐えがたい孤独感だった。だから、何度も私に手紙を送ってくるのだ。
　私はその日はじめてＳさんに手紙を書いた。形式的な挨拶のほかは、「僕はＳさんの手紙をいつもしっかりと拝見して受けとめています」とだけ書い

図1　Ｓさんの描いたイラスト（左）とレリーフ

た。もちろん、夢については一切触れなかった。数日後、Sさんから返事があり、「これ以上にうれしく励まされる言葉はありません」などと感謝の気持ちが綴られていた。

その後3年以上が過ぎ、現在も時折Sさんから手紙が送られてくる。イラストは、調和のとれた本当に美しいものに変化していった（図1）。私の大学の研究室に彼女のイラストを貼っておくと、入ってきた学生が皆感激するほどである。手紙には、すこしずつ勉強や仕事をはじめ、身体もすっかり健康になったと書いてあった。Sさんの異世界への旅は、多様な世界を統合しながら終焉に近づき、共同世界に根づこうとしているように思われた。

この事例では、夢によって、他者の現象的世界を体験的に理解し、それが的確な言葉につながった。夢とは、睡眠によって自我の統制が弱ったときに、アクチュアルな現実をイメージ化したものであると考えられる。したがって、夢によってSさんの内的世界を体験的に知ったことは、アクチュアルな他者理解であるといえる。アクチュアルな通路による理解には、しばしば次のような特徴がうかがえる。

第1は、直接的にわかったという感覚、あるいはすでに十分知っているという感覚である。この感覚は段階を踏まずにいきなり中核へと至ることが多い。しかも、夢に没入しながら、同時にこれは自分の夢ではないと気づくような冷静さも保たれている。

周知のように、ロジャースはクライエントの現象的世界を的確に理解するという意味での共感能力を重視した[21]。しかしそのような共感は、いかにして可能なのだろうか。この問いへの重要な手がかりは、アクチュアルな通路にあると思われる。アクチュアリティを通して他者に接近することが、的確な共感の基礎条件になっていると考えられるからである。この点については、後にさらに詳しく考察する。

第2の特徴は、時間と空間を越える場合があるということである。アクチュアルな理解は、物理的に近くにいなくとも、時間的に一致しなくとも、意識が向かったときその通路が開かれる。いうまでもなく、これは共時的な現象であり、ユングならば精神や物質の根源である「一なる世界」を通じて

情報をキャッチしたと説明するだろう。アクチュアリティは、リアリティから一なる世界へと遡行しはじめたときに垣間見られる現実なのである。

第3の特徴は、アクチュアリティから直接引き上げられた言葉は、たんなる知識とは違い、しばしば強力なエネルギーをもつことが多いということである。アクチュアルな現実に関わった人は強いインパクトを受けるので、そのことが変容をもたらす強力な触媒になるのである。アクチュアルな通路によるクライエントの理解＝共感は、必ずしも正確でないこともあるが、エネルギーが強いのでうまく活用できれば豊かなプロセスを促進させるのだ。この事例では筆者の夢の体験によって、「Ｓさんの手紙をいつもしっかりと拝見して受けとめています」という言葉が生まれ、普段は手紙に返事をしないという非礼ぶりでありながら、たった１回の返答によって、深い交流が起きたのである。これはアクチュアリティに触れることによって引き起こされた、心理学的平面を越えたスピリチュアルな魂と魂の交流である。

7　他者理解の構造

次に、二人の人間が互いに相手を理解をするという局面において、リアリティとアクチュアリティという現実の二義性がいかなる役割を担っているのか、もう少し詳しく探ってみたい。先述のように、私たちが人と出会うときには、その人の言語的理解に先だって、さまざまな色合いをもった雰囲気としてアクチュアルな情報を得ている。図２に示したように、これが私たちが他者理解をするさいの、第１次的な通路である。社会的な人間関係ではなく、自然な人間的な人間関係はこのアクチュア

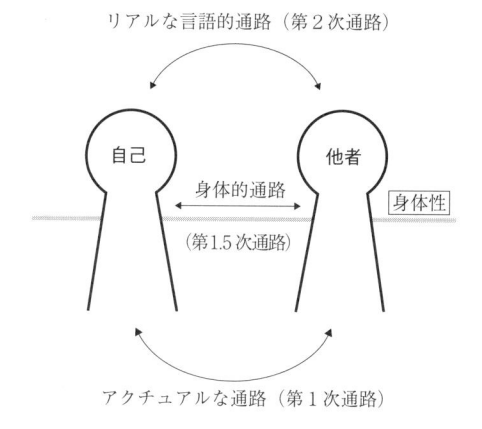

図２　他者との交流における３つの通路

ルなフィーリングによって惹きつけられたり、遠ざけたりしているのである。
　一方で、他者に関する完了形の情報を得た場合、それが会話であろうと、文字による情報であろうと、リアルな他者理解が構築されていく。言語的情報は、表現される内容が対象として吟味され、分節化された言語体系に当てはめられて表出されている。それゆえ、言語による情報は、対象化されたリアリティに属する。通常は、言語が第１次的な他者理解の通路だと思われているが、実際には言語的情報は第２次的な通路なのである。リアルな情報に接したときには、そこからアクチュアルな現実を感じ取ることによって、より的確でより全体的な他者理解に発展すると思われる。

8　アクチュアリティとリアリティの不一致

　ときどき、アクチュアルな１次的通路で感知した情報と、リアルな２次的通路で得た情報が符合しない場合がある。このズレは、心理療法においては、注目すべき着眼点となる。アクチュアルな印象と、リアルな理解の不一致が起きているときには、次のような事態が起きている可能性が考えられる。
　第１は、情報を受け取る人の内面の問題である。微妙なアクチュアルな動きをキャッチしたとき、それにラベルを貼って言語化することによってリアリティとして輪郭づけられる。このアクチュアリティをリアリティへと分節化・対象化する過程で、何らかの歪みや加工が生じると、アクチュアリティとリアリティが不一致に陥るのである。情報を読み取る人の心に歪みやブロックがあると、アクチュアリティをいつも歪めて加工するので、このような不一致に陥るのである。
　第２は、たとえば、アクチュアルな雰囲気としてはとても暖かく感じられるのに、リアルな言語的表現がきつくて厳しいような場合である。このようなとき、アクチュアリティとリアリティにはギャップがあるにもかかわらず、案外彼に対して信頼感を抱けることが多い。このことは、人間同士の自然な交流においては、アクチュアルな通路の方がリアルな通路よりも第１次的であり、重要であることを示している。このようなタイプの不一致は、仮

第1章　心理療法実践とスピリチュアリティ

面としてのリアリティと、仮面の下の素顔としてのアクチュアリティのズレによって生じているのである。半ば意図的にこの不一致を引き起こし、自己を防衛したり、ズレによる意外性を演出している人もいる。

　第3は、たとえば、アクチュアルな雰囲気が冷たかったり拒絶的な印象があるにもかかわらず、リアルな側面としては暖かく受容的な言葉が語られているような場合である。この場合には、接した人は不一致な情報のどちらを信用していいかわからなくなり、混乱に陥る。ベイトソンのいう二重拘束（ダブルバインド）の状態である。理屈は正しいのだけれども、なぜか説得力が感じられず、腑に落ちないという感覚になったりする。

　このタイプの不一致で、言語が巧妙に偽装されている場合には、すぐには不一致に気づかないことも多い。その人と会って話をしているときには納得し、意気投合した感じがしていたのに、別れた後に急に胸苦しく感じたり、背筋が寒くなって拒絶感が襲ってきたりすることがある。これは、対面しているときにはリアルな通路が優位に活性化して、アクチュアルな印象が背後に押しやられていたのである。しかし相手と離れてその影響圏から解放されることによって、微妙に感じられていたアクチュアルな感覚が活性化するのである。リアルな理解の方が、アクチュアルな印象に比べて、輪郭がはっきりしているので、私たちの思考や知識による判断にとっては優位に立ちやすいのである。

9　第1.5次通路としての身体的通路

　心理療法の実践においては、しばしばノン・バーバル（非言語的）な情報を重視すべきであることが指摘される。ノン・バーバルな情報とは、広い意味では行動や出来事なども含むが、多くの場合表情や手の動きなど、身体的所作を指している場合が多い。身体はトランスパーソナルな領域への入り口であるとの見解もある[22]。

　アクチュアリティとリアリティという現実の二義性の視点から見ると、身体は非常にユニークな存在として発見される。ちょうど身体の筋肉が随意筋と不随意筋の2種類から構成されているように、身体はリアルかつアクチュ

アルな存在である。生物学的・解剖学的なシステムとしての身体は対象的に観察可能なリアリティに属するが、周囲の雰囲気と感応して自然と動きだす身体はアクチュアリティそのものである。

　心理療法で注目すべき身体は、アクチュアルな身体である。「楽しいです」と言葉で語りながらも眼に輝きのない人と、「つまらない」といいながら瞳の輝いている人では、どちらが本当に楽しんでいる人だと私たちは感じるだろうか。ほとんどの人は、瞳の輝く人を選択するだろう。アクチュアルな身体は言葉とは異なり、表現にうそがないのである。アクチュアルな身体は、第1次的な通路としてその人自身を表現するので、他者はそれを通してその人を感じ取るのである。心理療法家が、ノンバーバルな情報を重視しようというのはこのためである。

　一方で、兵隊の統率された行進や、訓練された営業スマイルのように、意図的につくり出された身体の所作もある。これは、観念や習慣によって随意的に統制された身体動作であり、その人のアクチュアリティとは通常切り離されている。それゆえ、このようなリアルな身体は、第2次的なリアルな通路に属するのである。

　つまり身体は、第1次的なアクチュアルな通路としても第2次的なリアルな通路としても機能するユニークな存在なのである。したがって、ここで身体性を第1.5次通路と名づけるのは妥当であろう（図2参照）。洗練された人物というのは、文化的に形成されたリアルな身体の振る舞いを身につけており、なおかつその場の雰囲気や内面のパッションに応じて自由にアクチュアルな身体的表現をするので、必ずその立ち振る舞いがさまになっているものである。

　今日多くのボディサイコセラピーが主張しているように、アクチュアリティとリアリティの交差点としての身体を精密に読み取る眼を養うことによって、高度な心理アセスメントと心理療法が可能になると思われる。

10　心理療法とスピリチュアリティ

　これまで、通常見落とされがちなアクチュアリティが、心理療法において

第1章　心理療法実践とスピリチュアリティ

はたしている重要な役割の一端を明らかにしてきた。そして、アクチュアリティは情報伝達の直接性、時空間からの超越性、プロセスへの強力なインパクトなどの特徴があることを、2つの事例を通してみてきた。さらに、他者理解というものが、アクチュアリティ（第1次通路）、身体（第1.5次通路）、リアリティ（第3次通路）から成り立っていること、それぞれのズレはいかにして生じているかについて明らかにした。

　アクチュアリティは、リアリティに比べて捉えがたいため、それを感じ取り、活用していくことは難しい。しかし、アクチュアリティを的確に感じ取り、活用することは、もっとも普遍的で本質的な心理療法の技術である。心理療法による癒しや成長のプロセスは、アクチュアルな力が根源的な原動力だからである。この技術は、特定の手順の存在しない、芸術的な(アート)スキルなのである。

　もちろん、リアルな情報に対する従来の専門知識や技法が不要だといっているのではない。これらの知識や技法は、アクチュアリティの波に乗っているときにこそ、もっとも効果的に用いられるのである。リアリティはアクチュアリティを失ったときその命を失う。すなわち、アクチュアリティはリアリティの母胎であり、命なのである。

　アクチュアリティは捉えがたいスピリチュアリティの本質的で重要な一側面である。アクチュアリティへと開かれたセラピストは、心理療法をより効果的に、ダイナミックに展開することができるだろう。心理療法の黎明期には、リアルな言語を主たる道具とすることが治療の基本原則であったが、図3に示したように、今日ではより微細でアクチュアルな、イメージ（夢やビジョンなど）、身体、振動（リズムや音など）、さらにはサトルエネルギー（気など）を主たる道具とする新しい心理療

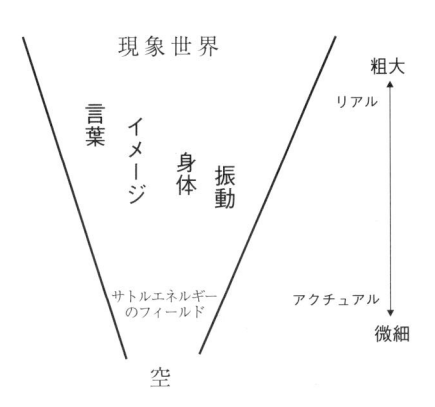

図3　心理療法のさまざまな領域と道具

183

法が次から次へと開発されている。アクチュアルな根源をさらに探っていけば、「空」へとたどり着くに違いないが、まだ「空」を用いた心理療法は登場していない。悟りを志向する瞑想法は、現象世界の根源である「空」を求める修行法であったが[10]、将来的には「空」が心理療法においても重要になる日が来ると思われる。

このような趨勢を眺めると、心理療法実践の現場においては、今後はアクチュアリティへの探求と、その活用に関する実践知がますます求められるだろう。その結果として、臨床心理学は本格的にスピリチュアルな学問へと変容する時代が到来するのかもしれない。

文献

1) 安藤治ほか「心理療法と霊性——その定義をめぐって」(「トランスパーソナル心理学／精神医学」Vol.2 No.1, 1-9頁, 2001)
2) 浅田くに・白岩紘子「言葉以前から言葉を越えて行き交う関係について」(「人間性心理学研究」第22巻第1号, 11-22頁, 2004)
3) Blankenburg, W.: *Der Verlust der naturlichen Selbstverstandlichkeit*, Ein Beitrag zur Psychopathologie symptomarmer Schizophrenien. Ferdinand Enke Verlag, Stuttgart, 1971.(『自明性の喪失——分裂病の現象学』木村敏訳, みすず書房, 1978)
4) Gendlin, E.T.: *Experiencing and Creation of Meaning, a philosophical and psychological approach to the subjective*. Free Press of Glencoe, New York, 1962. (『体験過程と意味の創造』筒井健雄訳, ぶっく東京, 1993)
5) Grof, S. and Grof, C.: *Spiritual Emergency, When Personal Transformation Becomes a Crisis*, 1989.(『スピリチュアル・エマージェンシー——心の病と魂の成長について』高岡よし子・大口康子訳, 春秋社, 1999)
6) Heidegger, M.: *Sein und Zeit*. M. Niemeyer, Halle, 1927.(『有と時』辻村公一訳, 河出書房新社, 1974)
7) Husserl, E.: *Cartesianische Meditationen und Pariser Vortraege*. hrsg. von S. Strasser, 1850.(『現象学序説——デカルト的省察録』山本万二郎訳, 創文社, 1954)
8) 井村恒郎ほか「精神分裂病の診断——とくにPrecoxgefuhlについて」(「精神医学」Vol.9, 85, 1967)
9) 石川勇一「自己性成立不全の存在様式の現象学的研究——解離性障害の事例から」(「人間性心理学研究」Vol.18 No.1：21-33頁, 2000)
10) 石川勇一『スピリチュアル臨床心理学』メディアート出版, 2005
11) 石川勇一「夢遠近法的体験をめぐる統合と退行の心理療法過程」(「トランスパーソナル心理学／精神医学」Vol.1 No.1, 40-47頁, 2000)

12) Jung, C.G., Jaffe, A. edited: *Memories, Dreams, Reflections*. Pantheon Books, New York, 1963.（『ユング自伝1――思い出・夢・思想』河合隼雄・藤縄昭・出井淑子訳，みすず書房，1972）
13) 神田橋條治『精神療法面接のコツ』岩崎学術出版社，1990
14) 木村敏『心の病理を考える』岩波新書，1994
15) 木村敏「精神医学と現象学」（「講座・現象学：4」木田元ほか編，弘文堂，1980）
16) Mindell, A.: *Metaskills, The Spiritual Art of Therapy*, New Falcon Press, 1995.（『メタスキル――心理療法の鍵を握るセラピストの姿勢』佐藤和子訳，諸富祥彦監訳，コスモスライブラリー，2001）
17) Mindell, Arnold, Dreaming While Awake: *Techniques for 24-Hour Lucid Dreaming*, Hampton Roads, 2000.（『24時間の明晰夢――夢見と覚醒の心理学』藤見幸雄，青木聡訳，春秋社，2001）
18) 森田正馬『神経質の本態と療法――精神生活の開眼』白揚社，1960
19) 西平直「スピリチュアリティ再考――ルビとしての『スピリチュアリティ』」（「トランスパーソナル心理学／精神医学」Vol.4 No.1, 8-16頁, 2003）
20) 野口晴哉『整体入門』筑摩書房，2002
21) Rogers, C.R.: *The Necessary and Sufficient Condetions of Therapeutic Personality Change*. Journal of Consulting Psychology, Vol.21, No.2, 95-103, 1957.（「セラピーによるパーソナリティ変化の必要にして十分な条件」伊藤博訳『ロジャーズ選集（上）』誠信書房，2001
22) 田中彰吾「変性意識と身体――『変容する知覚』の現象学」（「トランスパーソナル心理学／精神医学」Vol.2 No.1, 56-61頁, 2001）

第 2 章

青木　聡
Akira AOKI

心理療法の「内省」とスピリチュアリティ

何もすることはない。ただ心を開いて静かに耳を傾け、あの花の美しさを見つめたまえ。

クリシュナムルティ

1　はじめに

　心理療法は、出来事の表層ではなく、深層に眼差しを向ける。むしろ通常とは逆向きに、深層の側から表層の理解を試みる。臨床実践に即して言えば、「心」がどのような方向に向かおうとしているかを深く「内省」することを通して、問題や症状に取り組んでいく。つまり、心理療法は「内省」を深めていく作業に過ぎず、合意的現実(コンセンサス・リアリティ)における具体的な「変化」を目指して直接働きかけることはしない。だからこそ、心理療法は「平板な世界(フラットランド)」でひとつの役割を担うことができ、合意的現実における「変化」に実際的な貢献をはたしてきたといえる。
　ところが、心理療法の本質が苦悩をめぐる「単なる内省」であることを忘れてしまうと、心理療法家の振る舞いは胡散臭くなる。たとえば、問題や症状に対して「具体的な援助」の手を差し伸べたり、あるいは「適切なアドバイス」を提示したりするならば、それは苦悩に対して何かを「為(な)す」試みであって、もはや心理療法とはいえない。確かに、当初の心理療法は神経症の「治療」として技法化された。だが、それはあくまで「無意識の意識化」で

あり、合意的現実における「具体的な援助」ではなかった。残念なことに、臨床心理学の主流派は次第に「内省」的な色を薄め、援助的な志向性を強めている。また、巷では問題の即席的解決や心身症状の治癒を謳う「エセ心理療法」が大手を振っている。しかし、心理療法の使命は「魂に奉仕すること（psyche-therapeia）」であって、決して「苦悩を癒すこと」ではない。

　心理療法とスピリチュアリティについて論じる際には、今述べた点を踏まえておくことが非常に重要であると思われる。心理療法は何もせず、ただ見つめるだけである。苦悩を語り尽くせるように、ひいては問題や症状の意味に想いを馳せることが展開するように、苦悩の下にとどまり、ひたすら深く見つめること、それが心理療法の基本である。言ってみれば、心理療法とは苦悩（問題や症状の体験）の中により深く参入していく試みといえる。

　したがって、心理療法と「スピリチュアリティ探求」を積極的に関連付けようとする立場には危惧の念を抱かざるを得ない。文字通りの「スピリチュアリティ探求」は、目の前の困難や苦悩からの逃避になりかねないからである。伝統的な諸宗教の精神修養システムが、苦悩から解脱するための内面的な「変化」を目指していたことを思い起こせば、ここに心理療法の「エセ宗教」化を読み取ることができるかもしれない。

　本稿は、まず「エセ心理療法」や「エセ宗教」と心理療法の相違について論じていく。それから、心理療法の「内省」を3つの段階に区別して述べてみたい。心理療法は「スピリチュアリティ探求」を意図しないにもかかわらず、「内省」の深まりは実質的にスピリチュアリティに向かう旅路になるものと思われる。

2　「エセ心理療法」と「エセ宗教」

　心理療法は個人の内面性に焦点を当てる「内省」の作業に軸足を置く。言うまでもなく、そのような専門職は「近代」以前には存在せず、心理療法は近代的意識の確立とともに誕生した「近代」の申し子といえる。そのため、心理療法の意義は時代背景と切り離して論じることができない。特に心理療法とスピリチュアリティについて考えるとき、1960年代のヒューマン・ポテ

ンシャル・ムーヴメント（人間の潜在性開発運動）の狂騒を看過すべきではないだろう。それは伝統的宗教の衰退を加速させ、心理療法が大衆化する一大契機となり、内面性探求の実用的効果を喧伝する心理療法業界を登場させた。

　心理療法業界は「心理療法を受けると心理的成長が促進されて幸福になれる」と看板を掲げ、自己啓発で商売を行ってきた。もちろん、近代的な生活の中で自己疎外の問題を抱えてしまった人々が、良質の心理療法で経験した自己洞察によって癒されたことは間違いない。だが、心理療法業界の大多数は、心理療法を援助志向のサービス業へと変質させた「エセ心理療法」であった。はたして「エセ心理療法」で看板どおりの「心理的成長」や「幸福」を見出せたかどうかは疑わしい。「エセ心理療法」は内面性探求をなおざりにするからである。「看板に偽りあり」と感じた来談者も多いのではないだろうか。そもそも、心理療法業界が「心理的成長」や「幸福」に関する真摯な心理学的反省や学究をないがしろにして、伝統的宗教の役割を拙速に引き継ごうとしたことは大問題であったといえる。そしていつの間にか、心理療法業界は臆面もなく「癒し」を商品化して「エセ宗教」に堕してしまった。

　現在、心理療法業界や各種の対人援助専門職の間で、スピリチュアリティ概念が流行していることは周知の通りである。ヒューマン・ポテンシャル・ムーヴメントが現代版の宗教改革運動としての側面を持っていたと考えれば、スピリチュアリティを射程に収めることは、心理療法業界の長年の悲願といえるかもしれない。心理療法業界は、その最良の動機において、当初から自己啓発ではなく「スピリチュアリティ探求」を目指していたからである。

　しかし、本邦の学術文献に目を通す限り、スピリチュアリティ概念は「健康増進」「生活の質（Quality of Life）」「生きがい」などについて述べる内容の中で使用されることがほとんどで、超越的な次元を指す元来の意味がぼやけている印象は否めない。また、いわゆるニューエイジ的な書籍においては、スピリチュアリティという言葉が頻出し、聖なる「癒し」のイメージを喚起する「錦の御旗」になっている。いずれにせよ、スピリチュアリティと

いう言葉は、「健康」や「癒し」の文脈で都合よく利用されている感がある。

　元来、スピリチュアリティという言葉は、「いのちの息吹き（the breath of Life）」を意味するスピリトゥス（Spiritus）というラテン語に由来する（Webster's New World Dictionary）。ラテン語のスピリトゥスには、人知を超えた創造の源の微風（＝いのちの息吹き）という意味合いがあったという。言うまでもなく、この「微風」は文字通りの風のことではなく、目に見えない「微細なそよぎ」の表現として象徴的に理解するべきだろう。

　エルキンス[1]によると、現実性（リアリティ）には「物質的次元」と「非物質的次元」という2つの異なる次元があるという信念が、スピリチュアリティ概念の前提になっている（訳書33頁）。非物質的次元の低層は合意的ないし主観的な意味や価値の次元であり、その層に関しては「社会的次元」「心理的次元」と言い換えることもできる。しかし、元来スピリチュアリティという言葉が指し示していたのは、それより高層の形而上的ないし超越的な次元において創造の源の微細なそよぎを直覚することであり、その層のことは「霊性的次元」と呼び習わされてきた。「社会」や「私」にとっての意味や価値ではなく、「いのちの息吹き」の直覚に重点が置かれているのである。それは〈神性〉との出会いとされ、ヌミノースな体験として描写されてきた。

　「健康増進」「生活の質」「生きがい」などをスピリチュアリティ概念と安易に結び付けている文献の多くは、社会的次元ないし心理的次元までにしか理解が及んでおらず、スピリチュアリティの本来の意味を捉え損ねているものと思われる。あるいは、霊性的次元を認めていながら、言説が「アヤシイ」宗教的なものになることを避けるために、無難な言い回しを使っているのかもしれない。

　心理療法は「あらゆる心理学的活動の中に神々を想起するという仕事」[2]といえるので、そこに宗教性や超越性の萌芽を見ることは可能である（訳書416頁）。ただし、宗教は「教義」に基づいて「救済の道」を指し示すことで成り立っている。一方、心理療法は「単なる内省」の作業でしかない。もし、心理療法が「教義」なしに（あるいはでたらめな「教義」で）「救済の道」を指し示そうとするならば、ニューエイジと同様に「エセ宗教」の謗りを免れ得ない。「癒し」を提供することや、内面的な「変化」をガイドすること

第2章　心理療法の「内省」とスピリチュアリティ

は、心理療法の本質から外れている。心理療法は「内省」に専心し、「スピリチュアリティ探求」それ自体を心理学的反省の俎上に載せ、人々がスピリチュアリティに何を見ているかを見ていく作業であるべきだろう。

　それにしても、スピリチュアリティを主題とする心理療法の事例報告は、寡聞にしてまず見当たらない。心理療法の現場から見れば、昨今のスピリチュアリティ概念の流行は、「健康」や「癒し」をもてはやす世相の反映に過ぎず、実態が伴っていないのではないかとさえ思われる。実際、心理療法を訪れる来談者は、問題や症状を苦悩することに埋没していて、スピリチュアリティに関心を示す人などほとんどいない。せいぜい商品化された「癒し」をスピリチュアリティと勘違いしている人が散見される程度である。

　しかしながら、スピリチュアリティにまったく関心のない人が語る、スピリチュアリティと何の関係もない話題であっても、深く見ていくとすべては スピリチュアリティに通じている。ある意味で、問題や症状を深く苦悩することの方が、文字通りの「スピリチュアリティ探求」や精神修養よりも、ずっとスピリチュアリティに近いのではないだろうか。そのため厄介なことに、真正面から内面性探求に取り組む心理療法家の実践ほど、「エセ宗教」化しやすい面があることは間違いない。臨床経験を積み重ねていくうちに、内面的な「変化」の過程に詳しくなるからである。臨床実践においては、来談者自身の「内省」の旅路に同行することだけが、心理療法家の役割であるという節度をわきまえるべきだろう。本来の仕事である「内省」を置き忘れた心理療法家が、「エセ心理療法」や「エセ宗教」に憑かれてしまい、いかがわしくなるのである。

　仮に、心理療法が信頼に足る「教義」を構築するならば、それは新たな「宗教」の始まりとなるであろう。トランスパーソナル心理学／精神医学は、臨床実践の「エセ宗教」化を回避するために、真剣にスピリチュアリティの問題に取り組んできた。誤解を恐れずに言えば、それは公共性のある「教義」を一から作り上げようとする壮大な挑戦であり、宗教性という故郷へ立ち戻る運動であった。その自覚を持たなければ、「スピリチュアリティ探求」は「近代」の新たな神経症でしかなく、前個的な「神話的論理性」への退行になりかねない。

「エセ心理療法」と「エセ宗教」は、どちらも心理療法の本質を見落としている。治療的野心や内的成長の促進に動機付けられて、具体的ないし内面的な「変化」を意図するからである。心理療法は「変化」を促す作業ではなく、「内省」を深めていく作業である。それが心理療法であることを確認したところで、次に心理療法の「内省」とスピリチュアリティについて論じていく。

3 「世界」の立ち現れを見つめる眼差し

　とはいっても、前述のように、スピリチュアリティが直接の主題となる事例などめったに出会えない。来談者の主訴は、たいてい合意的現実における人間関係の問題や心身症状などである。心理療法はそれらの主訴を出発点として、「内省」を深めていく。言い換えれば、心理療法は問題や症状のある「今ここ」に意識を向けていく。しかし多くの場合、「私」の日常的な意識は問題や症状のないあり方に逃げ出したいと思っている。最初から「今ここ」にとどまって「内省」を深めたい人は少ない。「エセ心理療法」はそこに付け込むあこぎな商売といえる。

　問題や症状のないあり方を求めて「今ここ」を否定することは、結局のところ、日常生活に実存的空虚感を浸透させてしまうのではないだろうか。問題や症状が問題なのではなく、「今ここ」に根ざさないあり方が問題なのではないだろうか。「今ここ」を否定している自分を否定し、「今ここ」に目を向けなければ、心理療法は始まらない。あらためて列挙するまでもなく、「今ここ」を見つめることの重要性については、数多くの心理療法家たちが強調してきた。基本的に、「今ここ」にとどまることこそ、心理療法といえる。それ以外、深層に向かうすべはない。

　しかし、いよいよ問題や症状から逃げ出せないことが分かってくると、今度は「救済の道」にすがりたくなってしまう。問題や症状と向き合う覚悟を決めなければならないにもかかわらず、またしても問題や症状のある「今ここ」から逃げ出そうとしてしまうのである。心理療法は「救済の道」を指し示す「エセ宗教」であってはならない。それゆえ、心理療法は苦悩を遠ざ

けるような「スピリチュアリティ探求」を意図するべきではないだろう。ところが面白いことに、心理療法が「今ここ」にとどまり、「単なる内省」に徹するとき、実質的にスピリチュアリティに向かう旅路が展開することになる。「内面に遡行し、合理性を見つめる能力が、合理性の超越をもたらす」[8]のである（訳書405頁）。この「内省」の旅路は、大まかに言えば、およそ以下のような段階を通過していくものと思われる。

（1）「経験する自己」と「観察する自己」の分離

　心理療法の基本的な態度は、何度も繰り返すように、「今ここ」の体験を深く見つめることである。この態度は、ユングが『心理学と錬金術』[4]で紹介している「曖昧なることを説明するに一層曖昧なることを以って、未知なるものを説明するに一層未知なるものを以って（obscurum per obscurius, ignotum per ignotius）」という錬金術の論証法に端的に表現されている（訳書9頁）。心理療法の「内省」とは、「今ここ」の体験をできるだけありのままに深く見つめることを意味しているのである。

　ところが、「今ここ」の体験をありのままに深く見つめることはとても難しい。ややもすれば、問題や症状の「翻訳」に重点を置き過ぎてしまうことがある。ここでいう「翻訳」とは、問題や症状についてほんの少しだけ「内省」して、「私」の納得に見合う新たな物語や意味を恣意的に織り上げる作業のことを指す。もちろん、問題や症状に対する新たな見方を得ることも内面性探求の重要な一部であり、「翻訳」も心理療法の作業に含まれる。簡単な「翻訳」で事が済むならば、それに越したことはない。ただし「翻訳」は、「今ここ」の体験を自分の理解の範疇におさめようとする試みであって、「私」を知的に満足させることにしかならない。それはときとして、「今ここ」の体験と真に向き合うことを妨げてしまう。

　思いがけない問題や症状が降りかかるとき、これまでの自分のあり方は揺らいでしまう。そのとき、「私」を強化する新たな物語や意味を紡ぐことで事態を乗り切ろうとするか、あるいは、これまでの「私」を手放して曖昧かつ未知の領野に踏み込んでいくか、そこに決定的な分岐点がある。

　実は、「今ここ」を見つめる眼差しは常に働いているはずだが、普段は意識

されることがない。それが「経験する自己」の素朴で自然なあり方といえる。メタレベルから「私」を振り返る「内省」の作業が、「経験する自己」と「観察する自己」の分離を促進するのである。単純な例を挙げれば、過去の経験についての自覚的な語りは、メタレベルから自己を振り返ることになっている。「私」は、経験の最中にいる「過去の私」とそれを語る「現在の私」を、「経験する自己」と「観察する自己」として分離することができる。「現在の私」が「過去の私」を振り返っていると感じるのである。言うまでもなく、「過去の私」は「経験する自己」を見つめる方便となっているにすぎない。

　一方、「観察する自己」は「経験する自己」を見つめる瞬間には決して対象化できない。「観察する自己」を見つめようとすれば、事後的にさらにその対象化が必要となる。つまり、「経験する自己」と「観察する自己」が分離することは、常に働いている観察されえない「純粋な自己」の眼差しに気づかせてくれる契機にもなっている。継時的に生起するように見える「経験する自己」と「観察する自己」は、もとより同時的に生起している。正確に言えば、継時的であり、同時的であり、すなわち継時的と同時的が同時生起しているともいえる。そのような同時生起性を認識することを通してのみ、観察されえない「純粋な自己」の眼差しに気づくことができるのだろう。

　しかし、「観察する自己」から「経験する自己」を単純に振り返るだけでは、結局のところ「私」の理解に奉仕する「翻訳」の作業に終始することになりかねない。事実、心理療法は「観察する自己」の洞察に基づいて、これまでの自分のあり方を微調整する作業になることも多い。しかし、それではスピリチュアリティに目覚めることはない。スピリチュアリティをその語源に従って「いのちの息吹き」の直覚と定義するならば、それは「世界」の立ち現れの一瞬一瞬を「明晰な注意力（lucidity）」で捉えることを意味するといえる。そのように考えると、「観察する自己」が自らの本性である観察されえない「純粋な自己」を見つめようとすることこそ、真の「スピリチュアリティ探求」ではなかろうか。

（2）「本当の私」の発見

「観察する自己」へと視点が移動すると、「経験する自己」の一面性が「今ここ」において徐々に暴かれていく。自己疎外を生きてきた者にとって、「観察する自己」の眼差しを通して自覚的に「私」の主観的現実を見つめる作業は大きな意義を持つ。「私」の内面に気づきが向けられるようになると、苦悩の意味が変容していくのである。内面性が乏しく、また内面を見ることそれ自体を根気強く練習しなければならない者でさえ、地道な心理療法の作業によって着実に苦悩する「私」を見ることができるようになっていく。遅かれ早かれ、問題や症状は「内省」を始めるためのきっかけに過ぎなかったことが明らかになり、苦悩する「私」の方に持続的な注意が向けられるようになる。心理療法の進展につれて、主訴は片隅に追いやられ、「いったい私は誰なのか」という「自己」探求の問いが浮上してくるのである。

最初のうちは、「自己」探求が「私」探求と取り違えられやすい。多くの場合、「私」についての「内省」が十分に深まると、ある時点で抑圧されていた「本当の私」が洞察される。あるいは、偽りの自己によって歪められていた「脚本」が、「本当の私」の立場でより妥当な「脚本」に書き換えられていく。これがいわゆる「無意識の意識化」であり、そこには真実が発見されたという感覚が必ず伴っている。だが、逆説的なことに、「本当の私」の発見は最も強い虚構性を帯びている。

心理療法に対する批判の多くは、洞察や物語の自己中心的な恣意性に向けられているが、ある意味できわめて的を射ている。心理療法で経験される洞察や物語は、微妙な「翻訳」となって「私」を肥大させる危険性を孕んでいる。真実が発見されたという感覚をもって「内省」を止めた瞬間に、「私」の視点による恣意的な解釈が「自己」探求の問いを覆い隠してしまうのである。あえて強調しておくが、「本当の私」の発見は合意的現実を生きる上で役に立つとは限らない。むしろ、そのような発見をもたらす「自己」探求の「内省」に馴染むことに、人生を豊かにする鍵が隠されているものと思われる。

「本当の私」の発見といっても、無意識の中に唯一絶対の真実が眠っていて、それが掘り当てられるわけではない。「私」が「無意識の動き」を見つめるうちに、「本当の私」が夢見られて、次第に形になっていくというべき

であろう。それどころか、「無意識の動き」や、「無意識の動き」を見つめる「私」でさえ、すでに夢見られていると捉えることもできる。

　ミンデル[6]は、日常的な「世界」の背景に、「私」の意図を超越した「ドリーミング」の働きがあることを論じている。それはあらゆる出来事に先立つ「傾向性」や「気配」のことであり、「世界」を顕現させる根源的なポテンシャルと定義されている。もともとミンデルは、「私」がその瞬間に同一化している「１次プロセス」と、いわゆる「私以外」である「２次プロセス」の布置に気づきを向けることを臨床実践の基本に据えて、プロセスワークを創始した。プロセスワークは「翻訳」的な従来の心理療法の考え方と一線を画し、「今ここ」をありのままに見つめる自覚の実践を目指す点で画期的であった。ミンデルが主客（１次プロセスと２次プロセス）の分節以前に漂う雰囲気＝「ドリーミング」に着目するようになったのも、ありのままをより深く明晰に見つめるためであったといえる。

　ミンデルは、「ドリーミング」の自己展開によって、「世界」のすべてが立ち現れると考える。そして、諸問題の源泉は「ドリーミング」の周縁化にあるとして、「ドリーミング」に対する明晰な自覚を常に保つことを勧めている[6]（訳書8頁）。この「ドリーミング」という概念を導入するならば、「内省」を「本当の私」の発見で単純に終わらせてはならない。「本当の私」とそれ以外の差異化の源にまで遡っていくことが大切になってくるのである。すなわち、今見ているこの「世界」の自明性からいったん身を引き離し、いま一度「世界」を顕現させた「ドリーミング」の自己展開を想起することが、「内省」をさらに深めることになるといえよう。

　「私」の主観的現実を「内省」するだけでは、いつまでたっても「私」中心的であり、「魂に奉仕すること」にはならない。ときに主観的現実の地平に登場する他者の立場に開かれることを、魂に奉仕する「深い内省」とみなす見解を見かける。しかし、それも「ドリーミング」の自己展開を想起することに比べれば、しょせん「浅い内省」と言わざるを得ない。多くの場合、内なる他者は「私」の気づいていない「私」の一側面を象徴化しているイメージと解釈される。そのような理解の仕方も実に「翻訳」的であって、「私」に奉仕することにしかなっていない。「内省」を本当の意味で深めるた

めには、「私」が主人公である主観的現実の地平を垂直的に突き抜けて、根源的な背景に遡っていかなければならないのである。

「ドリーミング」は「私」が立ち現れる以前に始まる「微細なそよぎ」であり、超越的な自律性を有している。「私」を含めた「世界」のすべてが「ドリーミング」の自己展開によって創造されていく。大いなる「何か」が「私」や「世界」の背景で働いているという感覚は、「ドリーミング」を感じ取っている証左であろう。すべては「純粋な自己」の眼差しの中で夢見られるのである。この「ドリーミング」の自己展開は、どうしたら「内省」できるのだろうか。この難問に取り組むことこそ、真の「スピリチュアリティ探求」の中心課題にほかならない。

（3）フラートへの気づき

ミンデル[6]によれば、「ドリーミング」を「内省」するためには、「起こりつつあること」の予兆に対する感覚を研ぎ澄ますことが必要になる。それは微細な「傾向性」や「気配」に対する鋭敏な注意力を持ち、何かを実際に見たり感じ取ったりする前に、その兆しを直感することを意味している。この「内省」は、事後的に「私」を振り返る「内省」とまったく異なっており、もはや一般的な意味での「内省」とはいえない。ほかに適切な言葉が見当たらないのでこのまま「内省」と表現していくが、それは漠然とした共感覚的な知覚経験の始点へと遡っていくことに相当する。この「内省」は、「私」の言語的な知性や思考が働き始める以前に、知覚の「瞬間的なひらめき」をいち早く捉えるのである。ミンデルはそのような一瞬の知覚を「フラート」と呼んでいる[7]（訳書136頁～）。

「フラート」は、「いのちの息吹き」の直覚に最も近い概念といえるだろう。「注意力を鍛えるなら、私たちは知覚の最も微細な側面にドリーミングが息づいていることに気づけるようになる」[7]（訳書30頁）のである。従来の心理療法は問題や症状の「意味」に想いを馳せる作業であったが、これからは「意味」がいまだ存在しない極微の知覚を「明晰な注意力」で捉える「深い内省」の作業も含まれなければならない。それはふと心をよぎる一瞬の知覚を周縁化せず、自分を「誘惑（フラート）」したものをしっかりと見据え、その背

第3部　心理療法とスピリチュアリティ

景に潜む本質(エッセンス)に気づくことを意味している。そのエッセンスとは、主客の分節化がこれから展開していく「気配」にほかならない。その「気配」には、まだ「私」と「私以外」の間に引かれた境界線は一切なく、漠然と漂っている主客分節に向かう感じだけしかない。その感じこそ、「創造の源の微細なそよぎ」といえるのではないだろうか。

　この「微細なそよぎ」を感知する瞬間は、「私」がまだ生起しておらず、すべてに先立つ「純粋な自己」が眼差している。あらゆる出来事は「私」の意向とは関係なく、「微細なそよぎ」から始まって、自己展開していく。この「ドリーミング」の自己展開に気づきが向けられるとき、創造的な「自由」の感覚に満たされるものと思われる。

　これは「私」探求のはてにやっと到達できる深遠な境地の描写ではない。最初から足元に転がっている小さな石ころのように平凡な事実といえるだろう。気づこうと気づくまいと、観察されえない「純粋な自己」は「常にすでに」そこにあり、決して失われたことがない。常に「純粋な自己」の眼差しを通して「世界」は見られているのである。その単純な事実に目覚め、「フラート」の瞬間から、あらゆる出来事が自ら開示するそれ自体の展開をありのままに見つめることこそ、本当の意味で「魂に奉仕すること」になるのではなかろうか。ヒルマン[3]（訳書113頁および119頁）が「頭脳の活動としての内省（reflection）」ではなく、「心臓(こころ)の反射（reflex）」である「美的感覚的反応（アイステーシス）」を重視して、「事物意識（thing-consciousness）」という概念を提唱したことも、まったく同様の示唆であったといえるだろう。

　心理療法の「内省」は、「フラート」に気づきを向けることによって、周囲の「世界」との微細な相互交流を見つめる作業になる。それは分割できない根源的つながりに開かれることを意味している。ミンデルが「ワールドワーク」を創案して世界各地に遍在する多種多様な紛争の調停に取り組み始めたことも、「内省」の深まりがもたらした必然の帰結であったといえる。ここでも「具体的な援助」ではなく、当事者全員で行う心理学的な「内省」が、紛争の解決に実際的な貢献をはたしている。「私」の主観的現実を「内省」するだけの狭義の心理療法は、すでに時代遅れであろう。心理療法の作業は「世界」の苦悩を「内省」することに向かっていくのである。

4　おわりに

　本稿では、心理療法における「内省」の深まりが、実質的にスピリチュアリティに向かう旅路になることを述べてきた。心理療法の進展によって「内省」が深まると、面接室に誰もいなくなり、出来事がただありのままに見つめられていく。そのとき、「いのちの息吹き」の直覚に近づくものと思われる。

　心理療法は、スピリチュアリティが目の前の困難や苦悩の中に隠されていることを教えてくれる。どこか遠くにスピリチュアリティを探しに出かける必要はない。「いのちの息吹き」の直覚には、「今ここ」を明晰に見つめることだけが求められるのである。言うまでもなく、心理療法を開始する以前から、「今ここ」を見つめる眼差しは「常にすでに」働いている。ただそれに気づくことが必要とされるだけであろう。

　しかし、「非二元」の伝統に従えば、深く見つめようとしている間はまだ究極のスピリチュアリティではない。今起きている出来事を明晰に見つめることができたとき、「今ここ」を見つめる眼差しが見られるものすべての中に消え去るという。残念ながら、心理療法は「内省」に向けて努力するので、「非二元」の遥か手前までしか同行することができない。とりわけ「非二元」に至る最後の一歩は来談者自身の「突破」にかかっているものと思われる。それが心理療法の限界である。

文献

1) Elkins, D.N. *Beyond Religion*. Quest Books. 1998.（D. N.エルキンス『スピリチュアル・レボリューション』大野純一訳, コスモス・ライブラリー, 2000）
2) Hillman, J. *Re-Visioning Psychology*. Harper & Row. 1975.（J.ヒルマン『魂の心理学』入江良平訳, 青土社, 1997）
3) Hillman, J. *The Thought of the Heart & the Soul of the World*. Spring. 1993.（J.ヒルマン『世界に宿る魂』濱野清志訳, 人文書院, 1999）
4) Jung, C.G. *Psychologie und Alchemie*, Zurich. 1944.（C.G.ユング『心理学と錬金術Ⅱ』池田紘一・鎌田道生訳, 人文書院, 1976）
5) Krishnamurti, J. *The Only Revolution*. Victor Gollancz Ltd. 1970.（J.クリシュナムル

第3部 心理療法とスピリチュアリティ

　　ティ『クリシュナムルティの瞑想録』大野純一訳, 平河出版社, 28頁, 1982)
6) Mindell, A. *Dreaming While Awake*, Hampton Roads. 2000.（A．ミンデル『24時間の明晰夢』藤見幸雄・青木聡訳, 春秋社, 2001)
7) Mindell, A. *The Dreammaker's Apprentice*. Hampton Roads. 2002.（A.ミンデル『プロセス指向のドリームワーク』藤見幸雄・青木聡訳, 春秋社, 2003)
8) Wilber, K. *Sex, Ecology, Spirituality*, Shambhala. 1995.（K.ウィルバー『進化の構造Ⅰ』松永太郎訳, 春秋社, 1998)

第 3 章

吉村　哲明
Tetsuaki YOSHIMURA

神秘体験と病い
スピリチュアル・エマージェンシーの 1 例と
変性意識状態誘発性精神病概念の提唱

1　はじめに

　従来より、一過性の精神病状態が、病者に望ましい変化をもたらしうることが知られていたが[3)10)]、トランスパーソナル心理学および精神医学の立場からは、Grof, S.らの「スピリチュアル・エマージェンシー（Spiritual Emergency; SE）」[4)5)]およびLukoff, D.の「精神病的特徴をもった神秘体験（Mystical Experiences with Psychotic Features; MEPF）」[6)]といったカテゴリーが提唱され、望ましい変化を生み出す神秘的状態と精神病理とを区別する必要性が強調されてきた。Grofらは、「霊的修行への深い関与」がSE発生の触媒として重要な働きをすると指摘しているが、近年、わが国では伝統的霊的修行のほか、新宗教、宗教類似物、霊的治療法の隆盛が認められており、これらの実践を契機として生じたSEやMEPF類似の事例は相当数にのぼっているものと推測される。しかしながら、国内におけるこれらの医学的報告は皆無であり、いまだその診断および治療をも含んだ専門的議論はなされてはいない。今回筆者は、心理療法を契機として神秘的体験を伴う一過性の精神病状態が生じ、その後、生後 4ヵ月から約10年間にわたって続けられた息子への虐待行為が消失した 1 女性例を経験した。本稿では、症例の報告を行うとともに、本例の臨床経験に基づく従来の研究の批判的検討を行い、そのうえで、現段階において望ましい結果をもたらしうる精神変調に対し、いかにア

プローチすべきかを検討する。

なお、症例は、プライバシー保護のため、症例理解を損なわない範囲での内容の改変が行われている。

2 症例

症例：M　初診時33歳　女性
生活歴：青森県津軽地方の伝承的信仰風土の残る農村にて出生。学業成績は振るわず、定時制高校を卒業後、事務職に就き、22歳で結婚。生育中、特別な宗教環境に身を置いたことはない。
精神科受診までの経緯：長男が生後4ヵ月になる頃から、子どもの顔を叩いたり放り投げたりするようになり、以後、罪悪感を抱きつつも虐待行為を繰り返してきた。28歳時に重篤な皮膚病を患ったが、某宗教団体の札を譲り受けた後に軽快したため、それ以来、さまざまな生活苦に際し、札に祈念する習慣がついた。32歳時、「体に何かが出入りする」体験を一度だけしたことがある。X年10月、虐待行為を悔いて自ら児童相談所に援助を求めたことを機に、筆者が主治医として精神科外来で加療することとなった。
臨床経過：（図1参照）

　筆者はProcess Oriented Memory Resolution（POMR）[13]を用いて虐待行為の緩和を図った。POMRは、身体への意識集中によって生じるトランス状態を利用して過去の外傷記憶を想起させ、主としてイメージの展開によってトラウマを解消するトランスパーソナルな指向性をもつ心理療法である。ここでは、臨床経過を、POMR実施期、急性期、統合期に3大別して記述する。なお、考察の都合上、「当時確認しえた所見」と、病勢がおさまった後にMの回想で明らかとなった「後に知りえた所見」を分けて提示することとし、後者を【　】内に記した。
POMR実施期（X年12月）

　X年12月、虐待行為の引き金となっている身体感覚を消失させる目的でPOMRを2回行った。いずれも虐待時に生じる胸の体感に意識を集中してもらい、その体感が初めて生じた時の出来事を回想してもらった。回想された

トラウマの解消を試みたものの解消は不充分で、面接後にも体感が残った。

急性期（X年12月～X＋1年2月中旬）

　2回目のPOMRの後に首や背中が痛みだし、胸が締めつけられるようになった。また、「自分は死ぬ」という考えが頭から離れなくなり、号泣したり、子どもっぽい態度も見られるようになった。頭部から何かが出入りする感じや、自分の姿を見ている別の自分を意識することもあったという。平手で自分の体を叩く奇行も見られたが、通常と変わらぬ状態に戻ることもあった。12月26日、「死にそうだ」と訴えて突然来院。激しく足踏みし、声をあげて泣いた。トランス状態を呈しており、些細な刺激で外傷記憶が蘇り、被暗示性は亢進していた。【この日、Mは黄色の光に導かれて病院にたどり着いたという。主治医が光で導いたと考え、主治医を神と疑うようになった。また、この日からハナと名のる成人女性の声が、自分の胸から聞こえるようになり、以後、ハナの助言に盲従した。】翌日から、抗不安薬alprazolamの投与を開始した。津軽地方の民間宗教者であるカミサマにMの両親が相談したところ、「狐と霊が憑いた」と説明されたという[注1]。【この頃から神の声も聞こえるようになった。神からの宗教的な問いかけに対して夢中で答えたという。】翌X＋1年1月に入ると奇異な思考が目立ち始め、娘を自分の生まれ変わりと考えたり、主治医との結婚を夢想したりするようになった。親は、

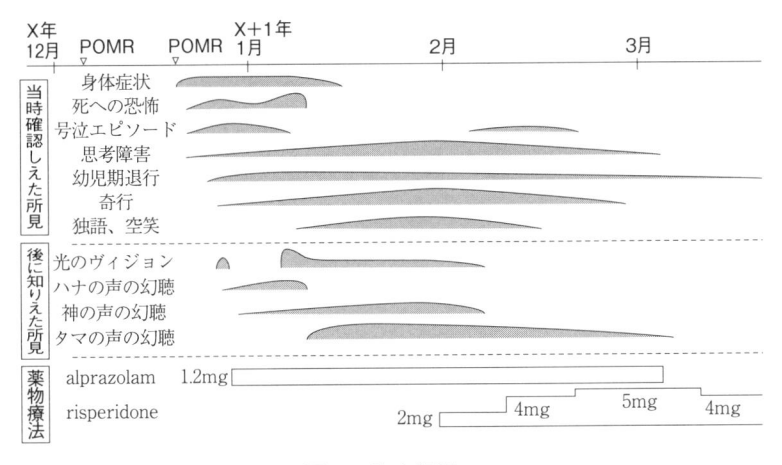

図1　臨床経過

「憑きものによる災い」と確信し、カミサマのお払いに期待して抗精神病薬による治療を拒んだ。【1月5日、「『神の光』としか言いようのない」黄色く輝く圧倒的な光を見た。眺めていると光の中央に穴が空き、あらゆる物を吸い込んだ。その後穴は閉じ、もとの完全な光に戻った。「神様が助けてくれている」とMは感じ、恍惚とした。その後、恐怖感にさいなまれると種々の美しい光が出現してMを癒したが、Mはこれを主治医の仕業と考え、主治医を神と確信した。】1月9日、病院に駆け込み、主治医を見つけるなり「助かった!」と声をあげて突っ伏した。言動は滅裂で、足を激しく踏み鳴らしたり、大声で笑ったりした。【この日、死の予感が頂点に達し、病院に駆け込んだという。主治医を見て「助かった!」と思った直後、ハナが「さようなら」と別れを告げて死に、胸から消えた。すると、今度はタマという幼女の声がきこえ始めた。】

　この日を境に症状が変化した。死の予感は消え、体の痛みや胸の苦悶感などの身体症状は軽減した。しかし、陽光を拝んだり、「吉村先生、人を助ける、神様」と書き散らすなど、幻覚や妄想に左右された宗教的で滅裂な言動が目立つようになった。独語、空笑も目立ち始め、子どもがえりして踊った。1月中旬になると錯乱状態で雨の中を走り回るなど挙動はますます滅裂となり、付き添っていた母の疲労も極まった。このため、家族の承諾のもと、1月末から抗精神病薬risperidoneの投与を開始した。抗精神病薬は奏功し、2月に入ると多少の家事はできるようになり、2月中旬に病勢はほぼおさまった。

統合期（X＋1年2月中旬以降）

　2月中旬からMは急性期の内的体験を語るようになった。12月26日の突然の来院は光に導かれたもので、それゆえ主治医を神と疑ったと説明した。ここで主治医は、主治医の神格化は、危機的状況下でMに生じた内的な光が、主治医に投影されて生じたものであることを初めて知った。3月には、以前は嫌なことがあると生じていたという胸の異物感が感じられず、息子に対する虐待衝動も消失したことに気づいている。7月には一連の経過が、神秘的光の体験を伴った、ハナの死、そしてタマの誕生という「死と再生」の過程として理解しうることをMとともに確認した。POMRで扱おうとし

た虐待時の胸の体感がハナであったことをMなりに表現したが、母は「死」を内的なものとはせず、ハナという「憑きもの」が死んだのだと述べた。これに対しMは、ハナの声はあくまで自分の中の声であり、「憑きもの」ではないと主張した。9月からすべての向精神薬を止めて経過を追っているが、病状安定後約1年経過した現在も意欲低下や感情鈍麻などの残遺症状はなく、社会適応は良好で、長男への虐待行為も再燃してはいない。

3　考察

　Grofらは、神秘的特徴をもつ厳しい非日常的内的体験を経て、人間が肯定的変化を遂げたり、人生上の問題や過去の外傷記憶が解決される現象を観察し、SEと名づけた。SEは、人間の霊的成長の急速かつ劇的なパターンとしてとらえられ、「その人間の存在全体に関わる深い心理的変容をもたらす、苦難として体験される決定的な諸段階」と定義されている。その典型例は、自伝的体験（出生後の記憶の再体験）、分娩前後の体験（心理的な「死と再生」の体験）、トランスパーソナルな体験（集合的ないし霊的リアリティの直接体験）の組み合わせとして生じ、至高体験、憑依状態、中心への回帰による心理的再生、クンダリニーの覚醒などのテーマをめぐって展開するように見えるという。こうした症状を呈しつつ、精神病としての転帰をたどるものがあると考えられるが、Grofらは、医学的に扱うべき症例か、代替的方法で扱うべき症例かの大まかな鑑別点を提示してはいるものの、SEと精神病の明確な鑑別基準はないとしている。このためSEと確定するためには、肯定的変容の発現を確認することが必須となっている（図2参照）。また、SEへの対処法として、Grofらは、投薬をはじめとするプロセスの阻害に対し否定的見解を示している[4)5)]。

　Lukoffは、神秘的体験と精神病的

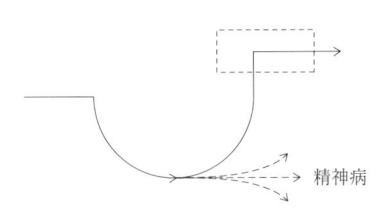

実線の矢印は、一過性の精神変調を経て、望ましい変化が生じる過程を示している。SEと確定するには、四角の波線で示した「変容」を認める必要がある。

図2　SE

エピソードは重複する部分があるとし、重複部分の1つは「精神病的特徴をもった神秘体験」すなわちMEPFであり、もう1つが「神秘的特徴をもった精神病性障害」であるとした（図3参照）。そして、精神病的エピソードの中から真正の神秘体験を抽出すべくMEPFの操作的診断基準を設け、これによって不適当な入院や投薬を減らし、神秘体験をした者が病者として扱われず、より副作用の少ない処遇を受けることができるよう対応の指針を示した。Lukoffの手法は、精神病との重複が充分に意識されたうえで、神秘体験の同定など、主として症状に着目した評価を行うものである（図4参照）。Lukoffによれば、MEPFは、幻視や幻聴を含む知覚の変化や神話に関するテーマをもった妄想を合併しうるものであり、妄想に頻繁に出現するテーマとして死、再生、旅、spiritsとの出会い、聖なる融合などがあげられるという[6]。

本例は、「死と再生」のテーマをもち、神秘的体験を伴う精神病状態の後に肯定的変化をきたしており、SEやMEPFと類似した病態を呈したものと考えられる。そこで、本例の臨床経過の検討を行い、そのうえで、GrofらおよびLukoffの研究との照合を通じ、今後のアプローチのあり方について考察を進めることとする。

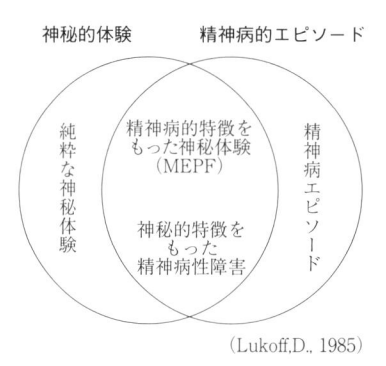

図3　神秘体験と精神病的エピソードとの関係 (Lukoff, D., 1985)

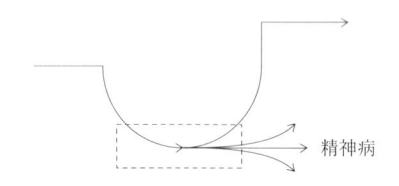

Lukoffの操作的診断は、主として波線部の症状の評価を通じて実施される。

図4　MEPF

（1）臨床経過の検討

GrofらはSE発生の契機は、外的刺激よりも当事者の内的状態が重要であることを指摘しつつ、無意識的な力が意識を凌駕する何らかの働きかけが動因となると述べている[5]。発症約1年前に生じた一過性の憑依様

体験からは、Mの自我意識の脆弱性がうかがわれるとともに、札への祈念の習慣が意識の変容を生じやすくさせていたとも推察される。長男虐待の罪責感の高まりの中での治療者との出会いは、Mの救済願望を刺激し、主治医への強い陽性転移を生ぜしめ、被暗示性の亢進とともに後の主治医の神格化への布石ともなったと考えられる。これらMの資質と準備状態のもと、身体感覚から過去を引き出すPOMRの技法は、Mの無意識を容易に意識に開放し、解決に至らぬままの面接の終了が、賦活化された無意識素材の流出を面接後にも招き、最終的発症につながったものと思われる。

病初期において、「死」は自分自身に訪れるものと意識されたが、実際に死を迎えたのはMの内的人格とも言えるハナであった。ハナの死後、Mの胸の体感は変化し、虐待行為の消失にもつながった経緯から、ハナは虐待の駆動力ともなっていた胸の体感が人格化したものと考えられる。これをユング心理学のコンテキストで述べるならば、ハナは統合されるべき内的人格、すなわちShadow Figureとしての性格を有するものと考えられる。「ハナの死」とは「息子を虐待するアイデンティティーの死」であり、死の過程は、ハナというShadow Figureの統合過程と理解しうる。

光のヴィジョンは、1月5日に出現した強い神性をおびた光とそのほかの光に分けてとらえられるべきであろう。後者は折にふれてMを救済したのに対し、前者は戦慄すべき圧倒的力でMを魅了し、より超越した存在として現れている。Mのこの光の体験は宗教の根本とも言えるヌミノース体験[9]に相当するものと考えられる[注2]。また、すべてを飲み込んだというこの光は、数日後のタマの出現を合わせ考える時、「飲み込み、かつ産む」といった太母元型としての性質をも有していると考えられる[8]。Grofらは、「死と再生」のプロセスにおいて神秘的開示や神との再結合が生じうることを指摘しているが[5]、Mの経過はこの指摘によく合致している。この元型的な内的光は、すでに陽性転移の生じていた主治医に投影され、主治医を神とする二次妄想の出現につながっていく。ここに、巷に散見される個人の神格化の1モデルを露な形で観察することができる。

ハナが死に、タマの生まれた1月9日が「死と再生」の転回点となったが、ここは症状の転回点ともなっている。当初は同一性の障害や離人感、記

憶の再燃、被暗示性の亢進といったトランス状態を背景とする諸症状が優勢であったが、この転回点を経て、幻覚や妄想などの精神病性の症状が主体となり、後に錯乱状態を呈するにまで至っている。すなわち、本例においては「再生」後に回復の兆しは認められず、むしろ病状悪化の一途をたどったものと理解される。一般に、急性精神病の予後は良好であるが、本例のごとき症例が、異常体験の遷延化などによって統合失調症として慢性の経過をたどっていく可能性は否定しえないのであり、抗精神病薬の投与が、変容のプロセスの安全な通過を可能にしたものと考えられる。

(2) 診断

本例は症状の細部に至るまでGrofらのSEと極めてよく合致しており、SEと考えて支障はなかろう。しかしながら、本例が従来のいかなる診断に該当するかをここで検討しておく。本例は、我が国独自の臨床単位である森田の祈禱性精神病[7]といくつかの共通点を有している。祈禱性精神病は、「加持祈禱若しくは之に類似したる事情により、感動を本として起る一種の自己暗示性の精神異常定型」と定義され、発症にトランスの関与が示されている。POMRがトランスを用いたspiritualな実践であることを考慮するならば、「之に類似したる事情」を広くとることで祈禱性精神病の発症契機に含めうるであろう。また、祈禱性精神病では人格変換、宗教妄想、憑依妄想などを認め、錯乱状態、昏迷状態、人格変換状態を呈するとされるが、本例では宗教妄想や錯乱状態が認められており、症状、状態像ともに合致する。加えて、「種々の神経症などは……(略)……軽きは之によって其病状全く消失するものもある」と、森田自身によって祈禱性精神病の治癒作用が指摘されており、この点に関しても本例の特異性と共通点をもつ[1,2,7]。なお、本例において、親は憑依があったとみたが、M自身は「何かが出入りする感じ」が先行した後に、させられ体験をしたにもかかわらず、「自分の中の声だから憑依ではない」と主張し、憑依妄想への発展はみられなかった。これは、土着的思考傾向の強い親と、より現代的なとらえ方をするMとの文化的差異が、同一状況に別解釈を与えたものと理解できる。以上より、本例を従来診断の中でとらえるならば、祈禱性精神病が古い土着的思想を脱ぎ捨て、現

代的文脈の中で現われた形態と理解でき、安藤ら[1]のいう「現代における祈禱性精神病」と考えられる。本例はその中でも肯定的結果を得ることができた1例であり、GrofらのSEの一部を占めるものと思われるが、その本態はトランスが重要な役割をはたす心因性精神病である。

（3）GrofらとLukoffの研究に対する批判的検討

　Grofらの研究の最大の問題は、「変容をもたらす」という望ましい予後をSEの定義としたにもかかわらず、SEと精神病とを鑑別する明確な診断基準を確立する方法はないとした点にあると思われる。このため、少なくとも非典型例に対しては、結果を待つまでSEと判定することはできず、経過中に対応を決定しなければならない臨床の実際に即さない概念となっている。治療的対応について言えば、精神病との鑑別が不明瞭である以上、Grofらの主張通りにプロセスを信頼することは臨床家がとるべき唯一の態度ではない。臨床家はあらゆる可能性に開けた視野と柔軟な対応力を備えて対処すべきである。また、Grofらは、SEへの投薬は望ましくないことを強調しているが、本例は投薬をしたにもかかわらず肯定的な結果を得ており、抗精神病薬の投与が、内的プロセスの安全な通過を可能としたり、投薬しないよりもよい結果をもたらす可能性があることを示している。「死と再生」のプロセスに与える抗精神病薬の影響は、現段階では明らかではなく、今後の研究が期待される領域である。

　LukoffのMEPFの診断基準は緻密であり、慎重な姿勢に貫かれている。しかしながら、この診断基準は精神病エピソードと重複した神秘体験の評価から始まっており、本例のごとく急性期中に神秘体験の存在を確認しえない症例に対しては用をなさない。急性期の病状記載および図1に示したごとく、本例は、神秘体験のみならず、SEの同定にも重要な「死と再生」のパターンをも急性期中には確認しえず、およそトランスパーソナルな危機の存在を疑う材料に乏しい症例であった。すなわち、症状に着目して診断を下し、予後を予測しようとしたLukoffの試みは明らかに限界があり、場合によっては、Lukoffの診断基準に従って抗精神病薬を投与することによって、言語化の困難な神秘的体験の成長の芽を摘む可能性すらあると言えよう。なお、症

状の流動性をも考慮した薬物の有効性に関する視点および考察に乏しいのはGrofらの研究と同様である。

(4) 「望ましい結果をもたらす可能性がある精神変調」へのアプローチ

以上の考察、批判を踏まえたうえで、本例の臨床経験をもとに、SEやMEPF、祈禱性精神病などを含む「望ましい結果をもたらす可能性がある精神変調」を、現段階においてどのようにとらえ、いかなるアプローチを進めることが妥当であるかを検討する。

すでに明らかにしたごとく、予後や症状に着目したSEやMEPFといったカテゴリーの使用が必ずしも適切でないならば、現段階において精神疾患との鑑別が困難であることを認めたうえで、「望ましい結果をもたらす可能性がある精神変調」に認められる病初期の特徴を押さえることが望ましいと考える。なぜならば、病初期にある特定の徴候が確認された場合には、望ましい変化をも含む多様な予後が想定されるという共通理解が可能となり、それをもとに対応法を協議、検討しうるからである。そこで、本例と祈禱性精神病、SE、MEPFの病初期の特徴について順次検討を進める。まず、本例の病初期の特徴的所見として、トランス状態を呈したことがあげられよう。身体的な反応が精神症状に先行したこと、強迫的に生じた死の予感なども特徴的所見と考えられる。祈禱性精神病について述べれば、森田はその発症経緯を「自己催眠によって説明することができる」と指摘しており[7]、発症にトランスが関与することを明らかにしている。Grofらは、SE発生の最も重要な触媒は霊的修行への深い関与であると述べ、その例として強烈なドラム音、連続的詠唱、坐禅、献身的祈りなどを列挙している[5]。これらは、いずれも斉藤の言う「現実志向性の機能低下」をもたらす実践であり、人を変性意識状態（Altered States of Consciousness）へと導くものである[11][12]。したがって、多くのSE発生に

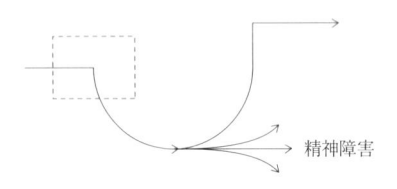

波線分において変性意識を認める一群の予後は、肯定的変化をも含み、多岐にわたるものと考えられる。

図5　変性意識状態誘発性精神病

おいて、変性意識状態が重要な働きをなしているものと推測される。MEPFの病初期の特徴としては、「3ヵ月以下の急性発症」と「精神病エピソードに先立つ強いストレス」の2つがあげられるが、これらに適合する対象は広範囲におよぶため、予後予測の指標としては有用ではない。以上より、「望ましい結果をもたらす可能性がある精神変調」の病初期の特徴として、また、発症の共通基盤として、変性意識状態を第1にあげることができるものと考える。もちろん、すべてのSEやMEPFの発生が変性意識と関わっているのか、また、変性意識を発症契機とすることが肯定的結果をもたらすための必要条件なのかといった問題は今後さらに検討されなければならない。また、変性意識状態の定義そのものにも議論の余地が残されていよう[注3]。しかしながら、冒頭に述べた我が国における宗教的霊的実践の隆盛をかんがみ、変性意識が「癒し」と「病い」の双方への触媒となりうることを考えた時[2)12)]、その限界を踏まえながらも「変性意識状態誘発性精神病（Induced Psychosis of the Altered States of Consciousness)」といった発症契機に着目した新たな臨床単位を用意し、あらゆる転帰に備える目をもつことは臨床上有意義なことと思われる（図5参照）。また、多様な症状および転帰が予想されるこの一群の症例の集積を試みるとともに、肯定的変容の経過をたどった群の後方視的研究や神秘的体験などのいわゆるトランスパーソナルな体験をした群の研究が並行して実施されるならば、より実り多い成果を得ることができるであろう。

注
注1 カミサマとは津軽地方における民間巫者の総称である。片仮名書きにしていわゆる神道・仏教系の八百万の神様と区別している。津軽地方では今も民衆の悩み事や困り事に対し、カミサマが降霊、予見、祈禱などによって民衆を援助する風習が残っている。
注2 神学者Otto, R.は、神観念を表現する「聖なるもの」を分析し、そこから合理的、道徳的要素を除いてもなお残るものに注目し、それをヌミノースNuminousと呼んだ。Ottoは、人がヌミノース体験をする時、「被造者感情」が生じ、戦慄、畏怖、圧倒感、抗し難い魅力などの諸感情が生じると述べている。
注3 筆者は、変性意識状態を近年の斉藤の定義[12)]に従ってとらえている。すなわち、変性意識状態とは、「人為的、自発的とを問わず、心理的、生理的、薬物的あるいは

その他の手段、方法によって生起した状態であって、通常の覚醒状態に比較して、心理的機能や主観的経験における著しい差異を特徴とし、それを体験者自身が主観的に認知可能な意識状態である。一見すると、異常性、病理性、現実逃避性、退行性の要素も見られるが、究極的には根源的意識の方向性をもった状態である」。

文献

1) 安藤治・富沢治・関口宏ほか「祈祷性精神病の今日的意義をめぐって―― 『宗教的実践による精神変調』への精神医学的視点」(「精神科治療学」9 (3)：313-320頁, 1994)

2) 大宮司信「『やまい』と『いやし』からみた祈祷性精神病」(「からだの科学」43: 60-64頁, 1992)

3) Ellenberger, H. F.: *The Discovery of the Unconscious: The History and Evolution of Dynamic Psychiatry*. Basic Books, New York, 1970. (『無意識の発見（上・下）』木村敏・中井久夫ほか訳, 弘文堂, 東京, 1980)

4) Grof, S., Grof, C.: *Spiritual Emergency: When Personal Transformation Becomes a Crisis*. Jeremy P. Tarcher, Los Angeles, 1989. (『スピリチュアル・エマージェンシー』高岡よし子・大口康子訳, 春秋社, 東京, 1999)

5) Grof, S., Grof, C.: *The Stormy Search for the Self: A Guide to Growth through Transformational Crisis*. Jeremy P. Tarcher, Los Angeles, 1990. (『魂の危機を超えて――自己発見と癒しの道』安藤治・吉田豊訳, 春秋社, 東京, 1997)

6) Lukoff, D.: *The Diagnosis of Mystical Experiences with Psychotic Features*. Journal of Transpersonal Psychology, 17 (2): pp.155-181, 1985. (『意識の臨界点』吉福伸逸監修, 雲母書房, 東京, 1996)

7) 森田正馬「余の所謂祈祷性精神症に就て」(「精神経誌」14: 286-287頁, 1915)

8) Neumann, E.: *Ursprungsgeschichte des Bewusstseins*. Walter-Verlag, AG Olten, 1971. (『意識の起源史（上・下）』林道義訳, 紀伊國屋書店, 東京, 1985)

9) Otto, R.: *Das Heilige*. 1917. (『聖なるもの』山谷省吾訳, 岩波書店, 東京, 1968)

10) Perry, J. W.: *Psychosis and the visionary mind*. Journal of Altered States of Consciousness, 3 (1): pp.5-13, 1977.

11) 斉藤稔正『変性意識状態（ASC）に関する研究』松籟社, 京都, 1981.

12) 斉藤稔正「変性意識状態と禅的体験の心理過程」(「立命館人間科学研究」5: 45-53頁, 2003)

13) 田中万里子『POMR理論と実践――トラウマの解消と自己実現のプロセス』春秋社, 東京, 2003.

第4章

伊藤　義徳
Yoshinori ITO

安藤　治
Osamu ANDO

現代の心理療法と瞑想研究
認知行動療法における新たな展開

1　はじめに

　本書が主題とする「スピリチュアリティ」が、心理学や精神医学と密接に関わることを示すもっともよい証拠は、心理療法という実践の場における瞑想への関心の高まりやその導入が実際に幅広くなされつつあることだと言ってもよいだろう。

　この経緯についてはおそらくご存知の方も多いにちがいない。わが国ではいまだ多くの注目を集める状況は見られないようだが、西洋社会ではすでに豊富な基礎的・臨床的研究が積み重ねられており、近年ではその関心を評して、「爆発」という表現が使われるような状況さえ見られる[19]。

　現代の心理療法家たちの瞑想への関心は、決して宗教的傾倒や神秘性への興味に基づくものではない。関心が巻き起こりはじめた1950年代ごろにはそのような傾向も見られたかもしれない。だがこの半世紀ほどの間に、科学的な研究アプローチが質を高め、実際の臨床活動でも応用されてきた歴史がすでに確固として築き上げられている。また、現代の臨床家たちが強い関心をもつのはそれだけでなく、まさに本書の各所で論じられているスピリチュアリティの重要性の自覚が、真摯に実践に携わる人間であればあるほど、切実な問題として心にせりあがってくるからにちがいない。

　瞑想と心理療法との関連やその具体的実践、歴史的経過などについては、

わが国でも翻訳書を含めすでにいつくかの代表的書物が刊行されているので概要をつかむことは容易であろう[1) 3) 4) 5) 23) 27)]。そこで本稿では、近年の注目すべき動向の1つに焦点をしぼって紹介しながら、今後の展望などについても述べてみることにしたい。

2　認知行動療法における瞑想ブーム

　瞑想や仏教思想に関心を寄せた臨床家や心理学者は古くから少なくはない。著名な人物だけを挙げても、カール・ユングやエーリッヒ・フロム、アブラハム・マズロー、ウィリアム・ジェームズらが示した高い関心は有名である。
　だが近年では、このような人物たちのいわば思想的接近とはまったく異なる文脈のなかから、瞑想に対する強い関心が沸き起こっているのは興味深い。というのも、心理療法のなかでもきわめて現実的・実用的な科学的アプローチを重視する認知行動療法において、その新しい潮流として瞑想などを取り入れた技法が開発されているからである。
　認知行動療法は、行動療法以来の科学実証主義を背景に持ち、その効果性と、効果のメカニズムに対する実証性をとりわけ重んじてきた学派である。その認知行動療法が、一見その対極にさえ見える仏教の思想と融合しようとしており、いまや認知行動療法の「第3世代」とまで呼ばれるようになった新しい勢力を生み出しているのである。
　その象徴的な出来事は、2005年6月13日～17日にかけてスウェーデンのイエテボリで開催された国際認知療法会議（International Congress of Cognitive Psychotherapy）の席における、アーロン・ベックと第14世ダライ・ラマとの会談である。アーロン・ベックは認知行動療法の礎をなす認知療法の創始者であり、一方ダライ・ラマは、もはや説明の余地はないであろう、チベット仏教の最高指導者である。約1時間に渡り、2人は認知療法と仏教思想の接点について熱心かつ和やかに議論を行い、最後には固い握手を交わした。まさしく認知療法と仏教の邂逅の時であった。
　しかしながら、認知行動療法の第3世代はいまだ萌芽期にあり、瞑想が十分に理解されている段階とは言えない。認知行動療法における瞑想法は、目

下のところマインドフルネス・トレーニングと呼ばれるものに限定される。マインドフルネス（mindfulness）とは、パーリ語の"sati"の英訳であり、日本語では「念」「気づき」「観照」などとも訳される。瞑想法は、ヴィパッサナー瞑想とサマタ瞑想に大別されるが、特にヴィパッサナー瞑想の過程において、いまここに生じる経験に対する気づきの状態をマインドフルネスと呼ぶ[20]。こうした気づきの獲得を目指す訓練がマインドフルネス・トレーニングである。

　認知行動療法では、マインドフルネスを以下のように操作的に定義している。「今現在の経験に対して無評価的な気づきをもたらし、関心を持って開放的かつ受容的に経験と関わるための注意制御のプロセスであり、主観的に一時的な性質として経験しうる思考や気分に対する脱中心化した視点や、心の性質についての洞察を得るプロセスである」[7]。またマインドフルネスは、心の静的な状態というよりも、積極的に環境と関わるより能動的な活動であり、心の「モード」として理解すべきであるとも述べられている[7]。要約すれば、いまここでの経験に、評価することなく、受容的に注意を向け続ける心のモードであり、内的過程への洞察を促す心のモードということになろう。

3　認知行動療法とは

　認知行動療法はその成立過程でいくつかの源流を持っているが、ここでは認知行動療法の中核となる認知の考え方であるABC理論を紹介し、認知行動療法の治療目標について概説したい。

　ABC理論とは、認知行動療法の大きな源流の一つである論理療法を創始したアルバート・エリス[8]が提案したものである。認知行動療法では、ある患者が経験する出来事が心理学的・行動的反応を引き起こすのではなく、出来事に対するその人特有の「考え方」が、その後の反応を生じさせると考える。たとえば、会社で上司に叱られる経験が続いてうつ病になったと訴える人がいるとする。この時、上司に叱られるという経験がうつを引き起こす直接的な原因とは（仮にそれが事実に限りなく近いとしても）捉えない。その代わり、出来事を患者がどのように解釈しているかを丹念に聞き出す。そ

```
┌─────────────────┐      ┌─────────────────┐      ┌─────────────────┐
│       A         │      │       B         │      │       C         │
│(activating event)│  →  │    (belief)     │  →  │ (consequence)   │
│ストレスフルな出来事│      │  不合理な考え方  │      │   結果（反応）   │
└─────────────────┘      └─────────────────┘      └─────────────────┘
```

図1　ABC理論の概略

して、患者が上司に叱られたことで「自分は役立たずな人間だ」と強く考えていることが明らかとなったなら、こうした考え方がうつを引き起こすと捉え、この考え方を変えることを治療目標とするのである。引き金となる出来事（Activating event）に対する考え方（Belief）がネガティブな結果（Consequence）をもたらす、というのがABC理論たるゆえんである（図1参照）。

　しかし、考え方を変えるというのは言うほど簡単なことではない。「自分が役立たずだ、と考えているから悪いのだ、考え方を変えなさい」と言われて自分の考えを改めることのできる人は希有であろう。そこで、認知療法や認知行動療法では、いかにして認知を変えうるのかに関するさまざまな技法の開発や研究が重ねられている。たとえば、Beckが初期の頃から強調している「誘導的発見」は、まさに患者に自分自身の認知の誤りに気づかせるための基本的テクニックである。治療者は正しい答えを押しつけるのではなく、患者が自ら答えを出せるような質問を重ね、患者はその質問に答えるうちに、自ずと適応的な考え方に行き着いているのである。また、コラム法に代表されるセルフモニタリング技法は、自分自身の思考や生活をふり返ると同時に、それらをまるで他人の目からのぞいたような視点から客観的に検討することで、やはり自分自身の「考え方のクセ」に気づかせてゆく。認知療法とは、外的に考え方を変えさせる心理療法ではなく、自分自身の考え方のクセに「気づかせる」技法と言えよう。

　こうしたABC理論に基づく認知療法のほか、学習理論を認知過程に応用した治療法、70年代に急浮上したセルフコントロールの考え方を応用した治療法などを総称して認知行動療法と呼ぶ。異なる理論に基づく治療法の集合体とも言えるが、共通しているのは治療目標の一部（あるいは全部）に、「認

知を変える」ことが含まれている点である。たとえば、クモ恐怖の人にあえてクモに触らせる「エクスポージャー」という技法がある。認知行動療法において、不安の治療を行う上ではなくてはならない技法であるが、こうした技法も患者の中で生じている「クモに触ると自分は気が狂って死んでしまう！」といった破局的な認知(恐怖症の背景にはこうした極端な思考が潜在しているのである)を変容させるための技法に位置づけられる。実際に恐怖対象に接してみることで、破局的な認知が実は自分の思いこみにすぎなかったことに「はた」と気がつく瞬間を、認知行動療法は提供するのである。

4　マインドフルネスに基づく認知行動療法

（1）マインドフルネスによる認知の変容

　認知行動療法が瞑想に注目しはじめたのも、それがほかならぬ認知の変容法として有効であると考えたからである。一口に「認知」といっても、その裾野は広い。「自分はダメな人間だ」と考える内容は確かに認知であるが、近年の認知科学の知見からいえば、たとえば車の運転の際に前方をよく見ているかどうか、に関わる「注意」や、大事件の目撃証言などでその信憑性が問われる「記憶」も認知の働きにちがいない。そして、マインドフルネス・トレーニングが変容を目指すのは、こうした認知科学が対象としている認知にほかならない。こうした主張を早くから行ってきたジョン・ティーズデイルによれば、瞑想法はさまざまな認知の中でも、特に「注意」の能力を高めることに役立つと考えられている[26]。

　伝統的・宗教的背景に絡めとられて理解されがちなため、一見すると即座に結びつかないのだが、このような要素は、日本の坐禅修行の作法の中にも見られる。筆者の一人（伊藤）は実際に指導を受けた際（曹洞宗総本山の総持寺における参禅）、坐禅のやり方について次のように教示を受けた。「呼吸や姿勢などの身体感覚に注意をむけ、雑念が生じて注意が呼吸から離れたら、まずそれに気づくようにする」「それに気づいたら、速やかに注意を呼吸に戻す、ということを繰り返す」。そして、雑念に気づいたときには、それにとらわれるのではなく、ただ眺める（観察）ことが重要であると指導さ

た。確かにこのプロセスには、①呼吸に注意を向け続ける　②呼吸から注意が離れていることに気づき、それを観察する　③逸れた注意を再び呼吸に戻す、といった「注意」に関する要素が含まれているようである。こうしたことを繰り返すことは、注意や気づきを柔軟に操る能力の向上につながるであろう。瞑想法には、認知的スキル訓練としての効果が期待できるのである。

　こうした効果を意識的に心理療法に取り入れ、かつその効果を実証的に検証しようと試みたのは、ジョン・カバット-ジン[14]である。彼が開発したマインドフルネスに基づくストレス低減法（Mindfulness-Based Stress Reduction: MBSR）（以下、MBSR）では、その治療プログラムの中で、食べる瞑想、歩く瞑想、呼吸法、坐禅、ハタ・ヨーガ、ボディ・スキャンといったさまざまな東洋的実践法をマインドフルネス・トレーニングとして取り入れている。すでに、これまでに13,000名を超える人がこのプログラムを受講し、恩恵を受けており、さらに、慢性疼痛やリウマチをはじめ、さまざまな障害にも効果があることが数多くの研究によって実証的に示されている[10]。

（2）弁証法的行動療法

　カバット-ジンは、認知行動療法の枠組みで瞑想を適用したわけではないが、彼の活動が認知行動療法家たちに火をつけたことは事実である。1993年にマーシャ・リネハンは、境界性人格障害の治療を目的として弁証法的行動療法を開発した[15]。境界性人格障害は、怒りや不安、抑うつといった情動を過度に表出することで周囲の人々を巻き込むだけではなく、自分自身も振り回され、自殺企図などを含む社会的問題とも関連する障害だが、現れる症状があまりにも多様なため、これまで決定的な治療法は考案されてこなかった治療の難しい疾患である。

　こうした状況においてリネハンは、従来の治療方法とはまったく違う解決法を考えた。彼女によれば、情動の不安定性は遺伝的要因や小児時の養育環境（親の虐待など）が原因で生じ、これを完全に治癒することは不可能ではないとしても相当難しい。そこで、情動性を安定させることを第1の目的とするのではなく、自分自身の情動性と「うまくつき合う」能力を高めることを主な治療目標としたのである。そして、この目標を達成するため、自分の

情動性を受け入れ、距離を置いて観察する認知的スキルを獲得するために、イメージや呼吸法を用いたマインドフルネス・トレーニングを導入した。マインドフルネス・スキルのほかにも、苦痛耐性スキルや社会的スキルを身につける統合的スキル訓練と個人療法が巧みに組み合わされているのもその特徴の1つである。弁証法的行動療法は、境界性人格障害患者における自殺行動の減少のほか、摂食障害患者にも効果が認められつつある[18]。

(3) マインドフルネスに基づく認知療法

ズィンデル・シーガル、マーク・ウィリアムズ、ジョン・ティーズデイルら[25]は共同で、マインドフルネスに基づく認知療法（Mindfulness-Based Cognitive Therapy: MBCT）（以下、MBCT）を考案した。これは、単なるうつ病の治療ではなく、その再発予防を目的として開発されている点が興味深い。近年、うつ病は4人に1人が罹患するといわれるほど罹患率の高い症状であり、社会的にも大きな問題となっている。確かに、有効な抗うつ薬の開発など、急性期のうつ病の治療法については技術の開発が進んでいる。しかし、うつ病の本当の怖さは、再発率の高さにある。シーガルら[26]によれば、抗うつ薬による治療により緩解を得た後に服薬を中止した患者に対する追跡調査の結果、5割から7割の患者が1〜2年以内に再発を引き起こしているという。しかし、再発を予防するために抗うつ薬を長期にわたって服用し続けることは、副作用や依存の問題、費用の問題などが懸念される。そこで、服薬に頼らない予防のための心理療法としてMBCTが開発されたのである。

彼らはカバット-ジンのMBSRプログラムを実際に受講し、マインドフルネスと認知療法のよい面を統合したMBCTを開発した。MBCTも、ただ瞑想を行うだけではなく、食べる瞑想、坐禅やボディ・スキャンなどといったMBSRで用いられる多くのマインドフルネス・トレーニング、セルフモニタリングなど、従来の認知療法のよい面を統合した形で作成されている。MBCTは、これまでに2つの大規模な治療効果研究によって治療効果の検証が行われており、興味深いことに、うつ病の再発を何度も繰り返す重度の患者に対してのみ特異的に効果を発揮することが示されている[16]。

第3部　心理療法とスピリチュアリティ

（4）アクセプタンス・コミットメント・セラピー

　カバット-ジンの活躍を横目に、まったく別の領域からマインドフルネスを取り入れた治療プログラムを開発したのが、スティーブン・ヘイズである。彼は応用行動分析の立場から独自の理論構築を行い、アクセプタンス・コミットメント・セラピー（Acceptance and Commitment Therapy: ACT（アルファベットではなく「アクト」と単語として呼ぶ））を開発した。ACTが目指すのは、心理的柔軟性を高めることである。心理的柔軟性には、①アクセプタンス　②認知的ディフュージョン　③大きな文脈の中での自己と概念化された自己の区別　④この瞬間の自己への気づき　⑤自ら選択する行為と理由づけられた行為の区別　⑥価値ある行動への指向性などの多様な要素が含まれる[12]。

　技法の詳しい説明はここでは行わないが、大枠として述べられているのは、「～しなければならない」「自分は～な人間だ」といった、知らず知らずのうちに形成された自分の行為や思考に関するルールに気づき、これに縛られない自由な生き方を目指すことである。比喩やイメージを用いたエクササイズが多用されるのもACTの特徴の1つであり、マインドフルネス・トレーニングも、坐禅などの行法的な実践よりも、「自分にとってネガティブな思考が書かれたプラカードを持って行進するおもちゃの兵隊を、客席からただ見守るイメージを持つ」というような、イメージを用いたエクササイズを通して行われる場合が多い。これまでにさまざまな疾患に対する適用例や効果研究が数多く紹介されており、認知療法よりも有効であることを示すデータも紹介されている。

　このほかにも、全般性不安障害の治療のための統合的認知行動療法[22]や、物質依存症者のためのマインドフルネスに基づく再発予防法[28]など、多くの治療法が考案されている。マインドフルネスに基づく新しい認知行動療法の最新の動向については、邦訳書『マインドフルネス＆アクセプタンス』[11]に紹介されているので、関心のある方は参照されたい。

（5）マインドフルネスは効果があるのか？

　マインドフルネスに基づく認知行動療法は、これまでの認知行動療法に

も増して、その効果を実証するための研究が精力的に行われている。ラス・ベア[6]は、こうしたマインドフルネスに基づく治療法の効果研究を集めて、その平均的な効果値を算出した。彼によれば、マインドフルネスに基づく認知行動療法の効果値は0.59という値であった。通常0.2未満は効果なし、0.2～0.5は弱い効果、0.5～0.8は中程度の効果、0.8以上が強い効果があると判定される。従って、目下のところマインドフルネスに基づく認知行動療法は中程度の効果があると判定されうる。認知行動療法とマインドフルネス・トレーニングの統合はまだ始まったばかりであり、今後はより一層効果を高めるための研究が必要と言えよう。

5 科学的心理療法における瞑想

このように、瞑想は科学的心理療法としての認知行動療法において、認知的スキルを高めるための訓練法として取り入れられるようになった。しかし、仏教や瞑想法の本来の目的からいえば、その取り入れ方は正統なものとは言えないかもしれない。瞑想法は、あくまで仏教が目指す「解脱」あるいは「悟り」を得るための手段として確立されているものであり、心理療法のように、問題の解決や精神的病理の治癒とは目的を異にしている。瞑想を通して悟りを得るためには非常に長い時間と膨大な労力が必要であり、ほんの数セッションで解決を得ようとする心理療法とは明らかに目指すものが違うのである[24]。そのため、瞑想を心理療法に応用するというときには、瞑想がもたらすすべての効果を応用するのではなく、「瞑想の効果のごく一部を得るために、瞑想を構成する要素の一部を応用する」という意味が、自ずと含まれることになる点には注意が必要であろう。

さらに、その効果性を高める手段として重要なのが心理教育である。心理教育とは、患者の症状や治療法について正しい知識を与えることで、よけいな不安を取り除き、効率よく治療を進めるために行われる心理療法に必要不可欠な要素の1つである。たとえば、腹痛と吐血で入院した人は、その原因が何か分からない間は「何か悪い病気（たとえば癌など）で死んでしまうのではないか」と不安で眠れぬ夜を過ごすにちがいない。しかし、検査の結

果ただの胃潰瘍であり、規則正しい食事と生活を心がけることで治る、と知ることができれば、安心して治療に向かうことができるだろう。心理教育によって正しい知識を与えることは、治療法の効果を格段に高めるほか、心理教育そのものが治療法として扱われる場合もある。瞑想を心理療法に応用する場合にも、瞑想を何のために用いるのかに関する心理教育は不可欠であろう。なぜなら、瞑想はさまざまな心身の反応を生じさせるため、どのような反応は正しくてどのような反応は異常なのかということが明確でなく、不安をかき立てやすいからである。実際、瞑想法に関する75の研究を展望した論文において実験に参加した参加者の62.9％が実験を最後まで継続できず、途中でドロップアウトしていたことが明らかとなっており、その理由の多くが、瞑想に関する不安であることが示されている[21]。瞑想によりどのような効果を得るために、どのような手続きを踏むことが正しいのか、という点について心理教育を行うことで、こうした反応は減弱する可能性がある[13]。考えてみれば、仏教における教典や説教も、悟りに至る長い道のりを迷いなく進み、動機づけるための、心理教育として機能しているのかもしれない。

6　スピリチュアリティの問題

　瞑想のもたらす恩恵として、スピリチュアルな効果は決して無視できない。そこには、人の力を超えた存在を仮定することやそうした存在に対する信仰心なども含まれる。瞑想法には、神や仏など超越的な存在をイメージしながら行うものや、瞑想で得られる生理的心理的変化があたかもそうした超越的な存在から与えられた感覚であるかのように感じられることもある。こうした経験はたぶんに主観的なものであり、科学的心理療法を標榜する認知行動療法とは水と油のように見えるかもしれない。

　しかし、安藤[2]は、スピリチュアリティを「人間に本来的に備わった生の意味や目的を求める無意識的欲求やその自覚」と定義している。この定義に照らせば、スピリチュアリティを求めることは人の本来的な欲求であり、貴重な能力であると言える。実際、スピリチュアルな存在を受け入れ、それに応じた行動をとることで癒しを得られることは、我々誰もが経験的に知っ

ていることであろう。それならば、人のこうした機能を心理療法に応用しない手はない。科学的心理療法を標榜する認知行動療法においてもそれは同じである。認知行動療法の創生期を支え、最近は構成主義的心理療法の旗手であるマイケル・マホーニー[17]は、人がスピリチュアルな存在を受け入れる能力を１つのスキルと捉え、個人の成長と健康にスピリチュアル・スキルが不可欠であると主張した。スピリチュアル・スキルの構成要素として、①つながりの感覚（connectedness）②永遠性（timelessness）③有意味性（meaningfulness）④感謝の気持ち（gratefulness）⑤平安（peace）⑥希望（Hope）の６つをあげ、こうした感覚を持つことのできる能力を高めることが、個人の健康を増進することにつながると述べている。さらに、こうしたスピリチュアル・スキルを測定するために、スピリチュアリティの個人にとっての意味尺度（Personal Meanings of Spirituality Scale）という質問紙を作成し、①個人的なスピリチュアリティ　②スピリチュアリティと健康、という２つの因子を抽出している[9]。スピリチュアリティを、怪しいもの、根拠のないものと捉えて敬遠するのではなく、人に備わる１つの能力と捉えることで、その有効性を活用する積極的な姿勢が生じる。いずれ認知行動療法においても、スピリチュアリティの認知モデルなどが考案され、その効用を能動的に活用する日が訪れるであろう。

7　おわりに

認知行動療法において瞑想の応用はまだ始まったばかりである。認知行動療法はその手始めに、認知的スキルを獲得するための技法として取り入れた。そして、心理教育と組み合わせることで、心理療法の枠組の中で、効率よく瞑想を用いることに成功している。さらに瞑想は、新しい風を認知行動療法に運んできた。それは、新しい方法や効果性だけを意味するのではなく、人間に対する新しい考え方を提案することにもつながっている。仏教の根本理念である「縁起の理法」や「無我」の考え方は、認知行動療法に関するさまざまな学術雑誌でもたびたび見かけるようになったが、こうした考え方は、問題があるから症状が発する、という因果論的な考え方から、さまざ

まな要因の相互作用の中に問題となる現象が生じている、という相互依存的な問題の理解の仕方を提案する。瞑想や仏教の導入は、本稿で示した認知行動療法のみならず、今後はますます現代の多くの心理療法に影響を及ぼすことであろう。近年の瞑想に関する科学的研究論文の増大を眺めれば、その兆候はすでに確かなものになっている。

　本稿の内容の一部は「文部科学省学術フロンティア推進事業（花園大学国際禅学研究機構）」（2002～2006）研究の一環としてなされたものである。

文献

1）安藤治『瞑想の精神医学』春秋社, 1993.
2）安藤治・結城麻奈・佐々木清志「心理療法と霊性――その定義をめぐって」（『トランスパーソナル心理学／精神医学』Vol.2 (1), 1-9頁, 2001）
3）安藤治『心理療法としての仏教』法蔵館, 2003.
4）安藤治『ZEN心理療法』駿河台出版社, 2005.
5）Brazier, D. Zen Therapy: *Transcending the sorrows of Human Mind*. John Wiley and Sons Inc, 1995.（『禅セラピー』恩田彰監訳, コスモスライブラリー, 2004）
6）Baer, R.A. *Training as a clinical intervention: A conceptual and empirical review*. Clinical Psychology: Science and Practice, 10 (2), pp.125-143. 2003.
7）Bishop, S.R., Lau, M., Shapiro, S., Carlson, L., Anderson, N.D. et al. *A proposed operational definition*. Clinical Psychology: Science & Practice, 11 (3), pp.230-241. 2004.
8）Ellis, A. *The Art and Science of Love*. New York: L. Stuart. 1960.
9）Graci, G.M., O'Rourke, N., & Mahoney, M.J. *Personal Meanings of Spirituality*. Constructivism in the Human Sciences, 8 (1), pp.47-56, 2003.
10）Grossman, P., Niemann, L., Schmidt, S. et al. *Mindfulness-based stress reduction and health benefits: A meta-analysis*. Journal of Psychosomatic Research, 57 (1), pp.35-43. 2004.
11）Hayes, S.C., Follette, V.M., & Linehan, M.M. *Mindfulness and Acceptance*: New York: Guilford. 2004.（『マインドフルネス＆アクセプタンス』春木豊監修, 武藤崇・伊藤義徳・杉浦義典監訳, ブレーン出版, 2005）
12）Hayes, S.C., Strosahl, K.D., & Wilson, K.G. *Acceptance and Commitment Therapy: An Experiential approach to behavior change*. New York: Guilford. 1999.
13）伊藤義徳・安藤治「マインドフルネスの講義が受講生の認知――感情状態に及ぼす影響：食べる瞑想を中核とした心理教育の効果」（『トランスパーソナル心理学／精神医

第4章 現代の心理療法と瞑想研究

学』6 (1), 55-62頁. 2005)
14) Kabat-Zinn, J. *Full Catastrophe Living*. New York:Dell Publishing. 1990.(『生命力がよみがえる瞑想健康法』春木豊訳, 実務教育出版, 1993)
15) Linehan, M. *Cognitive-Behavioral Treatment of Borderline Personality Disorder*. New York: Guilford, 1993.
16) Ma, S.H. & Teasdale, J.D. *Mindfulness-Based Cognitive Therapy for Depression: Replication and Exploration of Differential Relapse Prevention Effects*. Journal of Consulting and Clinical Psychology, 72 (1), pp.31-40. 2003.
17) Mahoney, M.J. *Constructive Psychotherapy: A practical guide*. New York: Guilford. 2003.
18) Marra, T. *Depressed and Anxious: The dialectical behavior therapy workbook for overcoming depression and anxiety*. Oakland: New Harbinger. 2004.
19) Mruk, C.J., Hartzell, J. *Zen and Psychotherapy: Integrating and Nontraditional Approaches*. Springer Publishing Company, 2003.
20) Nhat Hahn, T. *Clefs pour le Zens: Éditions Seghers*. Franc. 1973.(『禅への鍵』藤田一照訳, 丸井工文社, 2001)
21) Perez de Albeniz, A. & Holmes, J. *Meditation: Concepts, effects and uses in therapy*. International Journal of Psychotherapy, 5 (1), pp.49-58. 2000.
22) Roemer, L. & Orsillo, S.M. *Expanding our conceptualization of and treatment for generalized anxiety disorder: Integrating mindfulness/acceptance-based approaches with existing cognitive-behavioral models*. Clinical Psychology: Science and Practice, 9 (1), pp.54-68. 2002.
23) 坂入洋右『瞑想法の不安低減効果に関する健康心理学的研究』風間書房, 2000.
24) 佐々木雄二「東洋的行法, とくに禅瞑想による治療的研究の展望」(『心理学評論』35 (1), 113-130頁. 1992)
25) Segal, Z.V., Williams, J.M.G., & Teasdale, J.D. *Mindfulness-based cognitive therapy for depression: A new approach to preventing relapse*. NewYork: Guilford. 2002.
26) Teasdale, J.D. *Emotional processing, three modes of mind and the prevention of relapse in depression*. Behaviour Research and Therapy 37 (Suppl 1), S53-S77. 1999.
27) West, M.A. *The Psychology of Meditation*. Clarendon Press. 1987.(『瞑想の心理学——その基礎と臨床』春木豊訳, 川島書店, 1991)
28) Witkiewitz, K., Marlatt, G. A., & Walker, D. *Mindfulness-Based Relapse Prevention for Alcohol and Substance Use Disorders*. Journal of Cognitive Psychotherapy, 19 (3), pp.211-228. 2005.

第4部

日本の伝統とスピリチュアリティ

第 1 章

合田　秀行
Hideyuki GODA

仏教と現代のスピリチュアリティ

1　仏教の新しい潮流——古くて新しいもの

　仏教というものが、最初に宗教・思想として、大陸や朝鮮半島から日本に伝来したのは、6世紀頃に遡るとされる。以来、日本における仏教は、ほぼ明治時代まで、中国を経由した漢訳仏典を所依とした大乗仏教思想を基軸として、日本独自の展開をみせたのである。しかし、ヨーロッパから近代仏教学の成果がもたらされるとともに、サンスクリット語の諸経典、さらにパーリ語・チベット語による大蔵経に触れることが可能になった。当然のことながら、その過程で、仏教に対する見解にも変化が訪れた。それまで、それほど評価されてこなかったというより、天台大師・智顗による五時教判という歴史的事実とはまったく異なる仏典成立史観に基づいて、ブッダの生涯において鹿苑時に説示されたという漢訳『阿含経』こそが、ブッダの直説を含む原始仏典からの翻訳であり、南伝仏教圏ではパーリ聖典として位置づけられていることが、知られるようになってきた。このような事実を背景として、極めて象徴的には、「大乗非仏説」という極端な主張まで出現することとなった。
　しかしながら、そのような客観的な学術成果が、日本の仏教界に大きな変化をもたらしたかというと、むしろ否定的であり、「大乗非仏説」も一時的な現象で終熄し、等閑に付された。ところが、近年、テーラワーダ（上座

部）仏教の指導者が来日する機会も増え、日本からもテーラワーダ仏教圏に赴いて、その教義と実践を修得して帰国した日本人による熱心な活動によって、パーリ聖典に基づくまさに原点とも称すべき「仏教」が地道に紹介されている。それと相俟って、パーリ聖典からの現代語訳も多数出版されつつあり、多くの人々に読まれるようになっている。このような事態は、現代の仏教を考える際、極めて注目に値する現象である。それは、神格化されたブッダを通しての仏教ではなく、ひとりの人間としてのゴータマがさまざまな立場の人々に説示した教えに触れられることを意味する。この教えは、現代人にも改めて共感を与えていると思えてならない。

　また、視点を転ずると、中国人民解放軍の侵攻によって、亡命を余儀なくされたダライ・ラマ法王14世テンジン・ギャツォをはじめとするチベット人の高僧や多くのチベット難民は、インドやアメリカを中心として、世界各地でチベット仏教を根づかせてきた。チベット仏教には、パーリ聖典とは対照的に日本には完全な形として伝来していないインド仏教における最後期を飾る後期密教までが継承されている。そのダライ・ラマ法王の来日も、2005年までに通算9回を数え、ここ数年、一般向け講演会などには、多数の聴衆が集まり、それに基づいた著作物の出版や映像記録の発売も盛んになっている。また、極めて専門的な仏教哲学講義も開催されるようになっており、この動向は単なるブームという段階から、より確実なものへと移行していると言ってよいだろう。筆者自身も、関心を寄せる学生たちと講演会に足を運び、講義でもそれらの著作を取り上げているが、ダライ・ラマ法王やチベット仏教に対する関心の度合いも深まりつつある。その理由の１つとして、極めて現代的な諸問題に対して、仏教の立場から明確な発言がなされていることが挙げられよう。

　筆者も、このような動向に深い関心を寄せつつ、仏教に内在する可能性をさまざまな機会を通して感じ取っている。テーラワーダ仏教にせよ、チベット仏教にせよ、その紹介者や翻訳者が、旧来の漢訳による難解な仏教用語に拘泥することなく、理解しやすく表現している点も、より身近に感じられる要因となっているだろう。これらの現象は、まさに新たな仏教の伝来と呼んでもよいのではあるまいか。筆者が、現代の仏教をシンボリックに「古くて

新しいもの」と呼ぶゆえんは、このような事情にある。さらに仏教という古い伝統を踏まえて展開したものが、科学という領域との対話を始めたことも現代において特筆するべき事態である。ことに心理学や精神医学の領域との交流は、深化の一途を辿っている。古くは、かのユングが、エヴァンス・ヴェンツによる『チベット死者の書』[3]をはじめとする一連のチベット仏教関連の著作に、心理学者の立場から詳細な序文[15]を寄稿したこと、あるいは、1960年代には、鈴木大拙とエーリッヒ・フロムらによって、禅と精神分析との対話[11]が行われたことも、今や記念碑的な出来事であるが、その後、第4の勢力とされるトランスパーソナル心理学・精神医学の潮流へと引き継がれ、仏教をはじめとする東洋思想との対話は、より確実な歩みへと進展している。このような時代の潮流を踏まえながら、少しく仏教と現代におけるスピリチュアリティの現況を考えてみたい。

2　仏教学の新たな試みに向けて

　すでに述べてきた近代仏教学の成果によって、仏教経典は単に読誦された音として受容するテキストから読解するテキストとして受容されることとなった。『聖書』や『クルアーン』については、一般信徒も原則的にはそれらに表現されているテキストの意味を理解した上で、それを信仰の拠り所とし、さらに唱えることが当然の営みであった。『クルアーン』とは、文字通り、「読まれるもの」の意味である。しかしながら、日本における仏教経典は、長い間、漢訳のまま平易な日本語に置き換えられることはなかった。日本の仏教界にあっては、経典に対する極めて自然な理解という営みが蔑ろにされ、僧侶や知識階級に独占されてきたのである。たとえば、キリスト教世界においては、16世紀にルターによって着手された宗教改革の過程で、『聖書』や賛美歌を日用語であるドイツ語に翻訳したことはあまりにも有名であるが、わが国における仏教経典の現代語への翻訳の歴史はまだまだ浅く、経典はあくまでも僧侶が唱えるものと固定的に位置づける傾向は、いまだに根強い。しかし、現在の状況を眺めると、一般の読者も、パーリ語・サンスクリット語・チベット語などからの現代語訳や解説書を手に取ることのできる

環境は飛躍的に増大している。その内容には、思想的なもののみならず、在家のままでも可能な修行法などの紹介も含まれている。それは、伝統的な仏教教団のもとで仏教を拠り所としている人々にも新たな知見を提供し、さらに霊性の探求に基づく不特定多数の人々をも惹きつけている。その動向は、仏教関連の出版動向などからも一目瞭然であろう。

　その一方で、形骸化した日本仏教のあり方を巡る批判が、顕在化してきた。「真宗カウンセリング研究会」を設立し、仏教とカウンセリングの接点を長きにわたって模索してきた西光義敞（1925-2004）は、住職の立場にありながら、日本仏教のドーナツ化を指摘して憚ることがなかった[10]。それを端的に示す表現が、「伽藍仏教」（観光中心）「葬式仏教」「祈祷仏教」「学問仏教」である。すなわち、心の安楽や悟りを求めるという仏教の中心部分が抜け落ちたドーナツであるという指摘にほかならない。多くの現代人も、その問題点に気づいているに違いない。もとより仏教の中核的なもの、本質的なものもしっかりと保持されているならば、このような傾向が批判として挙げられることはない。仏教美術などの文化財の保存もまた軽視されるべきものでないこと、あるいは、いかなる宗教においても葬送儀礼の意義が重要であることは当然である。また、世の常として、願望を叶えるために現世利益の対象として、仏に手を合わせたり、密教の儀礼に基づく祈祷に縋ったりする人々は、絶えることがない。また、「学問仏教」という表現の背景にも、極めて根深い現実が横たわっている。西光義敞の表現をそのまま引用すれば、「日本は仏教学が栄えて、仏教は衰える国ではないか」と言わしめるほどである。実際に筆者も仏教学界のなかに身を置く一人として、同じ憂いを抱いている。経典を対象として、客観的、科学的に研究することが仏教学であると定義している限り、主体的な心の問題には応えられない。このように、わが国の仏教学界では、学問と実践とが峻別される傾向が支配的である。西光義敞と同様の問題意識を抱いていた玉城康四郎（1915-1999）は、この問題に関して、以下のようにわが国の仏教学のあり方に一石を投じた。

　　（前略）たまたま研究者のなかに禅定を試みるものがあると、あれは実
　　践的であり、求道的であるという。奇妙な不思議な評言である。かつて

仏教にして求道的でなかったものがありえたであろうか。もしあったとすれば、それこそ選り分けなければならない。欧米の研究者も、これまでは学問的立場に終始したのであった。そしてわが国もまたその態度に従って今日まで続いている。しかるに欧米の研究者のなかには、さまざまな禅定にかかわりながら研究を進めている人が多い。ひとたび仏教に触れれば、それが当然であることは論述してきたとおりである[12]。

実際に玉城康四郎は、長年にわたって禅定の実践を中心としながら、ヨーガや晩年には気功の実践も踏まえつつ、仏教経典をはじめとする諸文献の解釈や比較研究に力を注いできた。しかし、現在の仏教界は、このような批判に対して、沈黙を保ったままである。さて、玉城康四郎の指摘にあるように、筆者自身も、欧米の研究者のなかに、そのような態度を選択する多くの研究者に直面してきた。あくまでも1つの例にすぎないが、米国コロンビア大学のロバート・サーマン（Robert Thurman）教授は、インド・チベット仏教の分野で高名な研究者であるが、彼は一時インドに渡り、ダライ・ラマ法王のもとで僧侶として修行を積み、その上でゲルク派の開祖と仰がれるツォンカパの著作の翻訳・研究を中心に多くの著作を発表し、自らフリーチベットの運動にも積極的に取り組んでいる。筆者は、すべての仏教学者が、このようにあるべきという極論を唱えるつもりは毛頭ないが、このような姿勢も仏教思想の解明には、不可欠であると痛感するし、これを学問的ではないと退ける風潮には警鐘を鳴らしたい。これは、仏教と現代のスピリチュアリティを論ずる際にも、看過すべからざる問題である。すでに安藤治の著書でも、スピリチュアリティすなわち霊性が次のように定義されている。

霊性とは、人間に本来的に備わった生の意味や目的を求める無意識的欲求やその自覚を言い表す言葉である[1]。

これを踏まえるならば、仏教思想の展開は、まさに霊性探求の歴史と換言することができる。そして、その思想に基づく英知と実践は、現代において衰退するどころか、時代の閉塞感とともに、むしろ顕在化しつつあると言っ

ても過言ではない。現代人にとっての霊性探求のあり方をめぐっては後述する。

3　チベット仏教とスピリチュアリティ

　ここ数年、国内外におけるチベット仏教の動向、とりわけダライ・ラマ法王の積極的な活動には瞠目すべきものが認められる。これは、ある意味では、不幸な歴史的現実がもたらした事態ともいえる。すなわち、1950年代に入って、中国人民解放軍は当時のチベットへの侵攻を開始し、1959年3月10日のラサでの蜂起を契機として、ダライ・ラマ法王をはじめとする8万人のチベット人がインドなどへの亡命の道を選択せざるを得なかった。1984年に亡命政府によって発表された情報に基づけば、チベットへの中国の侵略と占拠の結果として、この間、約120万人のチベット人が尊い命を奪われたのである。このような悲劇的な歴史を背景として、チベット仏教が世界各地へ伝えられることとなった。現在まで続けられているダライ・ラマ法王の非暴力的精神に貫かれた中国との交渉も、残念ながら、具体的には成果が上がっているとは言い難い。そのようなチベット問題にも仏教的な中道政策で臨む一方、別の次元で、ダライ・ラマ法王を中心とするチベット仏教は、自らの教えの紹介にとどまらず、世界の諸宗教との交流、さらには科学の領域とも積極的な対話の場を持ち続けている。

　ダライ・ラマ法王の英語による新刊本[5]も、その副題には、「科学とスピリチュアリティとの収斂（The Convergence of Science and Spirituality）」とある。これは、科学の諸領域における対話を踏まえて、科学史や主要な理論を紐解きながら、仏教思想の本質を解説しようとする法王単独の著作である。また、2005年の秋には、米国スタンフォード大学において、法王は「瞑想と教義（Meditation and Teaching）」「非暴力の心（The Heart of Nonviolence）」と題した講義を行い、さらに同大学医学部では、「人間経験に関するスピリチュアルかつ科学的な探求（Spiritual and Scientific Explorations of Human Experience）」と題して、神経科学の分野における研究者との対話も試みられた。この模様は、Webを通して世界に配信され、その後も映像を自由に

第1章　仏教と現代のスピリチュアリティ

再生することができる。法王は、同様の科学者との対話を、かなり早い時期から積極的に行っており、それらの対話に依拠した出版物なども多数に及ぶ。

　ここでも、人間の心に対する洞察を深めてきた仏教思想が、現代人のスピリチュアルな問い掛けに対しても、明らかに意義を有することを証明している。このチベット仏教は、インドに誕生したゴータマ・ブッダの根本思想から、密教化していく後期大乗仏教のなかでも最終形態とされる無上瑜伽タントラまで、幅広くよく受容している。もちろん、顕教の中観派や瑜伽行派の思想と実践も、伝えられている。すなわち、千数百年にわたって醸成されたインド仏教の精華が、チベット仏教の中核部分を形成しているのである。諸派によっての違いはあるものの、チベット仏教が継承してきた瞑想法を中心とする多様な身体技法は、今後も一層研究や紹介が進み、多くの現代人にも影響を与え、実践されていくに違いない。すでに拙稿[4]でも述べたが、ケン・ウィルバーが、禅仏教の影響と実践のみならず、チベット仏教で実践されている修行法も試みていることは、複数の著作において明確に語られているし、そこには多くのチベット僧の存在が師として列挙されている。また、日本国内にあっては、1981年、この分野の嚆矢とも呼びうる中沢新一によるゾクチェンの紹介書の出版[8]は特筆に値しよう。ここでいうゾクチェン（rdzogs chen, 大究竟＝大いなる完成の意）とは、チベット仏教の古派・ニンマ派の中核をなす究極の奥義であり、あるがままで完成している心の本性が、清浄なる光明であることを悟るための教義と瞑想法である。ちなみに、ダライ・ラマ法王が属するのは、ゲルク派という新しい派であるが、その著作が国内において、最初に翻訳出版されたのは、1980年の『大乗仏教入門』であったから、中沢新一の著作は筆者にとっても極めて刺激的であった。チベット仏教に関する膨大な情報量と活発な人的交流がなされている現在、中沢新一の評価を巡っても、そこに不正確な記述を指摘し、批判する向きも否めないが、筆者にとってそれはむしろ瑣末な問題であって、チベット仏教の魅力を伝える先駆者として大きく貢献した点は高く評価すべきと考える。今もなお、チベット仏教関連の著作は、増加し続けている。ダライ・ラマ法王の著作が圧倒的に多いが、日本在住のチベット僧や研究者による紹介書・研

究書も目を見張るものがある。同時に、チベット語の講座やチベット密教の修行法を伝授するようなセミナーも確実にその裾野を広げている。

ここでは、チベット仏教を主たる事例としてあげたが、テーラワーダ仏教にも同じような傾向が認められる。このような背景に、現代人の無意識的欲求と「スピリチュアルなもの」への探求心の高揚が、影響していることは否定できない。6世紀以来、仏教を受容してきたわが国独自の精神風土において、仏教の原点あるいはその精華を実際に継承してきた諸文化圏における伝統に直接触れようとする機運は、当然の成り行きと言えるかもしれない。すでに西光義敞の言葉を借りながら、日本仏教が抱える問題点について言及したが、その一方で、仏教的な人生観が長年にわたり、日本人の生活に深く溶け込み、日本人の心を豊かに育ててきた側面については、妙好人の存在を挙げながら高く評価している点も看過できない。筆者もまた、仏教経典の扱いを巡って、批判的なことを述べたが、それもまた仏教という全体像からすると一側面にすぎないのであろう。日本に蒔かれた仏教という種子は、日本的な霊性のなかで確実に育まれ、ときに大輪を開花させてきたことも事実である。そのような日本的な精神風土のなかに、チベット仏教をはじめとする新たな息吹が吹き込まれることによって、相乗的な展開が期待できるのではないかと、筆者は秘かに期待を寄せている。

4　精神医学・心理療法と仏教

すでに紹介した西光義敞は、形骸化しつつある仏教が、あらゆる既存の概念を打破して、仏教の原点に回帰する時機が到来していると述べた上で、人間の心の問題に実践的に応える営みであるカウンセリングという流れのなかで、仏教の存在意義を見出せるのではないかという信念を貫いた。そして、その信念は、必然的に東洋的人間観の影響を強く受けて発達したトランスパーソナル心理学の潮流へと繋がっていった。また、西光義敞は、浄土真宗の信仰を背景として「真宗カウンセリング」[9)][10)] という流れを形成してきた。そこでは、カウンセラーもクライアントも平等の立場に立って、仏からの大悲の呼び声を聞くという関係を基本とし、仏の慈悲心によって自己を

見、相手を見る立場が一体となっていることが特徴とされている。もとより、西光義敞は、真宗の立場を軸としているのであろうが、それは仏教を貫くものでもある。ゴータマ・ブッダによる成道後、80歳で入滅するまでの45年間に及ぶ伝道生活の諸相は、パーリ聖典から読み取ることができるが、まさにそれは慈悲の精神に貫かれていた。慈悲の原語のもともとの意味に基づいて、それを「抜苦与楽」とも表現できるが、それはカウンセリングに臨む基本態度にも通ずるし、ブッダの次第説法や対機説法にカウンセリングの原型的なものを見出すことも可能である。

わが国における仏教とカウンセリングとの関わりの事情は、恩田彰の著作[6)7)]にも紹介されている。さらに、恩田彰自身は、現代的な諸問題に対処する際に、創造性の必要性を強調する。その背景には、本来の専門分野である心理学のみならず、仏教に対する該博な見識が充溢している。恩田彰が着目しているのは、仏教やヨーガにおける瞑想法が、セルフコントロールとしてリラクセーションに有効であるばかりでなく、心の深層領域における気づきや洞察を促し、さらには創造性の開発に繋がるとする点である。たとえば、恩田彰は禅の悟りと創造性の関係を、次のように解説している。

> 禅の本質は、直指人心、見性成仏であり、要するに己事究明すなわち真の自己を究明することである。悟りとは、仏性すなわち真の自己を徹見することである。すべての存在は自己のものではない。自己がないことすなわち無我に気がつくと、すべての存在は自己であることがわかるのである。そこに自他不二、主客一如の真の自己（真の事実）が現れるのである。（中略）真の自己は、空間的にはここにおいて宇宙大に広がり、時間的には無限の過去と無限の未来を含む今において、永遠に生きどおしに生きている。すなわち不生不滅であり、まったく変わらない。これに気づくと、安心が得られる。そして安心が得られると、人間は自由に創造的に行動することができるようになるものである[7)]。

途中、中略した部分は、唯識の教義（筆者の専門領域）とも重なる記述なので補足すると、悟りとは有分別智から離れて、無分別智を獲得することと

される。もとより、われわれは有分別の境地に戻らなければ、日常生活を営むことはできない。しかし、無分別智を獲得した後は、単なる有分別智ではなく、それは後得智とされる。恩田彰は有分別智を論理的思考、無分別智を直観（直観的思考）とみなし、後得智を両方の働きの統合と発展による創造的思考と対応させている。仏教の文脈では、菩薩はこの後得智に基づいて、涅槃にもこだわらない境地（無住涅槃）で、輪廻の大海における利他行へと自由自在に漕ぎ出すのである。

次に、わが国において心理療法としての仏教という視点に基づき[1)2)]、精力的な執筆・実践活動を展開している安藤治について言及したい。安藤治が目指しているのは、わが国における仏教、とりわけ禅に対する「再発見」「再評価」である。その手法は心理学的アプローチに基づくものであり、これは確かに現代的な新たな試みに違いないが、見方を換えると、仏教が本来的に現代にも通じる心理学的側面をも有することの傍証にほかならない。

安藤治はその著書において、「仏教は宗教か、哲学か」という問いを発している。その意図するところは、単に仏教を宗教や哲学ではないと強調することにあるのではなく、ブッダが到達した「人間のあり方や生き方」に対する深い洞察に依拠した知的体系を、むしろ積極的に心理学として捉えようという新たなアプローチの有用性を示す点にある。さらに、この問いには、形骸化した仏教あるいは仏教組織が抱える負の側面から解き放たれた仏教観へ誘おうとする意図が込められている。象徴的には、ブッダの最初の説法にも含まれていたとされる四聖諦（4つの聖なる真実）についても論述されているが、この根本教理こそ、仏教が科学的かつ医学的アプローチに通じる要素を如実に示している。さらに、仏教の主な教義に対しても、詳細な検討が試みられているが、安藤治によるアプローチは、自らの禅体験とともに、精神医学における知見と臨床経験に裏打ちされている。

また、安藤治による霊性の定義については先述した通りであるが、さらに現代人の霊性の探求に関連して、時代状況を次のように表現している。

「現代性」を特徴とする社会においては、過去のあらゆる宗教的表現は、本質的にドラマティックで迷信的なものと見なされる（呪術からの

第1章　仏教と現代のスピリチュアリティ

解放)。それらは、科学者にとっては非合理で経験的基礎を欠いたもの、社会学者にとっては社会逃避であり圧制的政府の共謀（マルクス）、心理学者にとっては心理学的未熟性（フロイト）、哲学者にとっては実存的不具者（ニーチェ）にしかすぎなくなっていく。そこでは人間の霊性はどこにも場所をもつことを許されなかった。そしてそれは、ひたすら「主観的」「個人的」「私的」領域のなかに追放され、価値をおとしめられてきたのである[1]。

　このような現状を踏まえて、安藤治は伝統的な宗教の様式に替わる現代的な霊性の探求のあり方というものを示唆している。かつては宗教組織に入信した者にのみ伝授されていたようなさまざまな宗教的な実践についても、より開放されてきている。もとより、そこに生まれる新たな問題点も十分に考慮しなければならないが、それ以上に、霊性の探求や回復は、現代人にとって大きな課題と言わねばならない。先述したチベット仏教の動向も、このような閉塞的とも言うべき時代状況に対するまさにアンチテーゼと理解できるのではあるまいか。そもそも仏教とは、その語源が示すように「目覚め」へと導く教えであり、禅の表現によれば、己事究明ということになる。たとえ表面的な形態は変わりゆくとしても、人間にとって霊性探求の営みは普遍的なものであると確信する。そして、その学的解明には、既存の仏教学よりも、学際的な性格を備えたトランスパーソナル心理学・精神医学が、その重要な役割を担いつつある。

5　おわりに

　人類にとって超克しなければならない難問が山積している現実は、誰しもが認めるであろう。新たな世紀に平和と希望を思い描いていたはずの人類にとって、現実的には世界中に衝撃を与えた９・11テロ、そして性懲りもないイラク戦争という最悪の幕開けがもたらされた。もっと身近な現実に目を向けても、心の闇が露呈した凶悪な事件はあとを絶たず、現代社会が大きな閉塞感に包まれていることは否めない。しかし、そのような厳しい現実に対処

する特効薬としての新たな道が示されているわけでもない。陳腐な表現かもしれないが、「故きを温めて新しきを知る」の精神をもって、仏教のもつ可能性を現代に再検討することは、極めて有意義であると確信するし、そこには、スピリチュアリティという要素が不可欠である。ブッダの時代から、仏教はまずあるがままの現実を知ること（如実知見）を徹底させ、そこからの解決法を見出してきた。その態度は、科学という手法とも通底する。また、その一方で仏教は一切の生きとし生けるものへの慈しみの心と非暴力の精神を大前提としている。菩提心もまた、自己のみのために悟りを冀求するのではなく、一切の生きとし生けるものをも悟りに向かわせ、苦しみを取り除くことと1つにつながっている。そして、その心を開拓していく主要なる方法として、禅定・瞑想の道を説き続けてきたのである。最後に、筆者はこの教えを真摯に受け容れ、現実の生活の中において可能なところから実践していくべきことを提言したい。また、一言で仏教と言っても、禅・浄土・密教などの諸宗派をはじめ、本稿でも述べてきたように、現代人にはテーラワーダ仏教やチベット仏教などにも耳を傾ける機会が提供されており、自らの気質に合うものを選択すればよいであろうし、やがてその営みに専心することを通して、さまざまな違いや仏教という枠をも超えていくに違いない。それは、霊性の定義として引用した「人間に備わった生の意味や目的を求める無意識的欲求やその自覚」が、仏教という伝統のなかから新たに展開したものを通して、触発され、顕現し、全人格的に頷かれるということにほかならない。霊性とはどこまでもはてしなく、形を超えていくものである[14]。

文献

1) 安藤治『心理療法としての仏教――禅・瞑想・仏教への心理学的アプローチ』法蔵館, 京都, 2003.
2) 安藤治『ZEN心理療法』駿河台出版社, 東京, 2005.
3) Evans-Wentz, W. Y.: *The Tibetan Book Of The Dead*, Oxford University Press, London, 1927.
4) 合田秀行「ケン・ウィルバーの仏教観」(「トランスパーソナル心理学／精神医学」5 (1)：39-44頁, 2004)
5) His Holiness Dalai Lama : *The Universe In The Atom : Convergence of Science and Spirituality*, Random House, NY, 2005.

6）恩田彰『禅と創造性』恒星社厚生閣, 東京, 1995.
7）恩田彰『仏教の心理と創造性』恒星社厚生閣, 東京, 2001.
8）中沢新一, ラマ・ケツン・サンポ『虹の階梯――チベット密教の瞑想修行』平河出版社, 東京, 1981.
9）西光義敞編『親鸞とカウンセリング』永田文昌堂, 京都, 1996.
10）西光義敞『わが信心 わが仏道』法蔵館, 京都, 2004.
11）鈴木大拙, E. フロム『禅と精神分析』東京創元社, 東京, 1960.
12）玉城康四郎「仏教研究の反省」『仏教の思想1 原始仏教』法蔵館, 京都, 1985.
13）玉城康四郎『新しい仏教の探求――ダンマに生きる』大蔵出版, 東京, 1990.
14）玉城康四郎『仏教を貫くもの』大蔵出版, 東京, 1990.
15）C. G. ユング『東洋的瞑想の心理学』湯浅泰雄ほか訳, ユング心理学叢書(5), 創元社, 大阪, 1983.

第 2 章
村本　詔司
Shoji MURAMOTO

仏教と心理学

1　心理学と仏教の類縁性

　1950年代後半に行われた禅と精神分析のシンポジウム[注1]、ユングと久松真一の対話[注2]などをきっかけとして、仏教と心理学の関係に関する関心は高まり、その種の文献も年を追うごとに増加している。しかし、その場合、心理学は1つの科学としてあくまで、あらかじめ宗教としての仏教の外側に位置づけられたうえで仏教との関係が探求されているきらいがある。
　ところで、科学と宗教は、元来、西洋で作られてきた範疇であり、それが心理学と仏教の関係に適用されているにすぎない。だが、実際の仏教に何らかの形で触れた者なら夙に感じることだが、仏教は、西洋で発展してきた意味での心理学と同一レベルで論じられないにしても、それ自体、1つの精緻な心理学の大系のように思われる。仏教ははじめから宗教と科学の二分法を越えているのである。
　世界の宗教のなかでもことに仏教が心理学的性格の強い宗教であることは、すでに今世紀のはじめにウィリアム・ジェームズによって示唆されている。彼は、仏教が、神という超越者を認めないという点で無神論的ではあるが、体験的観点（experiential viewpoint）からすれば、最善のキリスト教と事実上区別できず、多くの点で同一であるから、やはり宗教と呼ばれるべきだとしている[注3]。

徹底的な座禅の実践を背景にして独自な思想体系を発展させたわが国の西田幾多郎はジェームズの純粋経験（pure experience）の概念を出発点として最初の主著『善の研究』(1911)を著し、没年の翌年に発表された最晩年のの「場所的論理と宗教的世界観」(1946)においては、「宗教は心霊上の事実である。……宗教を論ずるものは、少なくとも自己の心霊上の事実として宗教的意識を有つものでなければならない」[注4]としている。これらは、西田も仏教の心理学的性格を見ていることの証左と見ることができよう。最近では、ジョン・ヒックが、世界の大宗教のなかでも仏教はもっとも心理学に関心を払っていることを指摘している[注5]。

2　仏教心理学の文献

にもかかわらず、仏教心理学の研究はつい最近になるまで英語圏でも意外と少なかった。1914年に出版されたリズ・デイヴィッヅ夫人の『仏教心理学』Buddhist Psychology ぐらいである。1971年にやっとパドマシリ・デ・シルヴァの『仏教心理学入門初版』[注6]が出てギャップが埋められはじめ、1991年には、近年の西洋心理学との比較を含んだ第2版が出された。まとまった仏教心理学の最初の本と言えよう。1987年には、カルパハナの『仏教心理学原理』[注7]が出版された。その標題から示唆されるように、著者は、古典的な心理学の教科書といえる『心理学原理』の著者であるジェームズの思想を手がかりにして仏教心理学を解説している。インドからはアマル・バルアの『初期仏教心理学における心と心的要因』[注8]が出ている。

これら4人の著者はいずれも上座部仏教を背景にして主にパーリ語経典をもとにしている。大乗の立場に立つバストンといった歴史家は、アビダルマと中観と唯識を仏教思想における3つの革命と見なし、スチェルバツキやチャテルジーといった学者は西洋思想をモデルにしてこの3つをそれぞれ、実在論的、批判的、観念論的として特徴づけている。だが、カルパハナは、これらの理解を批判して、ナーガールジュナもヴァスバンドゥもブッダに戻ろうとしたのだという風に位置づけている。上座部からの批判と言えるが、大乗仏教こそ仏陀の真の思想を把握し、展開したものだという主張に立て

ば、西洋諸国における大乗仏教の心理学はこれからであろう。

　仏教心理学の文献が上座部に偏っていることは、上座部の仏教が、より信仰的要素の強い大乗仏教と違い、分析的で、それだけ西洋心理学との関連をつけやすいことを示唆しているのかもしれない。上座部の仏教の瞑想であるヴィパッサナが今日、アメリカの白人仏教徒のあいだで好んで実践され、洞察運動（Insight Movement）として展開されるようになってきていることは、これにさらに拍車をかけているかもしれない。

　大乗仏教の側からの心理学との関わりについては、すでに鈴木大拙の一連の著作に見られる[注9]。また、近年では、西洋の深層心理学との対話や総合を目指す文献[10]が次から次へと出版されている。

3　わが国における仏教心理学の歴史

　わが国における仏教心理学の歴史は、恩田彰の著書[注11]に詳しく紹介されている。それによれば、仏教心理学においてもっとも大きな仕事を成し遂げたのは、井上円了（1858-1919）である。井上は、西洋合理主義に適合する宗教を仏教に見出すとともに、前者によって仏教の再生を図ろうとした。仏教心理学を理論的に提示しているものとしては、『東洋心理学』（1894）、『仏教心理学』（1897）、『禅宗の心理』（1902）があり、前２者で取り上げているのは、アビダルマと唯識の心理学である。井上はまた、『仏教夢説一般』（1902）で仏教における夢の事例を研究し、彼の『心理療法』（1904）は後に森田正馬が独自な治療法を編み出す際に影響を及ぼしたとされている。

　井上以外にも近代日本初期の何人かの心理学者が仏教心理学を構想した。『勘の研究』（1933、1938）において禅における悟りと武術や芸術における極意に通底する心理を記述した黒田亮（1890-1940）、『無意識の心理学』において唯識に基づいて相対的固有意識と絶対固有意識を区別した千葉胤成（1884-1972）、唯識の研究と念仏行の経験に基づいて『真実の自己』を著した笹本戒浄（1859-1920）、禅における心の意味を考察した安宅孝治（1904-）らである。佐久間鼎（1888-1970）の『神秘的体験の科学』（1948）が出発点となって、後の平井富雄による座禅の脳波研究（1960）、佐久間を代表とする総合

研究「禅の医学的心理学的研究」(1961、1962) がなされた。

戦後の仏教心理学関係の著作としては、理想社から1975年に出版された『講座仏教思想』の第4巻が人間学と心理学に当てられており、水野弘元、勝呂信静、目幸黙僊、秋重義治がそれぞれ、アビダルマ、唯識、ユング心理学、禅の心理学を論じている。近年では、岡野守也が唯識と西洋の心理学の統合を目指した一連の書物を発表している[注12]。日本ではそれなりに仏教心理学の研究がなされてきたことがわかるが、佐藤孝治が創刊して編集した英文雑誌「プシコロギア」[注13]に掲載された何篇かの論文を除いて、これらはほとんど海外には紹介されていない。

仏教に心理学を読み込むことは、心理学アレルギーの仏教者にとっては、仏教を心理学に還元しようとする許し難い傲慢に思われるかもしれない。しかし、仏教はその言説において実に頻繁に心に対して言及しており、しかも、キリスト教のように、神という絶対的存在への信仰ではなく、何よりも自分の心を見つめることを求める。それだけに、仏教自体、精緻な心理学の大系だと思われても、別に不思議ではない。だから、問題は、むしろ西洋、特に近代西洋において発展してきた心理学と仏教における心理学がどのように違うのか、あるいはどのように融合し、互いを発展させあえるかということであろう。しかし、ここではこれらの問題には踏み込まない。

本稿では、歴史上のブッダにいったん帰ったうえで、彼の人生と教えに内在する心理学を取り出すことにする。

4 悟りにいたるまでのブッダ——イエスとの比較

ブッダ (Buddha) とは目覚めた者、覚者を意味し、釈迦族の王子ゴータマ・シッダールタという歴史的人格が到達した状態を指す言葉である。シッダールタの生涯は、その史実性はともかくとして、よく語られているので、ここでは繰り返さない。彼の生涯に関して、これまであまり注意されてこなかったが、筆者がまず何よりも関心をそそられるのは彼の母マーヤーが、彼を生んでまもなく亡くなったことである[注14]。彼女の妹のゴータミーが彼を育てることになったとはいえ、実の母をほとんど知らずに、しかも、おそら

く実の母の死を知らされながら、つまり、喪失とその自覚とともに人生を始めねばならなかったであろうことは、諸行無常と諸法無我、一切皆苦を唱える彼の思想を理解するうえで無視できない心理学的背景をなしているように思われる。

　イエスと対照させることでブッダの生涯はより具体的に浮かび上がる。福音書が伝えるところでは、イエスの母は誕生前に天使から祝福のお告げをもらっており、イエスの生涯を彼の死に至るまで見守り、彼の死後は原始教会の中心的メンバーとして活動した。キリスト教徒にとってマリアは何よりも信仰者の模範となり、自らの祈りの弱さを感じる信者たちは、ora, ora, pro nobis, Sancta Maria（聖母マリアよ、わたしたちのために祈りたまえ）と歌い、誰よりもマリアに、自分たちのために祈ってもらうことを求めてきた。これに対して、マーヤーにはもともと、信じてはならない、当てにしてはならない幻影という意味が含まれている。フェミニストならそこに女性蔑視的なニュアンスを嗅ぎ取ることもできよう。もっとも、マーヤーには、豊饒性という意味も含まれているのだが……。

　イエスとブッダの伝記的背景の違いは２人の思想の違いに反映しているかもしれない。イエスは神の現前（presence）に心を開くことを人々に教えたのに対して、ブッダは、あらゆるものの無常、永続する本質の不在（absence）を悟ることを人々に教えた。人間の心、魂は、イエスにとっては、「マタイによる福音書」の13、18-23などに見られるように、そこに神の言葉という種がまかれ、育つ大地であったのに対して、ブッダにとっては、あらゆるものがそれから生じ、それへと帰趨するところのものなのである。

　父スッドーダナは息子シッダールタが自分の跡継ぎになれるようにと、彼に最高の教育（ヴェーダと６つの補助学問）とありとあらゆる歓楽を与え、結婚させ、子どもをもうけさせて地上につなぎとめようとした。しかし、シッダールタは父親の期待に反して、29歳にして出家し、外道の仲間に加わって禁欲の修行をすることになった。その背景には、あまりにも早くから人生の無常を思い知らねばならなかったという事情が考えられる。地上の栄華と欲望の充足は、人生早期の心の傷を癒すにはあまりにも不十分であること、否、どんなに危険なことかいうことさえ、彼は知っていたのである。

しかし、6年間禁欲の修行をした末にシッダールタは、欲望の追求と同じく禁欲もまた、陥穽を含んでいることに気づいた。それは、一見反対の方向のように見えるが、欲望の追求と変わらないことを見通したのである。かといって、知的に洗練されているシッダールタにとって、二律背反を解決してくれる何らかの神への信仰による救いというオプションは退けられねばならなかった。それは究極の迷いにほかならなかったのである。それゆえ、彼には心理学的な道、自分の心を虚心に見つめることから生じる直観しか残されていなかった。

5　縁起の法

　ネーランジャラー河のほとりの菩提樹で悟りを開いて、シッダールタがブッダ、すなわち悟った者、覚者になったとき、彼はたしかに決定的な何かを体験したのであろう。だが、それが何であったかは誰にもわからない。おそらくそれは言語を絶したものであろう。ブッダはそのまま7日間結跏趺坐した後に、順次に縁起の法を思いめぐらしたと言われる。もっとも古いテクストの1つとされる『ウダーナ』、すなわち『自説経』はそれを次のように伝える。「まこと熱意をこめて思惟する聖者にかの万法があらわとなるとき、彼の疑惑はことごとく消え去った。縁起の法を知れるがゆえであった」。

　このことから、縁起（paticcasamuppada）の法こそ、仏教の最初でもっとも根本的な思想であることがわかる。「何々に基づいて」を意味する縁（paticca）と「起きること」を意味する起（samuppada）から合成された縁起という語は、何事もほかの何かに拠って生じること、言い換えれば、それ自体で存在するものは何もないという仏教の存在論を表現する。

　しかし、この存在論は、深い内省としての瞑想体験から生まれてきたものであり、主体のありかたぬきには語られない、きわめて心理学的な性質のものである。縁起の法は、最終的には十二支縁起（無明→行→識→名色→六処→触→受→愛→取→有→生→老死）に定式化されるが、初期には三支（無知→取→苦）や四支（無知→愛→取→老死）も語られた。いずれにせよ、縁起の法の各支は心のあり方を指しており、1つの心のあり方は、それに先立つほかの

心のあり方によって決定されており、かつ、これに続くもう1つの心のあり方を決定している。それゆえ、縁起の法は、一種の心的決定論と言える。『ダンマパダ』(法句経) は、「ものごとは心にもとづき、心を主とし、心によって作り出される。」で始まる。

　西洋の近代自然科学が前提にしている因果論では、原因は最終的には物理的なものに求められ、それゆえ、心理的なものも物理的なものに決定されるとするのに対して、縁起の法では原因は心理的なものである。心理的なものは、物理的なものと違い、それ自身についての気づきを含んでおり、一定の自由を有している。それゆえ、あることが心理的なものに決定されているという意味で心理的なものだということは、それについてわたしたちが何らかの仕方で気づいており、何かができるということを意味する。すなわち、この心理学的決定論は、単なる機会論や宿命論と違い、自由の要素を本質的に含んでいるのである。

　この縁起の法は単に心的事象が発生する様子を客観的に記述するものではない。むしろ、現在の自分の状態を説明し、理解し、さらには解消するための図式ともなっている。その点でも縁起の法は、近代西洋自然科学の因果論と質を異にしている。後者では、事象Aが事象Bの原因であるとき、A→Bの順序は逆転できない。AからBへの移行は機械的に決定されている。これに対して、縁起では、B→Aという逆転が可能となる。B→C→D…と進むまえに、Bの時点で気づいてAに戻ることができるのである。それゆえに、存在理解として順縁と逆縁が語られ、さらに、瞑想の手続きとしてそれぞれを観察することを意味する順観と逆観が編み出される。

　「万法が現れる」とは、それゆえ、あらゆる物事が、そこに自分の心のあり方が決定的に関与している心理的因果連関の全体として現れるということを意味する。精神科学の方法論としてディルタイが構想した解釈学よりはるかに主体的、実存的な解釈学と言える。

6　自我と無我

　だが、そこにおいてわたしたちの自己はどのようなものとして理解され

るのであろうか。仏教に馴染んだ者なら当然のごとく、無我（anātman）を云々するであろう。しかし、増谷[注15]が注目を促している点だが、ブッダの初期の思想では無我（anattan）も無常（anicca）も用語としては使われていない。ブッダは人間を、色（rūpa, 物質）、受（vedāna, 感覚）、想（senna, 表象）、行（sankhara, 意志）、識（vinnana, 意識）という五蘊（khandha, 5つの要素）として分析的に理解し、その1つずつが常なるもので我と言いうるものかどうかを相手に問うて、そうではないことを明らかにさせる。そうしてはじめて無常と無我が云々されるのである。

　ブッダは無我ということで、自我や自己を否定しようとしたのではない。実際、『ダンマパダ』の「自己品」には次のような偈が見られる。「自己こそ自分の主である。他人がどうして（自分の）主であろうか。自己をよく整えたならば、得難き主を得る」。さらに、ブッダは「大いなる死」を前にしていわゆる「自帰依、法帰依」を説く。「されば、アーナンダよ、なんじらは、ここに自己を洲とし、自己を拠り所として、他人を拠り所とせず、法を洲とし、法を拠り所として、ほかを拠り所とせずして住するがよい」。これらはいずれも、仏教が、増谷の言うように、「人間形成、自己確立を説く宗教」であることを示す。

　それゆえ、無我ということで否定されているのは、自己や自我そのものではなく、「自我に関する固定的な観念」[注16]であろう。ここで問題になっているのは、自我というものがあるかないかというような存在論的次元ではない。むしろ、人がすでにそのつど自分自身と物事についてどのようなイメージを持ち、それにどのように関わっているか、それにとらわれているのか、それから自由なのかという、どちらかといえば心理学的な次元なのである。心理学を突き詰めれば存在論に至るが、心理学を抜きにして存在論を云々することは、実際には抽象的な思弁に終始するだけであり、「正覚と涅槃に資するものではないからわたしは説かない」と語るブッダのプラグマティズムの精神には合わない。

　永遠に存在する自我を否定したという意味では、仏教は、人類の歴史における魂なき心理学の最初の現れとも言えよう。しかし、それは後に西洋で発展したいわゆる科学的心理学と違い、体験の事実を捨象した結果ではなく、

反対にそれにもっとも忠実たらんとした結果である。すなわち、心は仏教では、流れとして理解されており、そのプロセス的な理解は何よりもジェームズにおける意識（あるいは想念）の流れ（stream of consciousness or thoughts）あるいは徹底的経験主義（radical empiricism）の概念に通じているのである。

7　心理学と倫理学の相即

　ギリシャの哲学者アリストテレス自身が『形而上学』でいみじくも証言しているように、西洋における最高の知（epistēmē）とは、必要に迫られて（anankē）ほかの何かに役に立つことを目指す実用的な知ではなく、楽しい暇つぶし（diagōgē）、自己目的的なものである。それは実践（praxis）から離れた真理の観照（theoria）である。西洋の知の理念に縛られているかぎり、心理学も、特に心の癒しに関わる臨床心理学はそうだが、理論と実践の遊離と両者の統合に悩まねばならない。

　これに対して、ブッダの心理学、あるいは仏教心理学一般は、本質的に悟りと涅槃に役立つものであろうとする。それが修行のなかで編み出されてきたものであることをわたしたちは忘れてはならない。それだけに、西洋の心理療法家が仏教に関心を寄せるのは当然のことである一方で、日本の仏教者が、西洋の心理学を仏教の英知でより深め発展させることにあまり乗り気でなく、無関心だとすれば奇妙と言うほかない。

　西洋の心理学は、物理学や化学、さらには生物学をモデルとして自らを自然科学として確立すべく、哲学から独立しようとしてきた。そのためには、できるだけ主観的要素が混入することを排除して客観性を追求し、価値観から自由であるという中立性を標榜してきた。しかし、市民社会でそれを実践するとなると、否応なく倫理的問題が発生し、これにどのように対処するかが今日、心理学の専門家に問われている。しかし、倫理は心理学にとって単なる実践上の問題にとどまらず、心理学のあり方そのものを問う問題でもある。心理学は倫理を捨象することではじめて自らを科学として確立できたように信じられてきたからである。

　これに対して仏教においては心理学が倫理学と、それゆえ哲学とも分かち

がたく結びついている。興味深いことに、デ・シルヴァは、西洋の倫理思想史のなかで仏教にもっとも近いものとして、アリストテレスの『ニコマデス倫理学』を挙げている。どちらにおいても、徳の発達とは、規則に盲目的に従うこととしてではなく、ある種のスキル（kuśala）の発達として理解されているからである[注17]。仏教の倫理は、心理的要因の理解に基づいている一方で、仏教の心理学は常に倫理的意味合いを持ち、動機は貪、瞋、癡の三毒あるいは三不善根（akuśala）と無貪、無瞋、無癡の三善根（kuśala）に分けられて理解される。また、極端を悪とし、中庸（mesotes）を善とするアリストテレスと同様に、ブッダも極端を排して中道（majjhima patipada）を説く。

8　自己性と他者性

　最後に仏教が本質的に心理学的であることと関係しているかもしれないが、仏教のもう1つの基本的特徴として、他者性への関心の二次性に触れておこう。

　ユダヤ・キリスト教の伝統では啓示は、それがどんなに内面的に深いものであっても、最初から、神からの言葉として受け取られ、預言者は特にそうだが、しばしばその受け手はその啓示を人々に伝えることが求められる。啓示には最初から他者性が含まれている。キリスト教心理学というものがありうるならば、その心理学的認識は常に神との対話として、そして隣人愛の実践として遂行されよう。

　これに対して、ブッダの悟りには他者性は明確な形では自覚されていない。仏教心理学的認識は本質的に自己との対話として遂行される。彼がその悟りの内容を人々に伝えることを当初は考えていなかったことは、悪魔の次のようなささやきで示唆されている。「なんじもし不死安穏にいたる身を悟りえたりとするならば、去れよ、なんじひとり行けよ、なんのために他人に教えんとするや」。また、彼自身の言葉として次のようにも言われる。「苦労してやっと悟りえたものを、なぜまた他人に説かねばならぬか。貪りと瞋りに焼かるる人々にこの法を悟ることは容易ではあるまい。これは世のつねの

流れにさからい、微妙にして難解なれば、欲貪に汚され、闇におおわれし者には見ることを得ないであろう」。ここには、人々との関係で傷つきやすく、非常に内向的で非社会的なシッダールタの性格も読みとられよう。そもそも彼は衆生済度のために出家したのではなかろう。むしろ、俗世間での自分の存在の不確かさに悩み、存在の意味を見出すために出家したのではないか。

説話の形式を通じてではあるが、梵天に3度勧請されてはじめてブッダは世間を観察する。彼はそこに自分と同じく悟りへの可能性を持つ人々を見出したのであろう。それは必ずしもあらゆる衆生ではなかったかもしれない。彼が見たのは、さまざまな色の蓮が泥の中に生まれて水面に花を咲かせている様子だった。彼は衆生に自分と同じ能力、機根を見出したからこそ、孤独に悟ったままに死ぬのを潔しとせず、彼らに説法する気になったのである。衆生へのブッダの接近は、彼らとの類似性、共通性の認識に基づいている。悪魔と梵天はブッダの心の中で、悟りの内容をめぐっての他者に対する2つの動きが相反していることとして心理学的に理解することができよう。一方は彼を沈黙させ、他方は彼を語らせるとはいえ、ともに、この世でブッダ自身がとりうる態度としてにほかならず、そして、そのように彼自身に自覚されているのである。この説話は、仏教という宗教がどのようにして成立し始めたかということと同じく、それが成立せずに終わりえたことも示唆している。

注

注1　Erich Fromm, Daisetsu T. Suzuki and Richard de Martino, *Zen Buddhism and Psychoanalysis*, New York: Colophon Books. 1960.

注2　Shoji Muramoto, S., "The Jung-Hisamatsu Conversation (1958)" in Anthony Molino (ed.), *The Couch and the Tree: Diologues in Psychoanalysis and Buddhism*, New York: North Point Press, 1998.

注3　William James, *The Varieties of Religious Experience*, New York: Macmillan Publishing Company, p. 43, 44. 1902/1961.

注4　西田幾多郎「場所的論理と宗教的世界観」上田閑照編『西田幾多郎哲学論集Ⅲ　自覚について他4篇』岩波文庫, 299頁, 1989.

注5　John Hick, *"Forward"* to Padmarsiri de Silva *An Introduction to Buddhist Psychology, Second Edition*, Houndmills and London: Macmillan Academic and

Professional LTD. p. ix. 1979/1991.
注6 Padmasiri de Silva, *An Introduction to Buddhist Psychology*, Second Edition, Houndmills and London: Macmillan Publshing Company. 1979/1991.
注7 David. J. Kalupahana, *The Principles of Buddhist Psychology*, Delhi-India: Sri Sayguru Publications, A Division of Indian Books Center.Kalupahana. 1987.
注8 Amal Barua, *Mind and Mental Factors in Early Buddhist Psychology*, New Delhi: Northern Book Center. 1990.
注9 筆者は拙論文「鈴木大拙と心理学」(「外大論叢」神戸市外国語大学, 第55巻, 39-59頁, 2004) でこれを詳しく紹介している。
注10 Anthony Molino (ed.), *The Couch and the Tree: Dialogues in Psychoanalysis and Buddhism*, New York: North Point Press, 1998; Polly Young-Eisendrath and Shoji Muramoto, *Awakening and Insight: Zen Buddhism and Psychotherapy*, East Sussex: Brunner-Routledge, 2002.; 安藤治『心理療法としての仏教』法蔵館, 2003
注11 恩田彰『禅と創造性』恒星社厚生閣, 1995
注12 岡野守也『唯識の心理学』青土社, 1990, ほか多数。
注13 村本詔司「『プシコロギア』と佐藤幸治」(「禅学研究」63号, 1984)
注14 以前から気にかかっていることだが、シッダールタをはじめとして、筆者の知る歴史上の偉大な仏教者はしばしばその幼少期に実母と死別している。道元は8歳で、夢窓は4歳で実母を失っている。一休の場合は、死別ではないにしても、その母は帝からの寵愛を失って、片田舎で人目を忍んで母子二人でひっそりと生きている。このような幼少期のトラウマはどの程度、仏教の教義や思想の形成ではないにしても、少なくともその受容の体験的、個人史的背景をなしてきたのだろうか。仏教学的にも心理学的にも興味深い問題である。
注15 増谷文雄・梅原猛『仏教の思想1 知恵と慈悲〈ブッダ〉』角川文庫ソフィア, 128頁, 1996
注16 同書, 146頁
注17 de Silva, op. cit., p.2.
注18 増谷, 前掲書, 150頁
注19 de Silva, op. cit., p.2.

本稿は、2005年1月に永田文昌堂から刊行された『竹貫元勝博士還暦記念論集』所収「ブッダにおける心理学――覚え書き」に加筆修正したものである。

第3章

桐田　清秀
Kiyohide KIRITA

鈴木大拙の「霊性」考

1　鈴木大拙「霊性」の用語例

(1) 1890年の書簡

　鈴木貞太郎大拙は、1870（明治3）年の生まれ、1887（明治20）年石川県専門学校付属初等中学科を卒業、翌年第4高等中学校本科1年に入学したが、半年も経ぬ間に授業料が払えず中退した。彼の学歴はそこで終わる。その後、3年弱小学校の高等科で英語を教え、1891年には東京へ出て東京専門学校（現早稲田大学）に入るがすぐ退学、1892（明治25）年西田幾多郎や山本良吉と同様、帝国大学文科大学選科に入るが、学問研究より円覚寺での坐禅に没頭した。

　鈴木貞太郎大拙が「霊性」という語を使ったのは、石川県能見郡美川小学校に奉職の間、1890（明治23）年、彼19歳の時の山本宛書簡が最初ではないかと思われる。「亦何故ニ此ノ霊性ヲ役スルヲ努ムルヤ。霊性ノ命運ハ決シテ此種瑣事ノ支配スベキ所ニアラズ。天地モ其大ヲ失シ、千歳モ其久ヲ失スルモノハ　実ニ此ノ霊性ニ外ナラザルナリ。看ヨ、天地ハ釈迦ノ手裡ニ転ジ、基督ノ却下に伏ス」(1890, 5, 1 , 山本良吉宛書簡『鈴木大拙全集』増補新版, 第36巻20頁, 以下36-20と略記）という。

（2）「安心立命之地」

彼の最初の論文は、雑誌『宗教』に掲載された「安心立命之地」(1893年)であるが、そこで「霊性」の語を使っている。この論考は、科学、哲学、宗教の差異を論じ、科学や哲学は宇宙の秘密を究明はするが、「安心立命の地」は得られないことを論じたものである。「科学や哲学は天地霊性の幻影をとどめたるに過ぎず」(30-15)、「霊性」は「知を超絶するもの」だからである。また、宗教も既製教団の宗教をいう限り「知の上にあり」「安心立命」は得られないと論じている。「霊性」は「万物一体の処、物我不二の境に到らば、宇宙本来の真面目は現はれ来らん」(30-16)というような記述をしている。「霊性」とは宇宙の真実であり、「安心立命の地」は、宇宙の真実に覚醒することだと言っている。

（3）『新宗教論』

今1つ大拙初期のものを挙げると、彼の最初の著作、1896（明治29）年発行の『新宗教論』である。

この著作には「霊性」の語が散見されるが、キー概念としては使用されていない。「霊妙」「霊気」「霊体」の用語や「心霊的」そのほか「霊」を使用した用語の方が多く見られる。「霊」の付く語は、悪い意味ではなく肯定的に使用されている。「霊魂」も否定してはいないが、「霊魂実有論」には「実我論」と同じものとして反対している。「霊性」そのものについては明確に説明しておらず、人が「不生不滅の生命を有する」こと、「不生不滅の事実なることを信ず」(23-86)るところにあるといっている。「霊性」は宇宙の本質の如き意味で使用されているといってよかろう。

（4）『日本的霊性』

『新宗教論』から約50年、大拙の著述には、「霊魂」やスウェーデンボルグの翻訳書などで「霊性」の語は散見されるが、彼自身の論述においては、「霊性」語の使用は見られない。ところが、敗戦間近の時期から戦後には、「霊性」のつく著作などが集中する。ちなみに、刊行順ではなく執筆・講演などの時系列でいうと、以下のごとくである。

第3章　鈴木大拙の「霊性」考

1944, 12, 15 著書『日本的霊性』大東出版社（8: 1-223）
1945, 1 執筆「霊性的自覚の日本的形成」『大谷学報』26巻1・2号, 1946, 10, 10発行（33: 111-117）
1945, 6 執筆「日本的霊性的自覚」後、1946, 6, 20『日本的霊性的自覚』に収録（9: 150-203）
1946, 9, 10 論考「霊性的日本の創建」（33: 102-110）
1946, 9, 20 著書『霊性的日本の建設』（9: 1-149）
1946, 12, 1 論考「東洋的霊性の直覚——民主々義と華厳哲学」（21: 126-137）
1947, 11, 30 著書『日本の霊性化』（8: 225-420）
1948, 4, 30 講演「日本的霊性的なる物」（21: 386-405）
1948, 7, 1 論考「日本的霊性的なるもの」（10: 159-174）
1950, 11, 8 執筆「自然と霊性」後1951, 1, 1発行（33: 396-398）
1954, 11, 8 講演「東洋の霊性的自覚」（28: 290-300）

その最初が『日本的霊性』である。この書は鈴木大拙の「霊性」に関する代表作とされるものである。主題は、「日本的霊性と云うもの」があること、「日本的霊性なるもの」を宣揚することである。それが鎌倉時代の禅と浄土系思想であるとする。そのために、「霊性」の意味するものが「精神」と異なる特別重要な意味をもつことが主張され、主として、浄土系思想がそうである旨論じられている。ちなみに、「第二刷に序す」は敗戦後に書かれたものである。

（5）「霊性的自覚の日本的形成」

この「霊性的自覚の日本人的形成」を掲載した『大谷学報』は1946年10月10日の発行になっているが、末尾に「これは昭、二〇、一月頃起草。その後公刊の拙著二あり、何れも大東出版社」とある。「その後公刊の拙著二」の1冊は『霊性的日本の建設』（1946年9月刊）である。ほかの1冊は『日本的霊性的自覚』（1946年6月）だとすると大東出版社ではなく、大谷教学研究所発行で、該当書はないが、おそらくこの書を指すのであろう。

この論考は、1945年6月の「日本的霊性的自覚」の講演原稿、そしてそ

のまま1946年6月20日に大谷教学研究所から刊行された『日本的霊性的自覚』のためのメモ、あるいは、梗概だと考えられる。『日本的霊性的自覚』の内容を31項目に分け箇条書きにした短いものであるが、この梗概論考は、「霊性的自覚」の「自覚」に最重要点を移した最初のものであり、かつ、鈴木大拙の「霊性」に関する主張をもっとも的確に要約したものとして重要である。

　先の『日本的霊性』においては、「霊性」という言葉に留意すると、日本的な「霊性というもの」があることとその意味・性格が主として論じられ、「霊性」に気づくことの方は第2義的になっている。気づくことに関しては、副次的な扱いになっており、その場合もほとんど「直覚」の語を使用し、「自覚」という言葉は、数ヵ所に見いだされるのみであった。それが、この論考以降、「自覚」こそがキーワードということになる。この論考以後の著作・論考は、すべて「霊性」自体よりも「霊性」に気づくことの重要性、「霊性的自覚」が強調されることになる。

　ただし、「霊性的自覚」の理性によるこの論考の説明は、大拙にとっても、いまだ十分になされていない。理性が理性を尽くすことで理性が破綻する、「理性はかえって自らを否定し、その合理性を否定し、その諸概念を否定しなければならぬ破目に陥った」とし、そこに「霊性的自覚の顕出」（33-113）を見るとしている。つまり、きわめて論理的・理性的・概念的に、つまり、「理性的分別」の立場から「霊性的自覚」を論じている。この梗概論考は、大拙が長年行ってきた親鸞研究の到達点を、哲学的に表明するためのメモであったと思う。

（6）『霊性的日本の建設』

　この書は、1946年9月の発行になっている。本書を構成する第1篇は、1945年8月の敗戦の直後に書かれ、第2篇は戦中の1945年6月の大谷大学での講演原稿、「付録　武人禅」も1945年春に書かれたものである。第1篇「霊性的日本の建設」のみが敗戦後の執筆で、「当局の忌諱に触れて、出版は不可能になる」（9-6）心配が無くなり、自由・自主と神道批判を旗印に日本再建の指針を表明したものである。

　第2篇は、大拙自身が敗戦間際の交通事情悪化などで鎌倉正伝庵から上洛

できず、大谷大学教学研究所第１回講習会で杉平顕智が代読したものであるが、その原稿は、小冊子『日本的霊性的自覚』として1946年６月に上記研究所から上梓されており、これを再び、『霊性的日本の建設』の第２篇としたものである。

　これには重要な前書きが記されている。「本講習会の講題をまた「日本的霊性」としてある。実は当研究所での研究題目もその通りなのであるが、その後、どうもそれでは十分ならぬところがあるのに気がついて、今日では「日本的霊性的自覚」ということにした。それゆえ、ここに掲げた題目も「日本的霊性」ではなくて、「日本的霊性的自覚」としておく」と書いている。「日本的霊性」では不十分で、「日本的霊性的自覚」でなければならない、としているのである。「日本的霊性」というと、何か「日本的霊性なるもの」があるという誤解を生むこと、それが客観的に存在し一人歩きする方向で使用されることへの配慮であろう。事実、1944年の『日本的霊性』での「霊性」に変えて、1945年以降の著述はすべて、「霊性」ではなく「霊性的自覚」を使うようになる。

　この原稿そして研究所から上梓されたものは、「一、日本的霊性とは何か」、「二、日本的霊性的自覚の在処（上）」、「三、日本的霊性的自覚の在処（下）」の３講で構成されている。「一」では、「霊性」ではなく「霊性的自覚」が問題の首座に置かれ、「霊性」の有無や意味よりも、「霊性」を「自覚」する意味と重要性が分析的・理性的にていねいに説明されている。「二」は、「日本的霊性」が本来「神道なるもの」(9-169)に基盤があることを認めつつ、神道が「霊性的自覚」にまで至り得なかったといい、「三」では、「日本的霊性的自覚」が法然・親鸞の「浄土系思想」に「在処」することを述べている。

（7）『日本の霊性化』

　「霊性」３部作の最後、『日本の霊性化』は、1946年６月の講演原稿を活字にしたものである。前書第１篇の「日本的霊性の建設」を補充・拡充したもので、世界情勢の分析と、再び徹底的な神道批判を行ったものである。主題も内容もすでに述べてきたことを改めて論じているのは、ほかの著述執筆

に追われていた中での講演であったためだろうか。当時、彼は金剛経や華厳経の研究、鈴木正三や妙好人の研究等々に打ち込んでいた。

　大拙の「霊性」と題する講演・著作は、1944年の『日本的霊性』から1946年執筆の『日本の霊性化』までに集中している。そして、この間、大拙の「霊性」を廻る用語法には、「霊性」そのものの強調から「自覚」の強調への変化が見られる。

　その機縁となったのが、浅原才一との出会いであった。彼の妙好人の研究は、「讃岐の庄松」が1942年、「赤尾の道宗」そのほかを経て浅原才一の本格的研究は戦後である。中でも、妙好人浅原才一に関しては、戦後、才一が書き残したものの収集に尽力し、大拙は才一の熱烈な国内外への紹介者となる。彼にとって妙好人の発見は、従来の親鸞を中心とする浄土系思想とは異なる「霊性的自覚」の確認となる。『日本的霊性』では、「禅の生活」と他方の「浄土系思想」が「日本的霊性」であると述べたが、浅原才一を知るに及んで「日本的霊性」ではなく「霊性的自覚」をいうようになったと、筆者は考えている。

　大拙は、妙好人浅原才一の境涯すなわち、彼の信の深さ・確かさを知るに及んで、法然・親鸞の「思想」とは異なる「霊性」の生き様を見た。法然・親鸞の「思想」からだけでは説明不十分と感じ、信に至った「自覚」の方を強調するようになっていく。「霊性」から「霊性的自覚」へ重点が移っていくわけである。それは、「霊性」に到るのが「知」の面からだけではない、ということでもあった。「霊性的自覚の日本的形成」で大拙が説明しようとした知は、究極のところ知の限界に行き着かざるをえず、そこから「霊性」への開けが生ずる、という論理構成をとっていた。しかし、そのような説明だけでは不十分であることに気づいたのだと思う。知によって知を超えるというのは禅の修行でよく言われる「大疑団」を想起させ、禅が「知的である」と言われ、大拙自身も言ってきたことであるが、妙好人才一を知るに及んで、そのような知の側面からの説明だけでは不十分であることを知ったのである。

　妙好人の研究は「讃岐の左松」からはじまって、『日本的霊性』が書かれた時期は、未だ妙好人に対し機が熟していない過渡期であった。『日本的霊

性』での浅原才一の叙述では「霊性的直覚」の語が往々使われている。戦後の著作になると、「霊性的自覚」に統一されるようになる。ちなみに、「上求菩提」から「下化衆生」への、禅の宣揚から「信心決定」への、大智から大悲への強調点の移行も、この妙好人の発見と同時期に始まるように思う。

（8）以後の「霊性」という用語
　1947年以降、鈴木大拙が「霊性」の語を使用した例は少ない。執筆したものは、『心』に書いた「日本的霊性的なるもの」（1巻1号, 1948, 7, 1）と「自然と霊性」（4巻1号, 1951, 1, 1）のみである。前者は、「人生そのものについて真剣な反省を行った人々にのみ開けるのが霊性的自覚の世界である」（10-162）こと、後者は「霊性的深みと暖かさは、自然の中から出る。アメリカの近代都市からは、こんなものは獲られないかと思う」（33-397f）といっているが、従来の説から出るものではない。講演では「日本的霊性なる物」と「東洋的霊性的自覚」があるが、とりたてて「霊性」について述べているわけではなく、表題は編集者がつけたものであろう。

（9）大拙「霊性」用語のまとめ——「霊性」と時代状況
　鈴木貞太郎は、19世紀末にすでに、「霊性」の語を使用していた。彼の造語であると推論するよりは、翻訳書などどこかで彼が見た言葉だという方が確率が高いであろう。現在のところ、大拙の「霊性」の語の出所は、私には不明である。
　その意味するところは、宇宙の不可思議な真理・本質ともいうものであった。しかし、彼がなぜ「霊性」という語を使ったのかは不明である。というのも、「霊性」（レイセイ）の語は、19世紀末の日本ではほとんど流布していない言葉である。「霊」や「霊魂」をはじめとする「霊」を含む熟語は、当時、すでに無数にあったが、「霊性」という語はほとんど使われていない。「霊・レイ」は、超自然的な、不思議な力、超個人的な生気のごときものを意味するとともに、「霊・タマ」はその個人的なものを意味していた。明治期以降、従来からある「霊」を含む無数の熟語以外に、研究者は、「霊智」「心霊」「霊学」「霊術」等々の用語を作ったが（吉永進一「民間精神療法書誌

（明治・大正編）」『心理主義時代における宗教と心理療法の内在的関係に関する宗教哲学的考察』（科研費報告書，課題番号13410010, 151-198頁）、「霊性」の語は普及しなかったようである。「霊性」となると一層不可解で抽象的・哲学的になるので、近代的学問を目指し、実証を重視した当時の世界では考えられなかったのであろうか。

　その後、半世紀近くを経て、鈴木大拙は『日本的霊性』と題する著書を刊行した。この書は「日本宗教思想史の上に」「日本的霊性なるものを」(8-3)位置づける意図をもって書かれたものである。「日本的霊性」の語は、終戦の前年1944年に、敗戦を確信していた鈴木大拙が「日本精神」や「日本的精神」との違いを明確に意識して使用した用語である。当時の日本は、ウルトラナショナリズムと軍部によって完全に言論が統制されていて、あらゆる物資が欠乏し、食糧配給の絶対的不足を補うため小さな庭や道路の端、軒下まで野菜を植えていた。にもかかわらず、「現神人」の本に「日本精神」で日本は戦争に絶対勝つのだと、国民の99パーセント以上が信じていた時代であることに留意しておくことが必要であろう。

　としても、彼は従来からある「宗教性」という言葉を使わずに、なぜ「霊性」という、当時一般的には使われていない用語を使用したのか。かつて、彼が『新宗教論』などで使った「宗教性」という語と「霊性」の語の内実は基本的に同じだと考えてよい。にもかかわらず、あえて「霊性」という語を使ったのは「宗教性」の語が抽象的であり、一般化し使い古されていること、「宗教性」の宗教の語が既製の宗教と分かちがたく結びつき大拙自身が真の宗教だと考えているものとは異なるためにこの語を避けたこと、そして、これこそ日本的宗教だということを明確に示すため一般に流布していない「霊性」の語を使ったのだと推定される。「霊性」の語は、いわば〈新しい〉〈従来論じられなかった〉「宗教性」を開陳するために、彼が意識的に使用した語であったのだろう。

　また、戦後1、2年の著作は、とりわけ、「今後の日本を如何に建設すべきかの問題」(8-6)に直接取り組み、「日本的霊性」以外に新日本建設の原理は無いとして健筆を振るった時期であった。タイトルに「霊性」が付かない論考にも日本の国家・社会を論じた論考が多く、すべて「日本的霊性」を

柱にして、日本主義・帝国主義・ウルトラナショナリズムの否定と自由・自主の重要性を説いている。

　ただ、「日本的霊性」の強調は、1946年の『日本の霊性化』執筆までで、以降はトーンが落ちる。1946年12月の論考では「日本的」ではなく「東洋的霊性」になったり、「日本的」が抜けたりして、「日本的霊性」という熟語はほとんど使われなくなる。著書でいえば、『日本的霊性』(1944年執筆)における「日本的霊性」そのものの強調から、『日本の霊性化』(1945年執筆)や『霊性的日本の建設』(1946年執筆)では、日本的霊性による「新日本の再建」に重点を移す。そのために神道批判と日本社会の現状分析が大部を占めるようになる。神道批判は、神道が旧日本社会の思想的支柱だったと大拙が考えたからである。そして、その後の論考では、その補足的説明、ないし反復になる。つまり、大拙の「日本的霊性」の語は、日本の敗戦直前から敗戦直後の日本再構築という未曾有の時期、3年間に限定されるようである。

　このことは、当然のことながら、大拙が「日本的霊性」を3年ほどの歴史的状況でしか重視しなかったということではないし、「日本的霊性」の意味が消滅したということでもない。その後は、1949年に彼は渡米し、「日本的霊性」や「霊性的自覚」の言葉ではなく、「日本的霊性」「東洋的霊性」の内実を、日本人に対してではなく欧米人に対して9年以上も滞在し紹介し続けることになる。西欧世界が知らなかった「霊性的自覚」を、東洋文化(特に日本的禅文化)・禅思想(禅語録)・浄土真宗の思想(特に妙好人)という、彼が「東洋的霊性」の精華とみなしたものを分別的理性で理解可能なように工夫し英語で話し続けた。

2　大拙の「日本的霊性」とは何か

さて、鈴木大拙がいう「日本的霊性」とは何であろうか。

『日本的霊性』においては、「日本的霊性」は、「日本精神」「日本的精神」とは違うことが強調されていた。それは、まず第1に、戦時中の潮流に異を唱えるものであった。そして、「霊性」とは、「精神とか、また普通にいう「心」のなかに、包みきれないものを含ませたい」(8-21)といい、二が一で

あり一がそのまま二であることを見るもの、「これが霊性である」(8-21) といっている。感性や知性で捉えることのできる現象的世界の背後にある世界、現象的世界を成り立たしめている世界のことだという。

「日本的霊性」に関しては、「漢民族の霊性も欧州諸民族の霊性」もあるが、「霊性の目覚めから、それが精神活動の諸事象の上に現れる様式には、各民族に相違するものがある。すなわち日本的霊性なるものが話され得る」(8-25) ので「日本的霊性」というのだとしている。「霊性の日本的なるものとは…浄土系思想と禅とが、その最も純粋な姿で、それである」(8-25) という。前者は、法然から親鸞に基づいて論じられる。とりわけ、中心となるのは親鸞の「自然法爾」「悪人正機」であり、横超思想である。この「霊性」が、インドや中国で生起せず、日本で初めて覚知され、親鸞によって思想として表明された、という説明は説得性をもっている。

問題は後者の禅についてである。『日本的霊性』では、「禅が日本的霊性を表詮して居ると云うのは」「日本人の生活そのものが禅的である」からだといい、「禅は…武士生活の真只中に根を下し…武士精神の奥底にあるものに培われて芽生えた」(8-26) という。この禅の芽は「日本武士の生活そのものから出たものである」(8-26) といっている。「日本人の生活そのものが禅的である」というのは、何を指して、何を想定していっているのか、日本人のどのような「生活」を考えているのかということになるが、それが、大拙によれば「日本武士の生活」ということになる。「日本武士の生活」が「禅的」であり、「日本の禅生活」(8-26) ということのようだ。しかし、ここでは、「日本武士の生活そのもの」とはどのような生活なのか、「禅的」とはどのようなことなのか説得的には説明されていない。曖昧なものが別の曖昧な用語と結びつけられているだけである。さらに、ここでは、「禅」と「禅宗」は明確に区別されているが、「禅」と「霊性」の関係が明瞭ではない。大拙は、過去、禅については膨大な著作をしており、「霊性」を禅と同じもの、「悟」の世界と見て、あえて説明していないようにも思える。

また、武士ということで、北条時宗・時頼などを例示しているが、しかし、彼らが「日本武士」を代表するのだろうか。鎌倉武士をさえ代表できるのだろうか。仮に代表するとしても、大拙は、時宗・時頼の生活が「日本武

士の生活」だと普遍化・一般化し、納得できるような論を展開していない。まして、「日本人の生活そのものが禅的である」という文章だけに注目すると、日本人はすべて「禅的」生活をしているというレトリックになり、誤解を生じさせる。とはいえ、「禅的」の内実・意味が何なのかによって、誤解ではないということにもなりうる。しかし、「禅的」や「禅生活」がどのようなものであるか、ここでは明瞭に説明していない。「こだわり」をもたない「直接性」をいい、それは、日本古来からの神道でいう「明き」「清き」「直き」心とも繋がりをもつと考えているようであるが（8-25, 9-97, 参照）、その心と「禅的」と「霊性」の結びつきが、必ずしも明確ではない。

　ともかく、詳論はできないが、19世紀末に彼が使った「霊性」と半世紀後に使った「日本的霊性」という際の「霊性」に共通する意味内容は、彼の処女論文「安心立命之地」そのものである。彼は、青年期にこの「アンジンリュウメイ」の地を坐禅を通して知り、晩年においては親鸞と妙好人も使って広く伝えようとした。その内容が、安心立命の地があること、その地を知ることの大切さ、であった。

3　「霊性」の現代的意味

（1）日本語としての「霊性」

　「霊性」という言葉は、日本語として定着してこなかった言葉である。先にも触れたが、霊魂、霊気、霊妙、霊感、心霊、幽霊等々「霊」のつく熟語は無数といってよいほどあるが、「霊性」という語は、現在も、一般の国語辞典にほとんど出ていない。講談社、小学館、角川、など『国語大辞典』の類には、「霊性」の見出し語はない。岩波書店の『広辞苑』にもない。ちなみに、『広辞苑』の前書『辞苑』（1935年）にも記述が無い。掲載されているのは、三省堂の『大辞林』（1995年）だけである。そこでは、「宗教心のあり方。特にカトリック教会などで、敬虔や信仰などの内容、またその伝統をいう」とある。『日本国語大辞典』（小学館, 1976年）には見出し語として出ているが、「非常にすぐれた性質。超人的な力をもつ不思議な性質」と説明されており、漢語の霊性の意味を述べたものといってよい。仏教用語

としては「レイショウ」で「霊妙不可思議な心の本性」である。『古語大辞典』の類にも記載がない。つまり、日本語として昔からある言葉ではないし、今も一般化し普及している言葉ではない。漢語として、キリスト教世界でSpirituarityの訳語として、そして、鈴木大拙が一時期使った言葉として存在するだけである。そして、近年、改めて使われるようになった。

（2）「霊性」と「スピリチュアリティ」
　日本では、近年、盛んに「スピリチュアリティ」の語が使用されるようになった。医学、心理学、宗教学、社会学、教育学、哲学等々の分野で数多くの著作が見られる。それは、従来、ほとんどが宗教性とか神秘主義、超越とか絶対性、形而上学等々の語で表現してきたものであり、それをそれぞれの諸科学で再度捉え直す意味をもつものであろう。その動きの背後には、人間がどんどん非人間化しつつあるのではないかという危惧、近現代文明に対する疑念があろう。20世紀初頭に哲学的人間学が台頭したのと同様、21世紀を迎えて、再び新しい人間学が求められているのだと思う。この人間学は、人間を全体的・包括的・実存的に捉え得るものでなければならい。人間をヒトではなく人類の中の一個人として、今ここに生きていることを許容するものでなければならない。
　「スピリチュアリティ」の語は、現在、諸科学・個人によって極めて多義性をもっているが、当面これでよいと思う。「スピリチュアリティ」の語で語られること、そこで発掘されるものは、もっと増えてよいからだ。「スピリチュアリティ」の語が使われる状況に気づき、その重要性を認識すること、そしてそういう事実が一人でも多くの人に気づかれ社会的にも認知されることこそ大切なのである。用語法の混乱や誤用は、いずれ、残るもの、消え去るものと淘汰される。また、既存の宗教との関係は、宗教者や研究者が考えることである。そしてこれからは、「スピリチュアリティ」の語が一般化する21世紀の人間状況を勘案せず、従来の教義・儀式・組織などに固執する宗教・教団は、必ずや衰退し消滅していくであろう。
　大拙の「霊性」は、彼が作り、彼がある時期必要に応じて使用した言葉である。そして、大拙の「霊性」の語は、すべて日本語で書かれたもので

ある。英語のSpirituarityという語に関しては、彼は使用していないと思う。英語で書いたEssays in Zen Buddhism.の3巻本にも、Zen Buddhism and Its Influence on Japanese Culture. 1938.（翻訳名『禅と日本文化』）においても、spirit（日本語訳、精神）やsoul（同、魂）の語は使っているが、Spirituarityもspiritualの語も使っていないようである。ただし、『日本的霊性』は、ノーマン・ワデルによって1972年にJapanese Spirituarity.と英訳され、Spirituarityが使われている。これは、欧米でSpirituarityの語が、キリスト教圏外で使用され始めた時期に相当するようである。

彼の「霊性」は、人間の理性的理解を超えた宇宙の真理、一切の現象世界を現象世界として見せしめている背後の地・地平のことであり、「安心」の「地」である。「霊性」は、彼のいう宗教の宗教性、宗教の根元の存在のことである。この存在に目覚めることが、彼のいう宗教である。また、「霊性」の「自覚」に際しては、「無分別の分別」「一即多、多即一」「即非の論理」が伴い、個が「超個」となる。大拙の場合、「霊性的自覚」は、意識の変容をもたらす機能的概念である。しかし、大拙のこの「自覚」は、これらの用語からも明らかなように、もともと、仏教思想を前提にしている。とりわけ、仏教の「大慈大悲」と緊密に結びつけようとしている。

しかし、彼のいう「霊性」や「霊性的自覚」は、仏教思想に基づかない「霊性」や「霊性的自覚」にも修正無しに適応できるのか、彼のいう「霊性」と「大慈大悲」の関係がもっと説得的に論じられるべきではないのか、人間の歴史的・社会的被規定性を含めて再考すべきこと、等々われわれに課された課題は山積している。

そして、今日の「スピリチュアリティ」の語は、大拙の「霊性」に比べずっと広い領域にわたり、多義的でもある。その分大きな可能性をもっていると私は思う。そこから、21世紀の新たな霊性が生ずるのではなかろうか。

文献
1）鈴木大拙『鈴木大拙全集』増補新版, 1998, 11, 8-2003, 12, 25
2）浮田雄一「霊性――日本的知の創造性の根底にあるもの」(「宗教研究」62巻4号, 1989, 3)
3）小野寺功「鈴木大拙の『日本的霊性』論（一）～（五）」(「大乗禅」71巻8号～72巻5

第 4 部　日本の伝統とスピリチュアリティ

　　　号, 1994, 10-1995, 5)
4) 鎌田東二『宗教と霊性』角川選書, 1995, 9, 30
5) 西平直『魂のアイデンティティ』金子書房, 1998, 11
6) 安藤治「心理療法と霊性」(「トランスパーソナル心理学／精神医学」Vol.2 No.1, 2001, 3)
7) 西平直「東洋思想と人間形成」(「教育哲学研究」84号, 2001, 11)
8) 伊藤雅之『現代社会とスピリチュアリティ』渓水社, 2003, 3
9) 金子晴勇『人間学から見た霊性』教文館, 2003, 6, 15
10) 西平直「スピリチュアリティ再考」(「トランスパーソナル心理学／精神医学」Vol.4 No.1, 2003, 8)
11) 岩田文昭代表「心理主義時代における宗教と心理療法の内在的関係に関する宗教哲学的考察」(「科研報告書」2004, 3)
12) 伊藤雅之『スピリチュアリティの社会学』世界思想社, 2004, 11

第4章

湯浅　泰雄
Yasuo YUASA

日本人のスピリチュアリティ

1　何が問われているのか

　「日本人のスピリチュアリティ」という題を前にして、私の頭に浮かんできたのは神道の問題である。スピリチュアリティという言葉は宗教との関連を示しているが、宗教に関する日本人の感受性の特徴を最もよく示しているのは神道であろう、と私は考えている。ただしここには、スピリチュアリティという現代の流行語が使われている。私が求められているのは、単に日本人の思想の歴史について述べることではなく、現代世界の思想状況の中で、日本人の宗教的感受性の伝統がどういう意味ないし価値をもっているのか、という問題である。難しい問題で、十分に答えられる自信はない。文字通りその一端にでもふれることができれば幸いである。

　スピリチュアリティという言葉が流行語になる機縁になったのは、1990年代にWHO憲章の前文にある「健康の定義」の中にスピリチュアルという言葉を新しく入れる提案が総会に出されたことである。詳しい説明はさけるが、われわれはまずこの概念が医療の場面で取り上げられたために、一般の注目を集めるに至ったということに注意する必要があるだろう[注1]。医療とは元来身体を観察の対象にする場であるのに、なぜここでスピリチュアリティ（霊性）を問題にしなければならなかったのだろうか。ここには、人間が生きている状態について考える場合、心と身体を取り上げただけでは十分

でないという考え方がみられる。近代の人間観は心と身体について考えただけであるが、両者の基礎にはこれらと別な性質をもった何かがある。それがスピリチュアリティ（霊性）である。つまり、心身の統合関係の基礎には両者を結びつける霊性のはたらきが潜在している、ということである。鈴木大拙の言う「日本的霊性」の考え方はこの点を的確についている。

　心（Mind）―身（Body）―霊（Spirit）の三一性とも言うべき考え方が近年急に広まり始めた理由は一体どこにあるのだろうか。高齢化社会が発達するとともに死に至る介護的ケアが重要になってきた状況も一因であろうが、これが決定的な理由であるとも思えない。これはまったく個人的な感想にすぎないが、現代の先進諸国の社会では、家庭をはじめ人間生活に関連するすべての領域で、モラルに反する犯罪化社会への動きが進行しつつあるように感じられる。また若い世代を中心に、自殺願望や閉じこもりといった孤独化の心理が進行している。人生の価値はお金にあると感じるような心理傾向も強くなっているが、当然のことながら金銭だけでは深い精神的満足は得られない。現代社会ではこのように、倫理的および心理的な行き詰まり状況が深刻化しつつあるように感じられる。私には、そういう全般的不安が現代人の良心に対して、合理性とは正反対の霊性を追求するように求めているのではないかという気がする。要するに、現代人の心は、深層心理に潜在するスピリチュアリティ（霊性）を追求しなければ救われないところにまで、精神的に追い詰められつつあるのではないだろうか。

　いずれにせよ、霊性を重視することは現代の世界を動かしている長期的な心理動向であって、決して一時的な流行ではないと私は考えている。近代以前の世界では、西洋でも東洋でも、理性以上に霊性を尊重し重視する考え方がむしろ一般的であった。ところが近代初期の宗教改革と近代科学の発展によって、19世紀には、ニーチェの言葉を借りれば「神は死んだ」のである。宗教学者の山折哲雄さんはユーモラスに、既成宗教はもう耐用期限が切れているのですよ（ポンコツ車？）と言っておられる。そうなると、期待できるのは新宗教しかないことになる。合理主義と個人主義が発達した近代以後、知識人の世界では心霊的体験やオカルト的問題は無意味として否定する態度が一般的になっている。これに対して現在は逆に、近代以前の考え方につい

て、あらためてその価値と意味を評価し直すことが求められている。これは人間性について、大きな発想の転換を要する問題で、理論的にも実際的にも多くの困難が予想されるが、それだけに重要な思想的課題である。

2　日本神話の信仰の伝統と習俗

　さて歴史的にみて、神道の信仰の中核になっているのは、記紀を中心にしてさまざまの古典に残されている神話の伝承である。神話は無論最初から記録された物語としてあったものではない。それは古代人の生活習俗や儀礼の中で語り継がれてきた文字文化以前の口誦的伝承（語り parole）が、古墳時代（紀元3‐6世紀）の頃から徐々に文字化されることによって、物語として成立してきたものである。日本書紀の神代巻などをみると、当時の諸氏族の間にはそれぞれ異なった内容をもつ口誦的伝承があったことが察せられる。これらの神話は無論知的な教義や思想ではない。農耕儀礼を中心にした信仰習俗を母体にして生まれてきた、神々に関する伝承である。これらの伝承は当時の政府機関（大和朝廷）の手でまとめられ、記録化されたもので、その中核となった伝承は紀元5‐6世紀にピークを迎えた古墳時代の諸部族の間に伝えられていたものと考えられる。仏教はこの時代以後、主に朝鮮系の渡来人が持ち込んだものであるが、日本人が仏教を受け入れるのは7世紀（聖徳太子）以後のことで、神道信仰には仏教的要素はまだ入っていない（なお頁数の関係もあるので、拙稿では仏教の考察は省略させていただく）。

　宗教史の観点からみると、神話は、キリスト教とか仏教といった文明宗教が生まれる以前の、いわゆる未開宗教 primitive religion の段階の信仰を示している。世界の諸民族の宗教史をさかのぼると、どの民族の歴史にも似たような性格をもつ神話的信仰の時代があったことがわかる。つまり神話とは、知的な世界観や宗教的教義が生まれる以前の太古的人間の信仰心理の表現なのである。このため神話には、いわば人類的普遍性とよべるような共通の性格がみられる。これに対して、知的な世界観には自他を区別する意識と性格が伴ってくる。日本では中世以降、仏教と対抗する形で伊勢神道などの理論がつくられるようになるが、宗教としての神道の元来の特質は、農耕儀

礼を中心にした習俗的信仰であって知的な教義などは元来なかった[注2]。

　神話的信仰の習俗が現代まで日本に存続してきたのは、世界の宗教史の上でもきわめて珍しい例である。ふつうは、文明宗教が入ってきた段階で、神話的信仰は歴史の舞台から姿を消すのが通例である。発達した文明をつくりあげた民族で、文明以前の神観念や習俗を現代まで明確な形で存続させているケースは日本だけではないかと思う。有名な人類学者レヴィ・ストロースは来日した折、山村や漁村の習俗、あるいは昔からの職人の仕事ぶりや考え方などを詳しく調べた結果、日本という国は高度に発達した文明国でありながらアニミズム習俗を現代まで保存しているきわめて珍しい民族である、と語っている。

3　神話の心理学と神道の未開的寛容性

　フロイトやユングら臨床心理学を建設した先駆者たちが神話を重要視していたのには、それなりの理由があるはずである。今はそこまで話を広げて論じる準備はないが、心理学的観点からみて注意すべき点は、神道の信仰はほかの信仰に対して対立するような性格をまったくもっていないということである。これは神話的信仰に共通する未開的寛容性のあらわれと言うことができるであろう。古代の日本人は、自分が属する部族の神を信仰するとともに、他部族の神に対してもまったく同じような心理で信仰していたようである。心理学的にみると、神道は信仰上の対抗意識や区別意識などとはまったく無縁な信仰である。日本の民衆の宗教的感受性の1つの特徴は、さまざまの宗教について、それらの思想的区別をあまり重視しない傾向が強いところにある。わかりやすく言えば、信仰の価値は体験の内容や結果にあるのであって理屈ではない、という考え方である。

　江戸時代末から生まれてくる新宗教の教祖には（たとえば天理教の中山ミキ）知識人は少なく、民衆出身の農民や女性などが多い。その信仰は病気治療（現代風に言えばヒーリング）とか日常生活における心のもち方（たとえば家族関係のイザコザなど）に対する教え、いわゆる現世的「ご利益」が中心になっていて、知的理屈は後からついてくるものである。新宗教にはこのよ

うな性格がつよい。同じような状況はアメリカそのほかの先進諸国でも生まれている。社会心理的調査によると、現代の若い世代は、宗教に対する関心は非常に低いのに対して、スピリチュアルな問題への関心は強いといわれている。これは、宗教を知的関心よりも実体験に即して理解する態度のあらわれと言えるだろう。要するに、心理学的観点からの宗教研究はスピリチュアリティ研究と密接に関連してくると言えるだろう。しかし宗教にはほかの要素が入ってくるので、両者が1つになることはない。

4　自然崇拝の心理と人格神のイメージ

　神道における神は元来小規模な地域の人々の信仰対象（地域性）という性格が強く、それぞれの地域（場所）に住む人々の生活の安全と平和を守る存在とされていた（いわゆる鎮守の神。ローマ時代の「場所の霊」Genius Loci）。時代の限定は難しいが、弥生時代頃まではそういう地域性が強かったのではないかと思う。3－4世紀から始まる古墳時代は地域的部族国家の発展期であるが、この時代から各地域の神々の交流関係が促進されたと考えてよいだろう。さらに古代国家の統一体制が整備されてくる飛鳥奈良時代頃からは、各部族の神だったものが所属部族をこえて人々の信仰の対象になってゆく。たとえば伊勢神宮（内宮）は元来天皇氏（部族）の祖先とされるアマテラス女神を祭った神社として創建されたもので、当初は天皇氏の人々だけが参拝していたものである（明治以前は、一般の人々は内宮の参拝は認められなかった）。時代が下るにつれて、そういう中央の有名な神を祭る神社が各地につくられて、それぞれの地域の人々の信仰対象になってゆくとともに、地方の無名の神々は中央の有名な神と融合してゆくのである。

　自然信仰と人格神のイメージが結びついた有名な例は天神信仰である。「天神様」とよばれる神社は菅原道真を祭神としているが、古代の「天神」という言葉は元来雷神を意味しているので、神話時代には全国至るところに祭られていた一般的なカミだったようである。柳田国男の雷神信仰の研究によると、雷神が歴史的人格と結びついた最初の例は、奈良時代末の井上皇后の怨霊が始まりである。井上内親王は聖武天皇の娘で最初白壁王の妻となっ

たが、王が光仁天皇として即位した後、皇后の座を追われて奈良の山奥に幽閉されて死んだ。この時は近畿地方一帯に激しい雷をともなう豪雨が襲い、多数の死者が出た。これは井上皇后の息子である雷神が暴れたため、と信じられた。天神（雷神）信仰が菅原道真と結びついたのは、平安前期の道真失脚事件につづく怨霊信仰の産物である。怨霊信仰は主題が主題だけにあまり研究はされないが、日本人の信仰の重要な一面だと思う。

　要するに神話時代の神々に対する信仰は、基本的に自然崇拝を基盤にしていて、太古からそれぞれの地域に自然発生していたもので、それが時代とともに有名な神々と融合したり、歴史的人格と結びついたりしたのである。後世になると、平家とともに壇ノ浦の戦いで死んだ安徳天皇を神として祭った赤間神宮のような例がいろいろと出てくる。これは戦争、天災、事故などで非業の最後をとげた人の恨みの心を慰めるという慰霊信仰の産物である。靖国神社は元来このような慰霊信仰の伝統に基づいて建設されたもので、最初の名前は「招魂社」といった。心理的観点からみた場合、慰霊信仰が怨霊信仰とつながっていることは容易にわかる。そこには死者の心の苦しみを思いやる心理が連続している。

　記紀神話の神々のイメージは元来、日月や海山などから、水、火、風などといった自然現象に伴っていたものである。アニミズム的信仰といってもよい。神々は人格的イメージをともなう場合もあるが、それほど明確な形をとっているわけではない。本居宣長は神の定義として「何にまれ、尋常ならずすぐれたる徳のありて可畏きもの」と説いている。そういう理解に立てば、古い神社などに巨石遺跡を中心にして聖域がつくられている例が多いことも頷けるだろう。つまり神とは元来畏怖感を呼び起こす自然的存在であった、と言えるだろう。京都大学の坂倉教授の説では、カミという言葉は「隠れる」という意味の動詞クムから派生した名詞で「隠れたもの」を意味したという。この説は興味深い。ここには、神は人間にはわからない隠れた存在でありながら、世界に存在するすべてのものの中にはたらいている、という考え方がうかがえるからである。江戸時代後期の国学者富士谷御杖が「幽」と「顕」の二元論を説き、「幽」の次元を「顕」の次元の上においたのは、この伝統を明らかにしたものと解釈できるだろう。要するに、日本人の伝統的感受性にお

けるカミとはスピリチュアリティそのものであると言うことができるだろう。

5　スピリチュアリティの諸相

　次には、宗教心理の観点に立った場合、日本の伝統的な神のイメージにどういう特徴があるか、という問題について述べることにする。仏教が受容されてから日本人の信仰には「神仏習合」の考え方が定着した。これは大乗仏教における仏（如来や菩薩など）と日本の神々とを不可分な関係におく考え方である。歴史的観点からみると、仏菩薩と日本の神々は元来無関係な存在であるから、神仏習合について考えることは、歴史的研究としては意味があるとしても、現代的（理論的）観点からみると、あまり興味のある問題ではない。しかし信仰心理の観点に立ってみると、ここには別の研究課題が見出される。

　神仏習合の考え方が定着するのは平安時代の密教からである。密教が奈良仏教に代わって日本の仏教界を支配するようになったのは、密教が古代日本人の伝統的信仰（神道）に対して何の批判も行わず、むしろ神道をそのまま自分の内部に取り込んだからである。民衆の宗教的感受性という観点からみると、この結果、神々への信仰心理がそのまま仏菩薩への信仰心理につながってくる。仏教と神道という２つの宗教が古代以来まったく対立なしに共存しつづけてきたことは日本の宗教史の１つの特質である。われわれはこの場合の信仰心理をイメージ体験の問題として検討することができる。

　飛鳥時代から平安時代にかけて、仏教の修行法が民衆の間にひろまり、山岳修行を中心にした修験道（しゅげんどう）が発展する。後世その開祖とみなされたのが役行者（えんのぎょうじゃ）である。鎌倉時代の仏教説話集である『沙石集』の中に、修験道の本尊とされる金剛蔵王菩薩の出現について、次のような話が伝えられている。役行者が吉野山で修行していたとき、最初に釈迦如来が出現された。つまり、行者は瞑想の中で釈迦のイメージを体験したのである。彼はこれに対して、「このようなお姿では、この国（日本）の民衆を導くことは難しい。お隠れください」と申し上げたので、仏は次に弥勒菩薩の姿を現された。行者は「いやこれも駄目です」と言ったので、仏は最後に蔵王権現という「オソロ

シゲナル御形」を現された。このとき行者は「これこそこの国の人々を導くお姿（我国ノ能化）である」と申し上げたので、吉野山には今も蔵王権現として鎮座されている、と言うのである[注3]。密教の仏菩薩の中には、不動明王などに代表されるような、畏怖の心理を引き起こすいわゆる忿怒相を示しているものが多い。無論仏菩薩のイメージには優美で慈悲深い姿で表現されている場合も多いが、両者のイメージは男性性と女性性として対比できるだろう。ユング流に言えばアニマ／アニムスの元型といったところである。

　心理学的観点からみると、無意識の領域で感じられるスピリチュアル（心霊的）なはたらきは単純なものではない。そこには光と影、慈愛と畏怖、人格的イメージでは善神（善霊）と悪神（邪神・邪霊）の対抗関係のような両義性 ambiguity にみちた領域である。筆者は、神道信仰の伝統には、たたり、呪い、怨霊といった「影」の心理が比較的強いという感じを受けている[注4]。仏教でも密教の場合には、スピリチュアルな性格をもつ呪術性がつよく、山岳修行を基本にして発展した修験道は神仏混合的性格をもつとともに呪術的性質が強い。

　江戸時代後期から発生し、明治以後現代まで続いている多くの民衆宗教（新宗教）の場合は、個別的に調べてみないと一律的な判断はできにくい。知識人層には、スピリチュアルな見方そのものを全般的に批判ないし非難する傾向もみられるが、そういう姿勢では現代の問題に正しく対処する方向は見出し難いと思う。このような両義的性格はアメリカのカルトなどにもみられるもので、既成宗教にくらべると、心霊主義的傾向が強いとともに倫理的逸脱の可能性がみられる事例もある。研究者としては「角をためて牛を殺す」ような事態を招かないように、従来の知識人的先入見を捨てて、その倫理性に注意しながら、スピリチュアリズムの内容や性質などについて検討する必要があるだろう。これには文献的研究のほかに、心理学や精神医学についての多少の知識、あるいは修行者や実践家との交流なども必要になる。また、実践家の体験の内容だけでなく、彼らの人格に対する倫理的判断も重要である。現在世界的に進行しつつあるスピリチュアリズムの動向についても、そういう多角的で慎重な配慮をもった研究態度が求められる。

6　現代の生命倫理とスピリチュアリズム

　ここまで書いた後、筆者は2005年9月末の4、5日、淡路島（夢舞台会議場）で行われた「危機の時代における科学と宗教」（陽光文明研究所主催）という会議に出席した。西洋諸国からの参加者が多く、同時通訳があったので、発表者は日本語か英語で、傍聴者にも日本に住んでいる西洋人の姿がかなり見られた。筆者は会議の企画委員の1人だったので、発言は控えめにしたが、発表や討論を聞いていて、スピリチュアリティとの関連で興味を感じた2、3の問題を取り上げてこの稿を終わりにしたい。
　この会議で最も議論が多かったのは生命倫理をめぐる発表と討論で、次に環境倫理の問題、さらに宗教とスピリチュアリティの問題も取り上げられた。生命倫理のセッションでは「いのちの選別」（先天性障害に対する出生前診断と妊娠中絶の問題）と「人間改造」（近年アメリカでさかんな増進的介入 Enhancement ）の2つのテーマがあげられた。後者は、極端まで推し進めれば、クローン技術を医療目的以上に拡大して、現在の人類より優秀な人間を製造しようという運動にまでゆきつく。これらの発表や討論内容については取り上げないが、時々日本人のスピリチュアリティに関連した問題が論議されたので、この点にふれておきたい。
　ペンシルバニア大学のラフルア教授は日本研究者で、日本の水子供養に関する著書がある。私は、彼がかつて日本に研究に来ていたころ和辻哲郎の倫理学について教えた経験があるが、水子の話も私が話したのを聞いてから興味をもつようになったと言っていた。これは昔ロサンジェルスで彼に会ったときの思い出であるが、そのときローマ法王がロスに来ていたのに対して、妊娠中絶は女性の権利だとするデモが起こっていた。ラフルア氏は、この問題はいずれ大統領選挙のイシューになるでしょう、と言った。当時の日本ではそういう話は聞いたことがなかったので驚いた記憶がある。その時私は、日本の水子供養の話をして、後で若干資料を送ったことがあった。この会議のときの彼の発表は「いのちの選別」に関するもので、ペーパーには大野明子さんの『こどもを選ばないことを選ぶ』（メディカ出版）にも言及されてい

た。これは胎児がダウン症であることを知りながら、あえて出産する夫婦の例をいろいろあげて、その心理をのべた本である。アメリカでは胎児に先天的障害があることを医者が知らせないで出産した場合は、裁判に訴えられて医者が敗訴することが多いという。

　この問題と多少関連するが、国立環境研究所元所長の大井玄（東大医学部名誉教授）は、アメリカと日本の精神風土の違いを、文化心理学による開放系 open system と閉鎖系 closed system という対比から考察している[注5]。アメリカは開放系社会の典型で、西部開拓のフロンティア運動に示されるように何事も個人単位の自由競争が基本である。そして競争に負けた人々には敗者復活戦のチャンスがある。競争に負けた場所を捨てて、ほかの場所に新天地を捜せばよいわけである。これに対して日本は昔から典型的な閉鎖系社会である。これは人の住める土地が少ないためである（日本の土地面積はカリフォルニア州より狭い上に、人の居住に適さない山地が多い）。閉鎖系社会では地域住民相互の協力関係が何よりも重要である。聖徳太子の憲法の第1条は「和をもって貴しとなす」と述べ、党派争いを何よりも戒めている。要するに日本人の倫理意識の歴史的特質は、和辻哲郎のいう「間柄 Betweenness」の倫理、つまり自分よりも他人の立場を優先する考え方を重視してきたところにある。アメリカでも、現代は「他者性の時代」であるという発言をする研究者がだんだん出てきているとも聞く。世界が狭くなった、ということだろうか。

　江戸時代の日本の人口は約3000万人といわれるが、この数字はどうも江戸初期から幕末まであまり変わっていないらしい。その理由は、いわゆる「間引き」（中絶）が農民の間に流行していたためである。狭い土地で人口が増えると食ってゆけないからである。幕末の開国派老中として知られる堀田正睦（佐倉藩主）は「蘭癖（オランダ狂い）」とよばれ、蘭学特に西洋医学に関心をもっていた人である。堀田は今の順天堂大学のもとになった順天堂を佐倉に創設した人であるが、彼が村役人に村々を巡回させて、「間引き」を戒めた文章が残されている（『佐倉市史』参照）。私は、これはおそらく西洋の影響ではないかと思っているが、農民にしても、間引きをよいことと考えていたわけではない。水子供養の習慣が生まれたのはそういう心理の産物であ

る。これは先にのべた慰霊信仰の一種、とみることもできるだろう。水子供養は現在もさかんなようで、これをお寺の金儲けだと非難するむきもある。しかし中絶した人の心理はさまざまで、女性の場合、中絶がPTSD（心的外傷後ストレス障害）の原因になる場合がある。傍聴席から水子のスピリットについてどう考えたらいいのかという質問が出たが無論答えはなかった。死後の世界は信仰の次元に属する事柄であって理性の知的判断の外にあるが、信仰的体験について語ること自体は学問的立場に立っても可能ではないか、と筆者は思った。

　環境倫理の問題については、エリザベス・ブラボーというエクアドルの活動家（アクション・エコロジカ）が、アマゾン地域の先住民の信仰と地域開発の矛盾について詳しいペーパーを発表していたのが印象に残った[注6]。先住民の信仰内容は言うまでもなく、神話的アニミズムである。私はコメントとして、経済開発による環境破壊が世界で最初に問題になったのは1950年代に起こった日本の水俣病であることに注意し、さらに作家石牟礼道子の『苦海浄土』の話をした。これは、漁民の間にあった信仰習俗で、海は祖先の霊がお盆のときなどに帰ってくる場所として崇拝の対象になっていたのである。先にふれたレヴィ・ストロースの指摘のように、日本は神話の心理的伝統が強く残っていた社会である。しかし現在はそういう伝統は消え失せつつあるのかもしれない。

7　宗教とスピリチュアリティ

　日本人のスピリチュアリティというテーマからは外れるが、この会議の終り近くになってスピリチュアリティの問題が取り上げられた。ヴィーテンという心理学者の「スピリチュアルな変容」に関する包括的な発表が論議をよんだ[注7]。彼女はペーパーの中で、われわれの研究は宗教者と科学者の双方から批判を受けていると述べていたが、この主題をめぐって会場には緊迫した気分が支配し、論議が盛り上がった。本稿の主題から外れてしまうので説明は省略するが、筆者の結論は、スピリチュアリティ研究は宗教研究と区別されるが、宗教というものの意味を現代的観点から見直す機縁にな

第4部　日本の伝統とスピリチュアリティ

るだろうと考えている。筆者は現在、ユングがその晩年物理学者パウリと共同で提案した共時性（シンクロニシイ）の考え方に関心をもっている。このモデルには空間を集合的無意識の場とみる考え方がある。1970年代に起こったニューサイエンスの運動の理論的リーダーだった物理学者ボームの暗在系 Implicate Order のモデルは共時性の考え方を発展させたものである。近年はイギリスとアメリカを中心にして、ヒーリングの研究から「祈りの研究」が発展しつつある[注8]。このような研究は、科学的数量的見地とは違った観点から自然をとらえる可能性を実証的に探求する方向を示唆している。

注

注1　葛西賢太「スピリチュアリティを使う人々」湯浅泰雄監修『スピリチュアリティの現在』人文書院、2003参照。

注2　日本神話に関する筆者の研究については、次の諸著作を参照されたい。湯浅泰雄全集第8巻、第9巻（白亜書房）に収めた『日本古代の精神世界』(1990)『神々の誕生——日本神話の思想史的研究』(1972)『歴史と神話の心理学』(1984)

注3　湯浅泰雄『日本人の宗教意識』講談社学術文庫(1999)「Ⅰ神話から宗教へ」の「二、密教と日本文化」の項、参照。

注4　中村雅彦『呪いの研究——拡張する意識と霊性』トランスビュー、2003参照。

注5　大井玄『いのちをもてなす』みすず書房、2005参照。

注6　エリザベス・プラボー「自然を操作改造する」Elizabeth Bravo, Manipulating: Nature, Session3, Lec1 *Science and Religion in the Age of Crisis*「危機の時代における科学と宗教」(「第4回陽光文明国際会議・講演資料集（日英両文）」2005)。

注7　カサンドラ・ヴィーテン「1つの山に通じる多くの道—形質転換の科学への統合的アプローチ」Cassandra Vieten,Tina Amorok,and Marilyn Schlitz: 42-1 Many Paths, One: Mountain: *A Integral Approach to the Science of Transformation* (「第4回陽光文明国際会議・講演資料集（日英両文）」2005)。

注8　祈りの研究については、たとえばラリー・ドッシーらの研究がよく知られている。丸山敏秋『いのちといやし』新世書房、2000、195頁以下参照。

執筆者略歴 (掲載順／敬称略)

安藤　治（あんどう　おさむ）
花園大学教授。精神科医（医学博士）。東京医科大学精神神経科講師、カリフォルニア大学アーヴァイン校客員准教授等を経て現職。日本トランスパーソナル心理学／精神医学会代表。著書『心理療法としての仏教』（法藏館）『瞑想の精神医学』（春秋社）『ZEN心理療法』（駿河台出版社）『福祉心理学のこころみ』（ミネルヴァ書房）ほか。

堀江　宗正（ほりえ　のりちか）
1969年生まれ。聖心女子大学専任講師。宗教学、現代宗教理論、宗教と心理学の関係性などを研究。論文「現代思想と宗教心理」（『宗教心理の探究』東京大学出版会）など。

棚次　正和（たなつぐ　まさかず）
1949年生まれ。京都府立医科大学（人文・社会科学教室）教授。著書『宗教の根源——祈りの人間論序説』（世界思想社）。編著『宗教学入門』（ミネルヴァ書房）。研究分野は宗教哲学、医療倫理学。

西平　直（にしひら　ただし）
1957年生まれ。東京大学大学院教育学研究科助教授。専門は教育人間学。著書『エリクソンの人間学』『魂のライフサイクル　ユング・ウィルバー・シュタイナー』『教育人間学のために』。共編著『宗教心理の探究』（いずれも東京大学出版会）など。

中村　雅彦（なかむら　まさひこ）
1958年生まれ。愛媛大学大学院教育学研究科教授。主著『呪いの研究——拡張する意識と霊性』（トランスビュー）。研究分野はトランスパーソナル心理学。

林　貴啓（はやし　よしひろ）
1972年生まれ。京都大学大学院人間・環境学研究科博士課程修了。人間・環境学博士。立命館大学非常勤講師。人間学、環境倫理、スピリチュアル教育など多角的に研究。論文「ポストモダンの実存」「宗教的関心教育の展望」ほか。

松本　孚（まつもと　まこと）
1947年生まれ。相模女子大学学芸学部人間社会学科教授。コンフリクト転換トレーナー。平和学、非暴力、コンフリクト解決法、精神保健学、よさ学、統合人間学などを多角的に研究。共著『平和心理学のいぶき』（法政出版）『コンフリクト転換のカウンセリング』（川島書店）ほか。

中川　吉晴（なかがわ　よしはる）
1959年生まれ。立命館大学文学部教授（Ph.D.トロント大学）。著書 *Education for Awakening: An Eastern Approach to Holistic Education* (Foundation for Educational Renewal)『ホリスティック臨床教育学』（せせらぎ出版）。

石川　勇一（いしかわ　ゆういち）
1971年生まれ。相模女子大学学芸学部人間社会学科助教授。臨床心理士。心理療法、霊性、瞑想などを実践的に研究。著書『自己実現と心理療法』（実務教育出版）『スピリチュアル臨床心理学』（メディアート出版）。精神科病院心理臨床などを経て、現在石川心理相談室で心理療法とヒーリングを実践。

青木　聡（あおき　あきら）
1968年生まれ。上智大学大学院文学研究科心理学専攻博士後期課程満期退学。大正大学人間学部人間福祉学科（臨床心理学専攻）助教授。臨床心理士。山王教育研究所スタッフ。あずま通り心理臨床オフィスを開業。

吉村　哲明（よしむら　てつあき）
1961年生まれ。弘前大医学部卒。精神科医、臨床心理士。西北中央病院精神科科長、弘前愛成会病院診療部長等を経て、現在、花園大学福祉心理学科専任講師。日本トランスパーソナル心理学／精神医学会常任理事。

伊藤　義徳（いとう　よしのり）
1974年生まれ。早稲田大学大学院人間科学研究科単位取得退学。現在、琉球大学教育学部教育カウンセリングコース講師。臨床心理士。専門はマインドフルネスに基づく認知行動療法。著書（監訳）『マインドフルネス＆アクセプタンス』（ブレーン出版）など。

合田　秀行（ごうだ　ひでゆき）
1961年生まれ。日本大学文理学部哲学科助教授。共著『哲学の軌跡』（北樹出版）『輪廻の世界』（青史出版）ほか。初期瑜伽行派のアサンガに関する文献学的研究が主たる専攻。玉城康四郎先生に師事し、東洋的な伝統に基づく禅定・気功修行などを実践して現在に至る。

村本　詔司（むらもと　しょうじ）
1947年生まれ。神戸市外国語大学教授。博士（人間科学）。主著『ユングとゲーテ』『ユングとファウスト』（いずれも人文書院）『心理臨床と倫理』（朱鷺書房）など。訳書、ユング『心理学と宗教』（人文書院）ほか多数。研究分野は心理学と思想史。

桐田　清秀（きりた　きよひで）
1941年生まれ。1970年京都大学大学院教育人間学専攻博士課程修了。花園大学文学部教授。著書『学校生活指導を考える』（三学出版）『鈴木大拙研究基礎資料』（松ヶ岡文庫）など。研究領域は教育人間学、鈴木大拙など。

湯浅　泰雄（ゆあさ　やすお）
1925年生まれ。東京大学文学部卒。文学博士。大阪大学、筑波大学、桜美林大学の教授を経て、桜美林大学名誉教授。2005年逝去。著書『身体論』（講談社学術文庫）『気とは何か』（NHKブックス）、監修『スピリチュアリティの現在』（人文書院）『科学とスピリチュアリティの時代』（ビイング・ネット・プレス）。『湯浅泰雄全集』全18巻（白亜書房）刊行中。

日本トランスパーソナル心理学／精神医学会・設立趣旨

□日本におけるトランスパーソナル心理学／精神医学研究の発展をめざして

　トランスパーソナル心理学／精神医学がわが国に紹介されるようになって、十数年が経過し、主要な理論的書物の公刊のみならず、その実践も行われるようになってきた。しかし、わが国ではいまだ専門的な学術研究や議論が十分に行われるまでに至っていない。米国でのおよそ30年に及ぶ歴史やその進展には、現代において注目されるべき数々の学問的主張や業績が積み重ねられており、現在その活動は、欧州の数ヶ国や豪州、ロシアなどでも行われるようになっているが、わが国でも本格的な研究や議論が精力的になされることが待たれており、その期は熟したと考えられる。本学会はこうした研究と議論の場として、わが国において中心的役割を担うことを目的とするものである。主な研究活動には以下のものが含まれる。

□人間の成長発達と潜在的可能性についての心理学的・精神医学的研究の推進

　トランスパーソナル心理学／精神医学のアプローチは、まず第一に「人間性心理学」の延長上でそれを乗り越えていこうとする動きとして現れたが、心理学や精神医学の従来の枠組みの拡大を要請するものとなり、理論のみならず、心理療法の臨床実践にも新しい影響を数々与えている。現代では人間の心理的成長・発達や潜在的可能性に対する関心が、一般社会のなかでも大きく広がってきており、その求めに応じてさまざまな心理学理論や心理療法が生み出されるようになっているが、こうした状況が拡大するにつれ、それらに関する現代の科学的・学術的・専門的研究活動の意義と必要性はますます高まっている。

　トランスパーソナル心理学／精神医学では、人間は発達の後期段階において、個人的な関心を超えたものに重点をおくようになるという点が重視され、従来の心理学的発達論が拡張されて捉えられている。すなわち人間の発達は、自我の確立以前の「前個的（プレパーソナル）」段階から、個人として

十全な自我機能をもつ「個的（パーソナル）」段階を経て、（その確立の後に）さらにより包括的な視点をもった「超個的（トランスパーソナル）」段階へと至る広範囲な枠組みに立つ点が重要な特徴である。ここでは従来の心理学や精神医学において一般的に認められてきた「生物・心理・社会的モデル」は、「生物・心理・社会・霊的（biopsychosocial-spiritual）モデル」へと広げられている。人間の「心」には、従来の科学的学問の枠組みからは抜け落ちてしまう重要な要素が数多く認められるが、上記の枠組みに立ち、新たな現代的・科学的観点に立って心理学的・精神医学的研究の推進を図ることが本学会の主要目的の一つである。

　研究の視野は、身体技法や諸種の東洋的意識鍛錬実践を含めた新たな心理療法に関する臨床的・理論的研究、人間の変容と治癒に関する研究、心理学諸派の理論や実践との比較・統合的研究（とくに人間性心理学およびユング心理学との対話）、心理学および心理療法と宗教（とくに仏教）との関係に関する研究、創造性や芸術の心理療法的意義に関する研究、臨死状態やターミナルケアなどに関する研究の領域にも広がりをもっている。

□人間の「意識研究」の重要性

　上記のアプローチは、人間が取りうるさまざまな「意識（状態）」を重要視することにもつながる。「意識」というものは、哲学的にも定義づけの不可能な概念と言われるが、それは人間という存在にとって最も根本的な重要問題であることは明白である。心理学や精神医学は、本来、この意識という問題にもっとも密接に関わる学問領域であるが、従来のそれらは、「科学的学問」としての方法論上の問題と関係して、この「意識」に直接アプローチすることを避けてきたように思える。トランスパーソナルのアプローチは、これらの「科学的学問」の問題にも挑戦しながら、あくまでも科学として人間の「意識」という問題にも新たに取り組もうとする姿勢をもつ。

　この姿勢には、東洋の伝統文化に存在する各種の瞑想的伝統や修行による「意識状態」への関心を強くもつ点も際だった特徴の一つとして含まれている。東洋にこれまで積み上げられてきた「心理学的体験の記述や洞察」は、人間がどのような意識状態を取りうるのか、意識状態によってどのような認

識や知覚の変化があるのか、意識をいかにして変容させることができるのかといった「意識研究」の成果であると考えることもできる。最新の西洋科学の「意識研究」と伝統的東洋哲学の「意識研究」との交流や統合は、現代におけるもっとも重要な研究領域の一つであり、それらをつなぐことのできる「トランスパーソナル」というフィールドは現在世界的に大きな注目を集めている。こうした研究は、世界全体から見た地理的、文化的特質からして、とくにわが国で盛んな研究や議論がなされることが期待されている。

研究の視野は、意識および変性意識の実践的・理論的研究、瞑想をはじめ意識の変容に関わる世界の伝統的諸技法やシャーマニズムの研究、それらの現代における意義についての研究、文化および社会と意識との関係に関する研究、物質と意識（脳と精神）、身体と意識（精神）の関係についての研究など、幅広い分野を含む。

□学際的広がりとしての「トランスパーソナル学」の展開

「トランスパーソナル」は、もともと心理学の中から必要性に迫られて生まれた概念だが、近年では他の学問諸分野からも大きな関心が寄せられるようになっている。すでにトランスパーソナル精神医学、人類学、宗教学、社会学、生態学などの名称も使用されるようになり、学際的交流と研究活動が行われるようになってきた。従来の科学的諸学問の枠組みからは排除されがちであった人間のある種の心理的体験が、トランスパーソナルという用語で学術的に取り上げられたことによって、そうした人間の体験がそれら諸学問のなかでも本来重要な位置を占めていることが再評価されようとしている。この動きは、ただ学問的研究にとってだけでなく、現代社会に生きる人間にとって非常に重要な意味を含んでいると考えられる。このような議論を深めていくためには、従来の学問枠にとらわれることなく、さまざまな学問領域からの発言を活発に行える場が必要になってきているが、本学会ではそれらの議論に積極的な場を提供したい。

□新たな世界観の探究に向けて

トランスパーソナルな発達段階における人間の体験的意識は、古来から世

界の各地で、人間の生にとってかけがえのない貴重な洞察を残してきたものと考えられる。科学主義的・合理主義的・個人主義的世界観が行き渡ったように見える現代が一種の行き詰まりを見せ、それに変わる新たな世界観を必要としているとすれば、これまでその現代的価値観の進展ゆえに排除され、蔑視されてきたとも言えるそれらの貴重な諸洞察を、人間の心理学的体験として正当に評価しなおし、それらを再発掘しながら、現代の学問的立場に立った議論を行うことは重要な意義をもつ。また、そうした大きな時代の転換期のなかで新たに浮上しつつある人間の意識の変化は、トランスパーソナルという概念と深い関連をもつものであり、それらを積極的に取り上げることは大きな価値をもつ。

その中心的課題としては、西洋近代科学と東洋哲学や宗教との対話・そして統合への努力、多文化間の対話、霊性と宗教、霊性と現代社会、地球規模の危機への反応、これらに関わるオルタナティヴの模索、現代思想におけるトランスパーソナル理論の位置づけおよび従来の諸学問との関係や対話に関する研究などが挙げられる。

□日本トランスパーソナル心理学／精神医学会では、

これらの研究促進を目的に、年次大会の開催や講演会などを通しての一般社会への普及活動、海外も含めた研究成果の発表や紹介（会誌の発行）、ニュースレターの発行、わが国のシンクタンクとして諸外国との交流などを行う。

日本トランスパーソナル心理学／精神医学会・入会案内

会員の種別

種別	資格	入会金	年会費
学術会員	大学・病院・公的研究教育機関に所属している学識経験を有する研究者が対象です。学術発表及び論文発表を行うためには学術会員であることが必要です。入会には学術会員一名の推薦を受け常任理事会の承認を得ることが必要です。大学及び公的研究教育機関に所属していない人（個人の研究所など、その他）の場合、研究業績の提出、審査を要します。	3,000円	7,000円
一般会員	誰でも入会できます。ただし、選挙権・総会での議決権・大会での口頭発言権が制限されることがあります。	3,000円	6,000円
学生会員	学生が対象。他は一般会員と同様です。	1,000円	4,000円
賛助会員	本会の目的に賛同して、これを援助する個人または団体が対象です。	なし	一口20,000円
名誉会員	本会の趣旨に関してとくに功績のあった者で、総会で推薦された者とします。	なし	なし

入会案内

○入会案内書をご希望の方は、下記の事務局までご請求いただくことができます。ただし、送られる情報は、入会案内・設立趣旨・役員一覧・会則・申込書です（本学会のホームページ（http://www.soc.nii.ac.jp/jatp）をごらんになっている方には、目新しい情報はありません。会員への入会はオンラインでも可能です。インターネット上からの資料請求は閉め切りとさせていただきました）。

○申し込みに当たっては会則をご確認ください。

○学術会員としての入会を希望される場合は、原則として、申込書と共に学術会員の推薦書（書式自由）を添付してください。申請受理の連絡があった後、下記の口座まで入会金・年会費を送金してください。

○インターネット上からオンライン申し込みがご利用できますが、推薦書は別途送付して下さい。 また、推薦者がいない場合は、オンライン申し込みのページより、これまでの経歴等を記入していただければ、理事会で審査の上、会長が推薦人となって入会を認める場合があります。オンライン以外でもこの措置をすることは可能ですので、申し込みページにある必要事項を添え、「入会審査希望」と記した上事務局までお送りください。
○なお、大学および公的教育・研究機関所属以外の方（個人の研究所その他）の場合、これに加えて研究業績を提出していただく場合がありますので、ご了承ください。
○一般会員・学生会員の場合は、推薦書は不要です。申込書を送ると共に、入会金・年会費を送ってください。

会員の特典
全会員共通　：学会誌の送付（年1回）・ニュースレターの送付
　　　　　　　学術大会・シンポジウム等学会主催イベントの参加費割引
学術会員のみ：学術大会での研究発表が可能になります。
　　　　　　　学会誌に投稿できます。

問い合わせ
日本トランスパーソナル心理学／精神医学会事務局
〒604-8456　京都市中京区西ノ京壺ノ内町8-1
　　　　　　花園大学 社会福祉学部 福祉心理学科 安藤研究室
　　　　　　FAXのみ（事務局直通）：075-881-5085
　　　　　　E-Mail: jatp@mail.goo.ne.jp
　　　　　　Home page: http://www.soc.nii.ac.jp/jatp/

振込先：　日本トランスパーソナル心理学／精神医学会
郵便振替口座：00130-7-127308
銀行振込口座（新）：三井住友銀行・円町支店（普）7087387

日本トランスパーソナル心理学／精神医学会・役員一覧

＊は常任理事、＊＊は監事

顧　問

伊藤隆二	帝京大学教授（心理学）
恩田彰	東洋大学名誉教授（心理学）
加藤清	隈病院顧問（精神医学）
齋藤稔正	立命館大学名誉教授（心理学）
佐々木宏幹	駒沢大学名誉教授（宗教人類学）
佐々木雄二	駒沢大学教授（医学・心理学）
島薗進	東京大学教授（宗教学）
田中万里子	サンフランシスコ州立大学名誉教授（心理学・カウンセリング学）
津田真一	国際仏教大学院大学教授（密教学）
筒井健雄	信州大学教授（人間科学）
林道義	東京女子大学教授（社会学・深層心理学）
春木豊	早稲田大学名誉教授（心理学・人間科学）
樋口和彦	京都文教大学学長（神学・心理学）
カール・ベッカー	
	京都大学教授（宗教人類学）
村山正治	久留米大学教授（人間性心理学）
水島恵一	文教大学学長（心理学）
見田宗介	共立女子大学教授（社会学）
山中康裕	京都大学名誉教授（臨床心理学・精神医学）
湯浅泰雄	桜美林大学名誉教授（哲学）
ロジャー・ウォルシュ	
	カリフォルニア大学アーヴァイン校教授（精神医学・人類学）

理　事

安藤治	花園大学教授（精神医学・心理学）*
石川勇一	相模女子大学助教授（心理学）*
稲松信雄	東邦大学教授（心理学）
入江良平	青森県立保健大学教授（心理学）
伊藤雅之	愛知学院大学助教授（社会学）
大澤良郎	南埼玉病院副院長・順天堂大学講師（精神医学）
合田秀行	日本大学助教授（仏教学・哲学）*
久保田圭吾	桜美林大学教授（宗教心理学）
倉戸ヨシヤ	大阪市立大学教授（心理学）
是恒正達	東京医大客員講師・成増厚生病院（精神医学）**
定方昭夫	長岡大学教授（東洋医学・心理学）
實川幹朗	姫路獨協大学教授（心理学）
菅原浩	長岡造形大学助教授（比較文化論）
鈴木研二	茨城キリスト教大学教授（心理学）
高尾浩幸	文教大学教授（精神医学・臨床心理学）
高橋豊	中央大講師・児玉教育研究所主任研究員（心理学）*
田中彰吾	昭和学院短期大学非常勤講師（心理学）*
巽信夫	信州大学助教授（精神医学）
塚崎直樹	つかさき医院（精神医学）
土沼雅子	文教大学教授（心理学）*
中川吉晴	立命館大学教授（臨床教育学）
中村雅彦	愛媛大学大学院教授（社会心理学）
西平直	東京大学大学院助教授（教育哲学）
濱野清志	京都文教大学教授（臨床心理学）
林信弘	立命館大学教授（哲学・人間形成論）
蛭川立	明治大学助教授（人類学）*
福原泰平	御徒町クリニック（精神医学）
松本孚	相模女子大学教授（人間科学・精神保健学）*

村本詔司	神戸市外国語大学教授（臨床心理学）
宮本知次	中央大学教授（体育学）
森岡正芳	奈良女子大学教授（心理学）
諸富祥彦	千葉大学助教授（心理学）
吉田敦彦	大阪府立大学教授（教育哲学）
吉村哲明	花園大学講師（精神医学）[*]
渡辺恒夫	東邦大学教授（心理学・科学基礎論）
渡辺学	南山大学宗教文化研究所教授（宗教学・心理学思想）

会　長　　安藤治　　　　副会長　　松本孚・中川吉晴

おわりに

　冒頭にも記したように、本書は「日本トランスパーソナル心理学／精神医学会」におけるこれまでの研究活動を基盤にして、一冊の単行本に編まれたものである。本書の企画はすでに4年ほど前から進められてきて、完成に至るまでには、学会の顧問・理事の諸先生からも多くの貴重なご助言を授かった。
　この場を借り改めて深くお礼申し上げたい。
　ご逝去なされた湯浅泰雄先生には、折につけ掛け替えのないご意見を賜り、本書全体の構想や各論文の構成などについても当初から深く関わっていただいていた。湯浅先生は、2005年の晩秋、突然他界され、本書の完成をご報告することができなかった。本書が先生の精神(スピリット)を引き継いだものになっていれば、と心深く願う次第である。これまで長年に渡り、われわれを導いて下さった先生への深い感謝とともに、本書を先生の御霊に捧げ、ご冥福をお祈り申し上げます。

　本書が主題にした「スピリチュアリティ」を巡る議論は、今後の日本社会において、ますます大きな価値をもつものになると筆者は信じている。この現代社会の進展のなかでいわゆる先進諸国に共通の問題でもあろうが、現在の、そしてこれからの日本社会を見つめるならば、さまざまな問題の根底に「心の危機」を強く見ざるを得ない。
　現在の日本は大きな歴史の曲がり角に立っており、われわれ日本人一人ひとりが根本的な精神的在り方の転換を迫られているのではないか、といった認識は、事実多くの人々が（明確に意識されずとも）うっすらと感じていることではないだろうか。
　現代の日本社会におけるモラルの低下や児童に関連する醜悪な犯罪の多

発、「ひきこもり」や「ニート」の増加などに見る若者の精神的活力の衰退などに眼をやれば、社会の根底において「心の危機」が浸透していることは疑いようがない。

　われわれ日本人は皆、経済的な豊かさと平穏無事な日々に溺れたまま、明確な人生観や価値観を持てず、ただ彷徨っているだけになっていはしないか。それらはもはや「日本国」「日本人」「日本文明」の危機とさえ言えよう。

　現代日本の危機を見据えたところから、昨今では、今後の優れた「処方箋」を描き出そうとする貴重な議論もさまざまな分野で数多くなされ始めている。それらが何らかの形で「心の危機」に関わるものである限り、本質的には、本書の主題である「スピリチュアリティ」ないし「霊性」に深く関わっていることが広く認識される必要があろう。

　本書や学会活動は、その性質上、具体的な社会的諸問題に答えを提供できるようなものではないが、本書中のさまざまな議論が端緒になり、「スピリチュアリティ」や「霊性」という用語の貴重な現代的意義がより広く認識され、社会の各所で意識的に捉えられる一助となることを確信して、本書を世に送り出したい。

　最後になったが、本書の趣旨にご賛同いただき、貴重な原稿を賜った各執筆者の諸先生、また編集に際してていねいな心配りをいただいた、せせらぎ出版・山崎亮一社長ならびに山崎朝氏に心よりお礼申し上げたい。

安藤　治

編 者

安藤　治（あんどう　おさむ）
花園大学社会福祉学部教授。
日本トランスパーソナル心理学／精神医学会代表。

湯浅　泰雄（ゆあさ　やすお）
桜美林大学名誉教授。
日本トランスパーソナル心理学／精神医学会顧問。

装　丁／仁井谷伴子
作　図／清水修二
編　集／山崎　朝

スピリチュアリティの心理学　－心の時代の学問を求めて－

2007年3月31日　第1刷発行
定　価　2940円（本体2800円＋消費税）
編　者　日本トランスパーソナル心理学／精神医学会
　　　　安藤治・湯浅泰雄
発行者　山崎亮一
発行所　せせらぎ出版
　　　　〒530-0043　大阪市北区天満2-1-19　高島ビル2階
　　　　TEL. 06-6357-6916　FAX. 06-6357-9279
　　　　郵便振替　00950-7-319527
印刷・製本所　モリモト印刷株式会社

©2006 Printed in Japan　ISBN978-4-88416-164-4
"Psychology of spirituality" Ed. by Japanese Association for Transpersonal Psychology/Psychiatry. Osamu ANDO, Yasuo YUASA,

せせらぎ出版ホームページ　http://www.seseragi-s.com
　　　　　　　メール　info@seseragi-s.com

> **EYE LOVE EYE**　この本をそのまま読むことが困難な方のために、営利を目的とする場合を除き、「録音図書」「拡大写本」等の読書代替物への媒体変換を行うことは自由です。製作の後は出版社へご連絡ください。そのために出版社からテキストデータ提供協力もできます。